GUIDES *plus*

cours de philosophie

par
Jean-Pierre OSIER

Ancien élève de l'École Normale supérieure
Agrégé de l'Université

Professeur de Première Supérieure
au Lycée Condorcet, Paris

8, rue Férou - 75006 PARIS BELIN

 ISSN 0298-4687 ISBN 2-7011-**0616**-8

A mon ami Rémy Knafou

Avant-propos

Ce livre est un cours ou un manuel de philosophie correspondant aux exigences de l'enseignement dispensé dans les classes terminales et préparatoires des Lycées. Plutôt que de reprendre un par un les thèmes fort nombreux des programmes officiels, on a préféré ici les regrouper en fonction de notions très importantes où ils trouvent une place naturelle : ainsi évoquera-t-on la psychologie dans le chapitre sur la *Conscience* et retrouvera-t-on cette dernière dans le chapitre consacré à *Autrui*. Cependant cette circulation des notions d'un chapitre à l'autre n'implique nullement la nécessité de lire tout le livre pour comprendre une seule notion. Autant que faire se pouvait, l'auteur s'est attaché au maintien de l'autonomie relative de chaque chapitre : on pourra ainsi étudier l'imagination sans se préoccuper de l'imaginaire, mais il va de soi qu'il y a intérêt à travailler les deux notions...

En décidant de choisir seulement des notions, l'auteur semble avoir évité l'étude directe des grands philosophes. En fait, en dépit de l'absence d'un chapitre Kant, Platon, Spinoza etc., seuls les grands philosophes classiques forment la matière de ce livre : chaque notion est en effet l'occasion de faire connaissance avec l'un ou l'autre sans que pour autant il s'agisse d'une revue ou d'un défilé. Ici le nombre tue, et l'on a préféré, par exemple dans le chapitre sur la conscience, s'appesantir longuement sur Descartes de manière à préparer le lecteur à une connaissance directe de ce philosophe que l'on retrouvera ailleurs (dans le chapitre sur *Autrui*, ou celui sur la *Science et les sciences*). Somme toute, le livre lu, voire assimilé, son lecteur devrait connaître quelque chose des plus grands philosophes.

Des textes complètent la plupart des chapitres à l'intérieur desquels on trouvera parfois des citations également abondantes. Ils sont à lire par rapport au chapitre dont ils illustrent tel ou tel point. Pour les textes en langues étrangères, nous avons tenu à les traduire nous-mêmes de manière à homogénéiser notre expression tout au long de ce livre.

L'ordre des chapitres correspond aux exigences de la facilité et de la proximité théorique des notions. Cela dit, cet ordre n'est qu'indicatif.

J.P. OSIER

Table des matières

1

LA CONSCIENCE

1. La prise de conscience : psychologie et philosophie
2. Descartes et la découverte de la conscience par la méditation
3. La conscience incarnée : l'union du corps et de l'âme, la conscience de la mort

Conclusion

TEXTES

1. Descartes, *Lettre à Hyperaspistes*
2. Malebranche, *De la recherche de la vérité, XIe Éclaircissement*

1. La prise de conscience : psychologie et philosophie

La conscience s'impose comme un fait mais aussi bien comme une existence contradictoire. On perd conscience, on la retrouve, ou plutôt, on dit retrouver « ses esprits ». On prend conscience également, mais comment peut-on perdre ou prendre ce qui est toujours là ? La conscience peut-elle en effet avoir le statut d'une virtualité que l'on actualiserait quand envie vous en prend ou besoin en est ? Mais en ce cas comment peut-on perdre l'usage de cette potentialité ? Dans la perte de conscience, il est vrai, intervient le corps : il s'agit d'un choc accidentel qui l'abolit momentanément ou longtemps ; mais ces sortes de comas ne sont pas les seuls à manifester la perte de conscience, un choc « psychologique » peut en faire autant. La conscience retrouvée ne dissipe pas les obscurités de la conscience perdue : « où » était-elle tout le temps de son absence ? On ne saurait même limiter l'interrogation au phénomène du sommeil : le sommeil peut être peuplé de songes, et ceux-ci nous rassurer sur la continuité de la conscience et de l'existence, comme si nous étions de la même étoffe que nos rêves ? Mais on dit très bien « avoir l'esprit absent » et chacun d'entre nous a connu ces « états » où sans dormir la conscience cessait sa garde vigilante pour s'absenter ailleurs, *« somewhere »* et non pas *« anywhere out of the world » :* elle ne rêvait ni ne rêvassait, mais elle était ailleurs sans d'ailleurs qu'elle sache où, puisque son ignorance actuelle n'est pas le fait d'une censure qui réprime des contenus inavouables ou honteux, de ceux que l'on dissimule lorsqu'à la question : « A quoi penses-tu ? », on répond par l'étonnant : « A rien ». Nocturne ou diurne, ensommeillée ou vigilante, la conscience retrouvée garde le secret de ses lieux : son ailleurs d'où elle revient et où elle retourne est problématique. Ce qui ne laisse pas d'inquiéter pour peu que l'on y réfléchisse, mais les exigences de la vie ordinaire sont si pressantes qu'elles épargnent le souci afférent à ce type de questions.

Quand on dit « prendre conscience », on voit émerger cette évidence inquiétante et pourtant éloignée. Le même ordinaire de l'existence qui interdisait à la conscience l'excès de souci et ce de manière salutaire, connaît soudain ou insensiblement une sorte d'inversion des valeurs : l'habituel, lieu rassurant des évidences massives de la réalité familière, devient un ailleurs où la conscience ne se sent plus chez elle. Que fait-elle ici ? Ne s'est-elle pas trompée en s'éveillant, ou plutôt ne sommeille-t-elle pas à présent qu'elle croit veiller ? Rien n'a changé pourtant : ni les lieux, ni les temps, ni les personnes ! Pourtant tout est différent, donc cette différence vient d'elle. Les premiers mots du *Procès* et de la *Métamorphose* sont : « Un matin... », c'est-à-dire la banalité même du quotidien, l'exemple même de ce qu'un « bon écrivain » doit éviter ; or, par ces

simples mots Kafka provoque la transmutation du banal en aventure, la métamorphose de l'ordinaire en extraordinaire. Le quotidien n'est familier que subi par une conscience endormie, adaptée et habituée à ses exigences, elle croit s'éveiller, elle passe du sommeil profond, peuplé ou non de songes, à la somnolence habituelle interrompue par les distractions de la rêverie, sauf si « un matin », une rupture se produit dévaluant les valeurs du familier et promouvant une interrogation : « Qui suis-je moi qui dormais jusque-là, incapable de distinguer entre veille et sommeil ? ». Dans la caverne, attentive aux ombres projetées sur la paroi, donc perpétuellement distraite d'elle-même par un spectacle continu, la conscience prisonnière se dresse et lâchant l'ombre, se lance dans la recherche d'une proie (Platon parle de chasse des étants dans le *Phédon* 66a), mais il ne faut pas confondre la chasse et la prise : lorsqu'elle prend..., la conscience ne saisit pas immédiatement quelque chose, elle-même ou un objet. C'est au contraire une absence qui la provoque à prendre : le familier est devenu étrange, voire étranger, et la route des évidences quotidiennes (le ce-qui-va-de-soi, ou *Selbstverständig*) aussi rectiligne que la perspective Nevski à Pétrograd est désormais labyrinthe. Ou bien la conscience en restera prisonnière emportée dans un procès qu'elle subit plutôt qu'elle n'agit ou bien, au contraire, l'étrangeté soudain découverte du familier, l'obligera à se reprendre pour devenir ce qu'elle était sans le savoir jusque là, un point de départ inauguré dans une interrogation sur elle-même.
L'investigation de ces expressions courantes fournies par le langage ne peut pas donner davantage, mais elle permet de situer la réflexion à la croisée des chemins si l'on peut dire. La littérature est là qui peut fournir des réponses à ces questions. Montaigne ou Proust pourraient très bien être appelés à la barre, pour ne citer que ces deux noms. *Les Essais* ou la *Recherche du temps perdu* ne sont-ils pas, chacun à leur manière des prises de conscience de la conscience perdue ? L'écriture, cette auto-recréation, n'est-elle pas une manière spécifique de saisir le labyrinthe et de s'y orienter en étant soi-même à soi-même Thésée, Ariane et le Minotaure ? Et là encore, il s'agit de littérature vigilante, mais que dire de celle qui traversant l'apparence du réel trouve dans le rêve une seconde vie (Nerval) ? Perte et reprise de la conscience y foisonnent et l'on aurait tort de se passer de cet apport ; cependant un problème de compétence subsiste : le statut de la littérature n'est pas celui de la philosophie, et l'utilisation d'exemples littéraires par la philosophie ne doit pas autoriser la confusion des disciplines.
De l'une en effet on attend qu'elle satisfasse à l'exigence de l'objectivité scientifique alors que l'autre peut bien le faire, mais en plus, « accidentellement » : le faire-beau n'est pas le faire vrai, coupera-t-on. Le terrain n'est pas libre pour autant, avec le faire-vrai, ce sont les sciences qui cette fois ont la part belle pour répondre à la question. La conscience a sans doute été un problème philosophique, comme d'ailleurs la matière, la « vie » etc, mais tant qu'une discipline scientifique ne s'en est pas emparée pour la soumettre à ses méthodes spécifiques et par là en transformer radicalement l'objet.

Or la psychologie est la science qui a détaché du tronc de l'arbre philosophique le domaine de la conscience et se l'est approprié définitivement. Entre la psychologie et la philosophie, il existe toujours un rapport mais au fond aussi extrinsèque que celui de la philosophie et de la physique : cette dernière fournit les formulations rigoureuses, car mathématiques et expérimentales, des mouvements de la matière, ce dont la première est incapable ; mais d'un autre côté, tout en renonçant à des prétentions scientifiques en matière de physique, la philosophie a tout de même son mot à dire dès que l'on envisage par exemple les problèmes d'origine ou de connaissance (la matière a-t-elle été créée, connaissons-nous les phénomènes matériels ou la matière « en soi » etc ?). De la même manière, la conscience, enfin reconnue scientifiquement, n'en cesserait pas moins d'entretenir un rapport à la philosophie sauf à récuser de manière définitive toute prétention de celle-ci à la connaissance vraie : le refus d'accorder à la conscience un statut scientifique, l'évacuation de cette notion même au profit de la seule étude extérieure et objective des comportements illustre cette attitude ; pour elle la prise en charge de la conscience est une sorte d'anthropomorphisme obstacle à une connaissance rigoureuse. Mais le plus souvent on prétend cantonner la philosophie : sans lui dénier un droit quelconque en matière de psychologie, il s'agira de le limiter par exemple à une fonction critique, donc négative, ce qu'elle a à dire sur la conscience ne pouvant prétendre à la solidité du positif caractéristique de la discipline scientifique. Au fond, de même qu'on peut se passer de métaphysique, pour faire de la physique, on peut se passer de « métapsychologie[1] » pour faire de la psychologie, et d'ailleurs cède-t-on à cette tentation, il s'agira de pure spéculation, au mauvais sens du terme, celui de construction conjecturale.
Le problème de compétence est ici autrement plus grave qu'avec la matière ou le mouvement : avec ceux-ci on peut toujours s'en tirer en disant qu'il ne faut pas confondre un concept philosophique et un concept scientifique ; ce dernier connote une connaissance précise, de plus en plus en précise de phénomènes réels, là où le premier est l'une des manières de désigner les corps en général, par opposition à l'esprit ; les identifier sous prétexte d'homonymie c'est n'entendre rien ni à la physique ni à la philosophie. Or de la conscience psychologique à la conscience philosophique, il y a homonymie et synonymie : il s'agit de la même conscience, sauf si on la fait disparaître à la trappe pour raisons d'objectivité. Mais même en ce cas, le rapport de la philosophie aux sciences se pose de manière tout à fait particulière : si la conscience est une illusion que l'homme projette sur les comportements animaux ou humains,

1. L'expression est employée ici dans un sens non technique et ne constitue pas une allusion aux travaux de Freud ; elle est intéressante en ce sens que parallèlement à celle de la métaphysique elle fait apparaitre un au-delà ou un après la psychologie, même si cette postériorité n' a de valeur que du point de vue de l'investigation : le fondement est peut-être découvert après, mais n'existe-t-il pas avant ?

la psychologie venant heureusement la dissiper, alors une science se trouve résoudre un problème philosophique ramené à un faux problème. Dans ces conditions répondre aux exigences imposées par l'existence contradictoire de l'évidence de la conscience est du seul ressort de la psychologie, et lorsqu'on s'interroge sur le rapport psychologie/philosophie, il faut, en particulier à propos de la conscience, le comprendre comme le rapport de la vérité présente à l'erreur passée ou encore persistante.

Pourquoi des philosophes s'il y a des psychologues ? La question est aussi vieille que la psychologie, c'est-à-dire aussi récente que cette dernière. Son nom l'indique : la psychologie est discours sur l'âme[2], c'est-à-dire sur un être particulier qui avec le monde et Dieu faisait partie de l'ontologie (discours sur l'être) ; elle est devenue science ou s'est prétendue telle à partir du moment où elle a banni de son territoire la notion d'âme, réputée métaphysique et donc inexistante ou tout au moins inconnaissable. Scientifique, la psychologie prend pour objet ce qui relevait de l'âme, sans la substance, l'immatérialité, l'immortalité, attributs métaphysiques, etc. Non que pour elle, conscience, mémoire, sensation, habitude soient des propriétés physiques ou physiologiques, puisqu'elle refuse de se confondre avec les disciplines biologiques, mais parce que le concept de substance supportant ces fonctions lui apparaît un mot vide, ou en tous cas étranger aux disciplines scientifiques. Aussi préfère-t-elle l'étude objective de ces fonctions qu'elle essaie de regrouper et de structurer selon des schémas topiques et dynamiques épurés de toute ontologisation faible ou forte. La mémoire n'est pas du cerveau, une région du cerveau, « dans » une région cérébrale ; la conscience n'est ni un os, ni un nerf, pas davantage un ensemble de cellules corticales, etc.

Être, être dans, autant de variations ontologiques à peine déguisées auxquelles mieux vaut substituer l'étude des comportements doués de sens, étude objective parce que reposant sur des répétitions expérimentales dûment comptabilisées : ainsi fait-on apparaître que le « sujet » retient surtout ce qui est intéressant, ou on peut exprimer par une fonction la vitesse de l'oubli, etc. La conscience peut également devenir un adjectif substantivé désignant une qualité du psychisme qu'elle n'épuisera pas : le conscient à côté du préconscient et de l'inconscient, mais là encore la substantialisation du psychisme est bannie et la psychanalyse comme les autres psychologies rejette toute ontologie, ou n'en fait qu'un usage métaphorique explicite et ce avec raison[3]. Il y a donc des psychologues dès

---

2. Le mot de psychologie devient courant avec Wolff, le continuateur de Leibnitz : il publie successivement une *Psychologia empirica* (1732), une *Psychologia rationalis* (1734).

3. On fait un mauvais procès à la psychanalyse lorsqu'on prétend qu'elle « réalise » ou chosifie l'inconscient ou le conscient. Ce n'est pas son problème, car chose et substance appartiennent au lexique philosophique de la substance, alors qu'elle est essentiellement une pratique et une théorie de l'approche des comportements humains. Comme telle, elle a des implications philosophiques, mais ni plus ni moins que d'autres approches de ces mêmes comportements.

que l'âme cesse d'être considérée comme le substrat, le sujet de la conscience, cette dernière acquérant une autonomie épistémologique qui la rend susceptible d'autres approches et d'autres définitions. S'en suit-il que les philosophes n'ont plus rien à dire sur la conscience ou que ce qu'ils ont dit n'a d'intérêt que préhistorique parce que psychologique ? C'est une autre affaire.

Répondre positivement, c'est définir la philosophie comme une discipline interrogative à laquelle les sciences fournissent les réponses. On peut par exemple caractériser la perte de conscience par des états de choc physiologique ou encore par des mécanismes inconscients permettant de surmonter une réalité insupportable ; prendre conscience ce peut être au cours de l'analyse retrouver un fragment de biographie perdu et dont le retour annule un symptôme en le rendant intelligible etc. Le psychophysiologiste ou l'analyste peuvent très bien se contenter de ces réponses hautement confirmées par l'expérience. Le philosophe non, sauf à considérer sa discipline comme la science des problèmes résolus et la « préscience » de ceux qui ne le sont pas encore. En fait la philosophie pose des questions pour y répondre, non pour recevoir la réponse d'ailleurs, (tout comme d'ailleurs les sciences exactes chez lesquelles l'importation de « solutions » philosophiques est rarement un indice de bonne santé scientifique). En un mot, le problème *philosophique* de la conscience n'est pas résolu par la psychologie, ou plutôt les psychologies, parce que celles-ci ne le posent pas.

La suffisance de la philosophie paraît plus affirmée que prouvée et l'on peut toujours penser qu'elle ne vaut pas une heure de peine puisqu'en cas de problème de conscience, on consultera non le philosophe, mais le prêtre ou le psychologue : l'un connaît les cas de conscience, l'autre la conscience toute entière. Passe encore pour le prêtre : il serait facile de montrer que la science des cas, qui s'est développée rapidement à partir de l'obligation de la confession auriculaire, fourmille de questions proprement philosophiques ; pour reconnaître un cas de conscience, il faut savoir si cette dernière est éclairée et donc posséder une théorie de la vérité conférée par lumière naturelle ou surnaturelle, ce qui renvoie à une question bien traditionnelle de la philosophie, celle de la constitution de la vérité. Revenons au psychologue. Lui aussi connaît des cas : perte du sens de la réalité, « inadaptation », conscience de culpabilité etc. Peut-on séparer dans son discours ou dans ses interprétations, le psychologique « pur » du philosophique ? Ne retrouve-t-on pas ici encore le problème de la constitution de la vérité, celui de la loi morale, etc, c'est-à-dire toutes les questions auxquelles la philosophie invite la réflexion depuis qu'un certain Socrate lui a assigné pour objectif la réalisation de la maxime delphique : *Connais-toi toi-même !* Le prêtre et le psychologue peuvent donc veiller sur leur domaine sans s'inquiéter de la philosophie (en fait elle est leur cher souci), mais le philosophe trouve avec la conscience une problématique tout à fait spécifique de sa discipline, car la conscience, c'est évident, relève du domaine socratique de la connaissance de soi, celle-ci à son tour étant un sous-ensemble de la connaissance tout court. Certes la parade est toute proche : on peut psychologiser la connaissance, c'est-à-dire transformer la problématique de la connaissance en la réduisant aux lois et mécanismes du cerveau ou de l'esprit, ce dernier avec ou sans guillemets. Mais pour ce faire, il faut transformer les conditions du problème : qu'un « morceau » de la nature, matériel ou spirituel, connaisse la nature et que donc la connaissance de ce morceau donne la clef de la connaissance en général suppose cette dernière déjà acquise : or c'est la question préalable que l'on ne peut pas poser puisqu'au contraire on en fait une question dérivée. La clef reste ailleurs si tant est qu'il y en ait une. Mais quelque chose subsistera : le problème lui-même et la spécificité de la philosophie est sans doute de veiller à la conservation des questions, même si elle en renouvelle sans cesse, par son travail historiquement poursuivi, les expressions.

Le problème philosophique de la conscience est celui de la connaissance, plus exactement il est l'une de ses formulations *modernes*. Non que l'on ait ignoré auparavant la conscience : le mot n'apparaît guère chez les anciens Grecs, mais on le trouve chez Cicéron où il connote l'idée de sentiment intime, voire de conscience morale ; sens qu'il conservera chez saint Augustin chez lequel il a une valeur seulement pratique, donc particulière. Pour que la conscience devienne vraiment un problème philosophique, il faut qu'elle joue un rôle principiel dans la constitution de la connaissance, comme étant la *seule voie* permettant de trouver ou de retrouver une vérité momentanément ou définitivement perdue.

Il peut paraître étrange que la conscience ait pu à *un moment,* donc pas toujours, devenir le principe où ancrer la connaissance. Comment a-t-on pu la négliger voire l'oublier, et si tel fut le cas, comment est-elle ressuscitée de son oubli ? Ces questions sont celles de l'impact de l'histoire sur la philosophie et appellent une double réflexion. D'une part, elles sont impertinentes : en philosophie comme ailleurs, il n'y a jamais de « premier qui » même si la formule existe (cf. Lucrèce *De la nature* L. III, v. 1. ou Rousseau *Discours sur l'origine de l'inégalité* II° partie, première phrase), car on lui trouvera toujours un antécédent : qui a pratiqué Marc-Aurèle ou *l'Ecclésiaste* pourrait sourire en entendant parler du caractère moderne de la conscience ; que dire après une lecture des *Confessions* de Saint Augustin ? Il y a donc une préhistoire de la conscience philosophique, mais d'autre part cette évidence de fait n'interdit nullement d'affirmer en même temps l'originalité du moment moderne de la conscience : celui qui la transforme en recours unique de la connaissance menacée de toute part. Toujours déjà-là, elle est donc plutôt découverte qu'inventée, un peu comme l'Amérique qui n'existe pas à partir de Christophe Colomb. La modernité se caractérise par une transformation radicale de la représentation scientifique du monde. Jusqu'ici, à l'exception des atomistes, il est considéré comme un système ordonné où la finalité se lit à l'œil nu : la doctrine biblique en fait le livre qui raconte la gloire c'est-à-dire la manifestation sensible de Dieu[4], la pensée philosophique lui donne le nom de *Kosmos* où se rejoignent les valeurs du beau, de l'ordre, et de l'achèvement. La lunette de Galilée met scientifiquement fin pour toujours à cette belle image : les limites du monde qui l'achevaient et lui donnaient valeur de chef-d'œuvre, sont imaginaires (elles renvoient à la capacité physiologique des yeux humains), et le nouvel instrument agrandit en l'ouvrant le monde qui devient univers sinon infini du moins indéfini[5]. Le jour ne dit plus à la nuit la gloire du Seigneur, et le regard levé vers le ciel ne trouve plus immédiatement la réponse à la question : qui a créé cela ? Bien entendu cette transformation n'affecte pas l'ordinaire de la conscience : elle continue à vivre selon les pseudo-évidences de l'ordre ancien au reste corroborées par la sensibilité physiologique : le soleil apparaît au plus grand des astronomes comme au plus humble des paysans « éloigné de deux cents pieds ». En revanche, lorsqu'il ne s'agit plus de vivre, mais de prendre en charge cette véritable révolution en la pensant selon ses conséquences ultimes, la nécessité d'un recommencement philosophique apparaît aussitôt. Impossible en effet de tenter des compromis entre la science nouvelle et la tradition philosophique du Kosmos sauf à relativiser les unes et l'autre au nom d'un scepticisme universel dont la contrepartie est la fidéisme[6] : s'il n'est pas possible de savoir avec certitude concernant le monde, il faut spéculativement suspendre son jugement, attitude nullement incompatible avec l'affirmation d'une foi religieuse. Tel est le cas de Montaigne face aux nouveautés et aux vieilleries :

> « Le ciel et les étoiles ont branlé trois mille ans ; tout le monde l'avait ainsi cru jusqu'à ce que Cleanthes le Samien, ou, selon Théophraste, Nicetas Siracusien s'avisa de maintenir que c'était la terre qui se mouvait par le cercle oblique du Zodiaque tournant à l'entour de son essieu, et, de notre temps, Copernic a si bien fondé cette doctrine qu'il s'en sert très régulièrement à toutes les conséquences Astronomiques. Que prendrons-nous de là sinon qu'il ne nous doit chaloir lequel ce soit des deux ? Et qui sait qu'une tierce opinion, d'ici à mille ans, ne renverse les deux précédentes ? ».
>
> (*Essais*, II, c. XII, *Apologie de Raimond Sebond*, Pléiade, p. 553)

---

4. « Le ciel conte la gloire de Dieu, le firmament récite l'œuvre de ses mains. » *Psaumes* XIX-2. « Levez les yeux vers le haut : voyez qui a créé cela ! » (*Isaïe* XL-26).

5. Non par prudence (G. Bruno fut brûlé pour avoir affirmé l'infinité de l'univers en 1600), mais parce que l'infini dépasse les capacités de notre entendement qui est fini (cf. la IV° *Méditation)* Descartes écrit :

« Et je me mets ici de la distinction entre *l'indéfini* et *l'infini.* Et il n'y a rien que je nomme proprement infini, sinon ce en quoi de toutes parts, je ne rencontre point de limites, auquel cas Dieu seul est indéfini. Mais les choses auxquelles sous quelque considération seulement je ne vois point de fin, comme l'étendue des espaces imaginaires, la multitude des nombres, la divisibilité des parties de la quantité et autres choses semblables, je les appelle indéfinies et non pas infinies, parce que de toutes parts elles ne sont pas sans fin ni limites. » (*Premières réponses* Pléiade p. 352-3).

6. On appelle fidéisme l'attitude *théologique* selon laquelle *seule* la foi (d'où le nom : de *fides,* foi) donc à l'exclusion de la raison et de la démonstration, conduit au salut. Le fidéisme ne s'identifie nullement à la foi mais au contraire à l'affirmation exclusive de celle-ci.

La science nouvelle n'est que l'erreur de demain, même s'il faut attendre mille ans : donc peu nous chaut Copernic, il faut s'armer de nonchalance à l'égard des découvertes scientifiques, c'est la condition de la sérénité et de la lucidité :

> « Car, quelque apparence qu'il y ait en la nouvelleté, je ne change pas aisément, de peur que j'aie de perdre au change. Et puisque je ne suis pas capable de choisir, je prends le choix d'autrui et me tiens en l'assiette où Dieu m'a mis. Ainsi me suis-je, par la grâce de Dieu, conservé entier, sans agitation et trouble de conscience, aux anciennes créances de notre religion au travers de tant de sectes et de divisions que notre siècle a produites ».
> *(Ibidem)*

Sagesse *pratique* qui permet de conserver un point fixe ou à peu près fixe dans la « branloire pérenne universelle »(III, 2) : le doute fournit la tranquillité puisqu'il évite les périls de la certitude vite périmée, et il peut se conjuguer avec la foi, à vrai dire en sacrifiant l'originalité de la nouveauté : son caractère scientifique. Ce sacrifice peut être consenti au bonheur de jouir de soi, il ne peut l'être à la recherche consciente de la vérité. En ce cas il ne s'agit plus de vivre, mais de philosopher : la vie souffre les accommodements, car elle est adaptation, la philosophie ne peut admettre les compromis sans compromettre sa fonction.
Les transformations de la représentation du monde ou la naissance de la physique moderne ne peuvent être reléguées hors la conscience théorique au nom des exigences de la vie. La conscience ne trouve plus désormais dans le monde les points d'ancrage rassurants qui lui permettraient d'asseoir ses discours. Il lui faut donc revenir à elle pour découvrir si elle porte en elle-même de quoi s'assurer tout en assurant la vérité des nouvelles rationalités scientifiques. Descartes, et non Montaigne, est ici le pionnier de la conscience.

2. Descartes et la découverte de la conscience par la méditation

La prise de conscience philosophique exige une méthode particulière tout aussi éloignée de l'ordinaire que les circonstances qui lui permettent de s'exercer efficacement. Celles-ci sont bien connues : il faut être libre de tous soins, avoir déjà vécu, donc accumulé plus ou moins passivement les fruits contradictoires de l'éducation distribuée par l'institution scolaire, voire l'expérience au sens le plus vague, donc le plus vagabond du terme ;

« l'histoire » ou la « fable[7] » qui inaugurent le *Discours de la méthode* sont ici parfaitement explicites. La méthode se définit non par quatre règles, mais d'un mot : méditations. Paradoxe ? Les quatre règles de la deuxième partie du *Discours* ne peuvent être opposées aux méditations comme si ces dernières leur ajoutaient quelque chose, quoiqu'en un certain sens ce soit le cas : en fait ce sont de simples « préceptes » tirés d'une expérience, celle de l'incertitude, rapportée comme telle dans les premières pages de cette deuxième partie ; une expérience, c'est-à-dire des conclusions dont Descartes donne des prémisses biographiques (« J'étais alors en Allemagne... Je demeurais tout le jour enfermé seul dans un poêle...[8] »), épistémologiques (« je pris garde que, pour la logique, ses syllogismes et la plupart de ses autres instructions servent plutôt à expliquer à autrui les choses qu'on sait... ») mais non les véritables fondements philosophiques. Pourtant du *Discours* aux *Méditations,* le but est le même : la recherche de la vérité. Mais avec le deuxième ouvrage, ce ne sont plus des résultats que l'on livre au public dans un ouvrage – préface à des *essais de méthode (La Géométrie, La Dioptrique* et *les Météores*[9]) mais la genèse même de cette découverte, l'acte de fonder la méthode ramenée par le *Discours* aux quatre préceptes. Ici le terme de méditation devient capital.

Il signifie l'exercice répété en vue d'une fin déterminée. La méditation peut être sensible comme c'est le cas chez Ignace de Loyola : dans ses *Exercices Spirituels* (1524), le fondateur de la compagnie de Jésus invite le pénitent à méditer par exemple l'enfer, non point en général, mais tout au contraire en se figurant à l'aide de l'imagination les effets sensibles qu'il produit sur la vue, l'ouïe, le toucher, l'odorat, le goût : ainsi le risque de la distraction produite par l'abstraction d'une représentation (le châtiment et les souffrances) est conjuré et l'attention fixée sur une réalité concrète. Visualisation répétée la méditation sensible retient l'attention. Elle a, il est vrai, un support : les textes sacrés, en particulier, ceux de l'Évangile dont les détails stimulent. Métaphysique, la méditation cartésienne reste un exercice répété : il prend du temps, car il commence et se termine ; il a un ordre qui n'est pas seulement des raisons mais aussi d'une succession chronologique (« Maintenant... » dit le deuxième paragraphe de la première Méditation, « la méditation que je fis *hier*... » poursuit la seconde : « ... il sera bon que je m'arrête un peu en cet endroit... »

7. « Mais ne proposant cet écrit (le *Discours de la méthode)* que comme une histoire ou, si vous l'aimez mieux, que comme une fable, en laquelle, parmi quelques exemples qu'on peut imiter, on en trouvera peut-être aussi plusieurs autres qu'on aura raison d'imiter, j'espère qu'il sera utile à quelques uns sans être nuisible à personne, et que tous me sauront gré de ma franchise. » (*Discours* I° Partie, Pléiade p. 127)

8. *Discours de la méthode* II° Partie, p. 132.

9. Titre complet du *Discours : Discours de la méthode pour bien conduire sa raison et chercher la vérité dans les sciences plus la Dioptrique, les Météores et la Géométrie, qui sont des essais de cette méthode.* Leyde 1637.

conclut-elle) ; il produit un changement d'attitude par de nouvelles habitudes (« Je me suis tellement accoutumé ces jours passés... » commence la quatrième).

Cet entraînement diffère de son analogue religieux sur un point capital : le texte qui étayait la méditation sensible a disparu, car il est mis hors circuit ; ascétique, l'exercice spirituel de la prise de conscience cartésienne commence par le rejet de tout secours et de tout recours extérieur, en particulier d'ordre religieux. La méditation métaphysique est celle de la lumière naturelle, donc exclut toute illumination surnaturelle. Méditer, ce n'est plus composer en la voyant une représentation empruntée à une tradition, c'est au contraire, refusant tout héritage, religieux ou autre, revenir, ou puisque c'est une première, venir à soi, non point pour y découvrir la vérité, mais pour y rechercher son éventuel fondement. Y contraint une expérience passée (« Il y a déjà quelque temps que je me suis aperçu... » dit la première phrase) de l'incertitude ; le permet un désœuvrement pratique dû à l'hiver et à la retraite qu'il impose. Moment propice favorable à un exercice difficile qu'il faut entreprendre sérieusement une fois (semel) dans sa vie. La conscience ne se donne pas, elle se conquiert par la méditation.

Celle-ci est *métaphysique,* plus exactement, à s'en tenir au titre[10] elle touche la première philosophie qui se distingue traditionnellement, donc depuis Aristote de la « seconde » ou science de la nature. La philosophie première a pour objet les premières causes et les premiers principes et se situe donc au-delà ou après *(méta)* la physique : d'où son nom de métaphysique et l'interprétation qu'on en donne. La nouveauté cartésienne tient à la liaison de cette recherche sur les principes et de la méditation : parce qu'elle venait après la physique ou au-delà de celle-ci, la métaphysique se voyait imposer l'ordre traditionnel des matières : de la nature à ce qui la dépasse, des êtres à l'être, de ce qui est fondé à son fondement etc. Impossible d'entrer directement en métaphysique ou philosophie première : poser la question de l'être en tant qu'être, ou de l'être en général, suppose comme opération préalable la mise entre parenthèses de la pluralité des êtres concrets et donc une abstraction par rapport à ceux-ci ; d'autre part le questionnement métaphysique est installé dans l'objectivité des matières, elles sont, il s'agit de les hiérarchiser et d'en connaître l'ordre. La méditation ne peut avoir pour objet les matières ou leur ordre puisque, par définition, elle exclut tout héritage naturel comme surnaturel. L'ordre qu'elle impose est celui qu'elle s'impose, celui de la réflexion ou des raisons : c'est pourquoi il se manifeste sous les espèces de l'exclusion méthodique de toute matière ou réalité, tant qu'elle n'est pas enfin fondée sur un principe certain encore à découvrir.

L'instrument privilégié est ici le doute, puisqu'il permet d'exclure l'incertain systématiquement. Son usage n'est pas propre à Descartes. Déjà les

---

10. *Méditations touchant la Première Philosophie dans lesquelles l'existence de Dieu et la dinstinction réelle entre l'âme de l'homme sont démontrées.* Paris 1641.

sceptiques anciens et modernes en avaient reconnu l'efficace par rapport aux dogmatismes divers et contradictoires, chez eux il concluait l'examen *(skepsis)* qu'il suspendait en raison de l'égalité des opinions contraires, comme l'indique assez le texte suivant de Sextus Empiricus (200 avant notre ère) :

> « L'attitude d'examen *(skepsis)* oppose phénomènes et pensées de toutes les manières ; il en résulte que par l'égalité de force à l'œuvre dans les actions et les discours opposés, nous parvenons d'abord à la suspension du jugement *(epokhè)* ensuite à un état dépourvu de trouble *(ataraxia)* ».
> (*Hypotyposes pyrrhoniennes,* éd. Loeb, L. I, C. 4, 8)

Conclusion génératrice de tranquillité, (cf. « le mol oreiller » de Montaigne), le doute devient au contraire principe chez Descartes : principe, car il commence et il commande la démarche. Il commence : Descartes le substitue d'entrée de jeu à la démonstration de la fausseté de toutes ses anciennes opinions, sans doute interminable : « Le moindre sujet de douter que j'y trouverai, suffira pour me les faire toutes rejeter ».
Il commande : si elle existe, mieux si elle est connaissable par le sujet méditant, la vérité se définit négativement comme de l'indubitable, c'est-à-dire comme ce que la souveraine et universelle liberté de douter ne peut rejeter comme douteux. Car le doute est dans cette *Première méditation* la manifestation d'un libre-arbitre qui ne connaît pas de limites hors celles qu'il se donne. Bref, la prise de conscience cartésienne est l'œuvre d'une liberté soumettant tout principe, de manière à établir dans l'exercice de la méditation une vérité première, donc métaphysique.
L'intrication de la liberté et de la vérité peuvent surprendre mais seulement si l'on n'a pas oublié que la méditation n'a de sens que dans l'ordre théorique, toutes urgences pratiques se trouvant extraordinairement suspendues. De ce point de vue, l'erreur ou l'incertitude, mais cela revient au même puisqu'il s'agit du douteux, sont aliénantes : tenir pour vrai ce que je ne sais pas être tel, c'est être au pouvoir de l'extériorité, c'est simplement croire en l'autorité des sens, de l'opinion, des croyances, etc. ce dont seul un acte de liberté peut émanciper le sujet. Or cet acte n'est autre que la réappropriation du sujet par lui-même : en effet, une fois mises hors circuit toutes les représentations qui lui sont étrangères, proclamées douteuses, voire fausses, il ne doit plus rester que le sujet lui-même ramené à soi et donc en ce sens aussi bien désaliéné : sa vérité est donc bien solidaire de sa liberté, puisque sans celle-ci, elle ne saurait apparaître.
Pour encore souligner ce point Descartes ne s'est pas « contenté » d'ordonner ses doutes en fonction du caractère douteux de leur objet respectif (choses sensibles, folie, sommeil/veille, idées complexes/ simples, etc.), par la fiction du malin génie, il oppose à sa puissance illimitée de mettre en doute, donc à sa volonté infinie, une autre puissance tout aussi peu limitée et capable, en raison même de sa liberté, de le tromper en tout. La fiction hyperbolique de l'existence d'un tel principe de tromperie a l'avantage épistémologique de ramener le sujet doutant à lui-même en

tant qu'il doute : le douteux, en effet, devenu par fiction, faux, il ne sert de rien de s'interroger sur lui, il faut examiner, si l'on peut dire, le restant. Que reste-t-il de vrai lorsqu'il n'y a plus hors lui que moi qui doute et qui suis peut-être trompé par lui, puisqu'il est (fictivement) tout puissant ? En ce cas, pourtant, il ne pourra faire que je ne sois quand je penserai être ou exister. Mon existence et la pensée de mon existence sont réciproques, elles constituent le restant inaliénable car indépendant que fait apparaître le mouvement du doute poussé jusqu'au paroxysme par la fiction du malin génie. Je pense, je suis, première vérité où la conscience s'apparaît à elle-même comme sujet et sujet libre.

Descartes n'emploie pas le mot conscience, mais celui de pensée[11]. On peut pourtant les identifier si l'on remarque que cette pensée est essentiellement réflexive, comme l'indique son caractère intuitif. La formulation latine du *je pense, j'existe* est *Cogito, ergo sum,* je pense donc je suis. On est souvent tenté de l'interpréter en termes de raisonnement déductif, voire de syllogisme : l'existence serait donc déduite de la pensée et n'en serait plus la réciproque inséparable. Il s'agit là d'un contresens complet : il ne peut y avoir de déduction, c'est-à-dire de passage médiat d'un principe à sa conséquence pour la bonne raison que dépendant d'autre chose que de moi quand je pense, ce passage tomberait sous l'hypothèque du malin génie. Le « donc » n'implique pas raisonnement, il signifie qu'exister et penser ou l'inverse sont des termes réciproques, ce que le sujet saisit immédiatement car intuitivement. Immédiatement et absolument, le sujet se sait pensant et existant, la conscience de soi, sa conscience n'étant autre que cette identité inaliénable.

Immédiate et inaliénable, cette identité ne l'est que dans le moment extraordinaire de son effectuation : autrement, c'est-à-dire presque toujours en raison des exigences pratiques, la conscience est en fait aliénée et incapable de se retrouver elle-même ; hors de lui, le sujet ne l'est pas pour lui-même, et ce qu'il croit être sa conscience est plutôt en fait son inconscience. Descartes ne recule point devant les conséquences ultimes de la thèse[12] en refusant que le sujet puisse penser sans être ou être sans penser. La conscience peut être redécouverte ou tout simplement être découverte, jamais inventée ou constituée : si c'était le cas,

---

11. En d'autres textes l'équivalence des termes est énoncée ; ainsi il écrit au P. Gibieuf le 19 janvier 1642 :

« Pour ce qui est du principe par lequel il me semble que l'idée que j'ai de quelque chose n'est pas rendue inadéquate par moi par une abstraction de l'intellect, je ne la tire que de ma propre *pensée ou conscience.* » (Pléiade p. 1140)

12. « La raison pour laquelle je crois que l'âme pense toujours, est la même qui me fait croire que la lumière luit toujours, bien qu'il n'y ait point d'yeux qui la regardent ; que la chaleur est toujours chaude, bien qu'on ne s'y chauffe point ; que le corps ou la substance étendue a toujours de l'extension ; et généralement, que ce qui constitue la nature d'une chose est toujours en elle pendant qu'elle existe ; en sorte qu'il me serait plus aisé de croire que l'âme cesserait d'exister, quand on dit qu'elle cesse de penser, que non pas de concevoir, qu'elle fût sans pensée. » (*ibidem,* au P. Gibieuf, Pléiade p. 1142)

il faudrait supposer un devenir conscient de quelque chose qui ne l'était pas et donc transformer la conscience en un moment ou une instance dans un processus, ce qui est incompatible avec les prémisses de la démarche. Lorsque le doute prolongé par la fiction du malin génie ramène la conscience à elle-même sous les espèces du *Cogito,* c'est que la conscience de soi a toujours été là, ne pouvant venir d'ailleurs : l'absent ce n'était pas elle, mais le sujet absorbé par l'extériorité, qui l'avait purement et simplement oubliée, croyant que la vérité est dehors et non dedans, ignorant même le dedans auquel le ramène l'exercice répété de la Méditation. Il ne dépendait d'ailleurs que du sujet de retrouver son intériorité. Certes, il y a des circonstances extérieures, comme par exemple la révolution galiléenne, et l'absence de point archimédien[13] extérieur qui permettent d'arracher les vérités scientifiques à la réduction au rang d'opinions et donc d'empêcher la chute dans le scepticisme. Mais précisément, ces circonstances ne sont qu'extérieures : le moment historique de la conscience ne fait pas de la conscience un moment dans une histoire ; il signifie seulement que ce qui a toujours été en quelque sorte sous la main n'a pas été mobilisé, comme si dans l'ordre théorique (« Il n'est pas maintenant question d'agir, mais seulement de méditer et de connaître. » *1° Méditation*), on pouvait faire l'économie de cette prise de conscience. La thèse ne doit pas surprendre : Descartes, mis au courant d'une parenté de son *Cogito* avec des arguments « semblables » découverts par Arnauld, refuse la filiation et la neutralise en termes exprès :

> « Et c'est une chose qui de soi est si simple et si naturelle à inférer, qu'on est, de ce qu'on doute, qu'elle aurait pu tomber sous la plume de qui que ce soit ; mais je ne laisse pas d'etre bien aise d'avoir rencontré avec Saint Augustin, quand ce ne serait que pour fermer la bouche aux petits esprits qui ont tâché de regabeler sur ce principe. »
> (A ***, Leyde, novembre 1640, Pléiade, p. 1097)

« Qui que ce soit », donc n'importe qui, y compris Saint Augustin qui d'ailleurs a fait tout autre chose[14] ou pas exactement ce qu'il fallait faire, là où au contraire Descartes a seul réussi : il n'y a pas de genèse de la conscience, mais la découverte de son caractère toujours déjà-là a lui une genèse, et un moment, tous deux cartésiens. Il ne faut pas confondre les deux choses, mais leur contemporanéité entraîne cette conséquence : il

13. « Archimède, pour tirer le globe terrestre de sa place et le transporter en un autre lieu, ne demanderait rien qu'un point fixe et assuré... » (II° *Méditation* § 2, Pléiade p. 274)

14. « En vérité je suis bien éloigné de dire que Descartes n'en soit pas le véritable auteur quand même il ne l'aurait appris que dans la lecture de ce grand saint ; car je sais combien il y a de différence entre écrire un mot à l'aventure, sans y faire une réflexion plus longue et plus étendue) et apercevoir dans ce mot une suite admirable de conséquences qui prouve la distinction des natures matérielle et spirituelle et en faire un principe ferme et soutenu d'une physique entière, comme Descartes a prétendu faire. » Tel est le commentaire que suscite chez Pascal la paternité augustinienne du *cogito* cartésien. (*De l'esprit géométrique*, éd. Brunschvicg minor, Hachette 1913, p. 193)

faut recommencer l'itinéraire cartésien chaque fois qu'il est question de la conscience, quitte à ne l'emprunter qu'un moment.
Dans le *Cogito* la conscience se sait comme étant, puisque penser et être se recouvrent exactement : avoir conscience, c'est se savoir exister comme pensant et donc se distinguer de tout ce qui existe autrement, puisque d'ailleurs hors la conscience, tout ce qui est, est non seulement douteux, mais faux en raison de l'hypothèque du malin génie. Cette réciprocité de l'être et de la pensée non seulement simplement connue mais sue (une connaissance peut-être relative, le savoir est toujours absolu) entraîne pour conséquence la substantialisation de la pensée : la conscience d'exister est le savoir de soi comme substance-pensée. Qu'est-ce qu'une substance ?

> « Lorsque nous concevons la substance, nous concevons seulement une chose qui existe en telle façon qu'elle n'a besoin que de soi-même pour exister. »
> (*Principes de la Philosophie,* 1647, L.I, § 51, Pléiade p. 594)

La suffisance ontologique caractérise donc, selon Descartes la substance. En toute rigueur, il ne devrait donc n'y avoir qu'une substance : Dieu seul en effet, c'est-à-dire un être qui est son être et donc ne le tient pas ou ne l'a pas d'un autre être, répond à l'exigence de la suffisance ontologique. Descartes ne l'ignore point, il ajoute :

> « En quoi il peut y avoir de l'obscurité touchant l'explication de ce mot, *n'avoir besoin que de soi-même ;* car à proprement parler, il n'y a que Dieu qui soit tel, et il n'y a aucune chose créée qui puisse exister un seul moment sans être soutenue et conservée par sa puissance. »
> *(Ibidem)*

Est-ce donc improprement parler que de définir la pensée comme substance-pensée ? On l'aura remarqué, l'impropriété n'apparaît qu'au regard de la distinction créateur/créé : elle n'a donc pas de sens au niveau du *Cogito,* puisque, dans l'ordre des raisons, lorsque le sujet prend conscience d'être pensée, l'idée de Dieu a été mise hors circuit explicitement dans la *Première Méditation.* En toute rigueur donc au moment du *Cogito,* il ne peut être question de substance créée. Mais d'autre part pour me savoir étant, je n'ai besoin que « de prononcer ou de concevoir en mon esprit la proposition : Je suis, donc j'existe. » (*II° Méditation* fin du quatrième paragraphe), donc la suffisance épistémologique permet d'affirmer le caractère substantiel du sujet pensant : puisque pour me savoir existant, je n'ai pas besoin d'un autre être que je concevrais comme étant sa cause, c'est donc que je suis autant que je pense être. « Du connaître à l'être la conséquence est bonne », aime à répéter Descartes : je sais non seulement que je suis (existence) mais également ce que je suis (substantialité). En effet à la question : que suis-je ? je ne saurais répondre « un homme » : ce dernier défini, par exemple, par « animal raisonnable » comprend des idées douteuses (animal, raisonnable) donc inacceptables. Une seule réponse s'impose : je suis une chose *(res)* qui pense. Une chose, non un corps, puisque je ne sais même pas s'il y a des corps, et que je ne suis pas mon corps : une chose, c'est-à-dire une réalité *(res)* dont l'attribut principal est de penser. Penser ne doit pas être pris au sens restreint de juger, mais recouvre toutes les activités de ma nature d'esprit :

> « Mais qu'est-ce donc que je suis ? Une chose qui pense. Qu'est-ce qu'une chose qui pense ? C'est-à-dire une chose qui doute, qui conçoit, qui affirme, qui nie, qui veut, qui ne veut pas, qui imagine aussi, et qui sent. Certes ce n'est pas peu si toutes ces choses appartiennent à ma nature. »
> (*II° Méditation* Pléiade p.278)

Même le sentir s'attribue de l'âme : il n'y a point là contradiction comme si Descartes avait négligé le rôle évident du corps en ce cas, l'union du corps et de l'âme est certes impliquée ici, mais elle présuppose comme sa condition la substantialité de l'âme. L'esprit est en effet l'âme, et le *Cogito* est aussi bien la découverte de l'âme. Le premier acte de la conscience, son premier savoir de soi est celui d'elle-même comme étant esprit, c'est à dire âme, ou substance spirituelle.

Ce savoir ne peut être considéré comme illusoire, mais comme vrai, il permet même de définir les conditions de la vérité en général. Qu'est-ce en effet pour le sujet que prendre conscience de lui-même comme esprit, sinon former de lui-même une idée claire et distincte et pour cette raison évidente ? L'important est ici moins le clair qui s'oppose à l'obscur que le distinct par rapport au confus. Spontanément, en raison des urgences pratiques, nos représentations ou idées sont confuses : je dis par exemple que le feu brûle parce que je ressens sa brûlure et je retire immédiatement la main lorsqu'elle entre en contact avec un corps incandescent. Heureusement, d'ailleurs car s'il me fallait apprendre la physique pour connaître le caractère combustible de ma main et celui comburant du feu en raison des propriétés nullement brûlantes mais géométriques du feu (la main est aussi un morceau d'étendue), je perdrais l'usage de ce membre avant d'avoir compris pourquoi... L'union substantielle de mon corps, fragment de la sustance-étendue, et de mon âme, substance-pensée, me donne par sentiments des représentations le plus souvent utiles de mon rapport aux choses : le plus souvent, parce que certaines informations sont fausses (ainsi en est-il de l'illusion de l'amputé qui ressent froid ou chaud dans le membre qui lui fait défaut – VI° *Méditation).* Utiles, et non point vraies, car toujours confuses : l'union du corps et de l'âme est confusion substantielle des deux substances ; aussi provoque-t-elle au niveau des représentations de l'âme une sorte de mélange qui force la pensée à parler matériellement des choses spirituelles et spirituellement des choses matérielles. Confusion de peu d'importance, on le sait, au niveau de la pratique, mais destructrice de toute vérité dès qu'il s'agit de connaître de manière ferme et assurée. Tout le travail du doute et de la méditation vise à séparer ce que fond ensemble l'union du corps et de l'âme, il n'est donc pas étonnant que la première vérité soit celle de la conscience rendue à elle-même, c'est à dire séparée et distinguée des corps, et même de celui auquel elle est substantiellement unie ; de même la distinction débouche nécessairement ici sur la substantialité, puisque s'il fallait à la pensée autre chose qu'elle-même pour prendre conscience de son être, alors elle serait relative et donc insuffisante. Distinction et substantialité vont de pair : la première assure la vérité de la seconde. Lorsque la conscience distingue correctement, elle rencontre le vrai, et celui-ci qualifie la connaissance d'une nature ou d'une substance, jusque là inconnue ou méconnue.

La translucidité du *Cogito* ramené à lui-même par l'action conjuguée du doute et de la fiction du malin génie est un cas privilégié : aussi Descartes dit-il dans le sous-titre de la II° *Méditation : De la nature de l'esprit humain,* « qu'il est plus aisé à connaître que le corps ». La distinction est en l'espèce plus facile : en effet le connaître de la conscience rencontre immédiatement l'être du je suis, j'existe. Que se passe-t-il ailleurs? Le paradigme du morceau de cire le montre assez permettant par le parallèle qu'il institue de souligner le bénéfice de facilité rencontrée par la conscience lorsqu'elle se distingue méthodiquement. Soit un morceau de cire « qui vient d'être tiré de la ruche » : des qualités apparaissent immédiatement, la cire est odorante, colorée, elle est froide, rend un son, etc ; une fois échauffée, ces mêmes qualités disparaissent pour faire place à d'autres qui leur sont contraires ; bref impossible de rien distinguer. C'est donc la cire étendue flexible et muable : or mon imagination est incapable d'épuiser toutes les capacités de figures prises par ce simple morceau, car elles sont infinies et que cette faculté est incapable de se représenter distinctement un polygone de mille côtés (le chiliogone de la VI° *Méditation* § 2). C'est donc mon entendement seul qui conçoit ces propriétés de la cire distinguées de celles contraires aperçues par les sens :

> « Sa perception [de la cire] ou bien l'action par laquelle on l'aperçoit, n'est point une vision, ni un attouchement, ni une imagination et ne l'a jamais été, quoiqu'il le semblât ainsi auparavant, mais seulement une inspection de l'esprit, laquelle peut être imparfaite et confuse, comme elle était auparavant, ou bien claire et distincte, comme elle est à présent, selon que mon attention se porte plus ou moins aux choses qui sont en elle et dont elle est composée. »
> (II° *Méditation* Pléiade p. 281)

L'entendement attentif distingue donc les propriétés de l'essence de la matière (étendue, figure et mouvement), mais il s'agit seulement de l'essence : rien ne m'assure en ce moment final de la II° *Méditation* qu'il existe quelque chose hors de moi, cire ou corps. Du connaître à l'être ici la conséquence n'est pas bonne parce qu'elle n'est pas intuition immédiate de l'essence et de l'existence comme dans le cas unique où la conscience saisit son essence (je pense) et son existence (= je suis, j'existe). Partout ailleurs, il faudra donc des méditations, celles de l'enchaînement ordonné des raisons aperçues intuitivement, mais successivement.

Mais cette liaison qui s'achève avec bonheur et permet de fonder la science nouvelle, trouve dans la seule conscience distinguée comme chose pensante, esprit, ou âme son premier point d'attache, le point d'appui archimédien qui permet dans l'ordre spéculatif (il s'agit seulement de méditer...) de progresser de manière assurée, car orientée. Dans la conscience retrouvée, par delà les confusions, œuvres naturelles de l'union substantielle de l'âme et du corps, l'esprit est lui-même à lui-même sa propre lumière, car il a immmédiatement de lui-même une idée claire et distincte, il se sait comme chose pensante.
Si le moment moderne de la conscience est incontournable, la prétention au savoir qu'il comprend dans la présentation cartésienne fait question en raison même du caractère absolu de ses implications. La conscience, non le monde est le point de départ obligé de la connaissance, mais pourquoi la substantialiser en âme ou esprit, pourquoi affirmer qu'elle se sait parce qu'elle a d'elle-même une idée claire et distincte ? Il n'est aucune de ces questions auxquelles Descartes n'ait point donné par avance de réponse : on ne saurait donc lui reprocher de les avoir ignorées ou oubliées, on peut seulement récuser les réponses qu'il a apportées, mais ceci impose un changement de perspective ; tout en se maintenant dans la conscience redécouverte par Descartes, on l'envisagera de manière non cartésienne puisqu'on lui refusera l'auto-illumination du savoir de soi. La conscience reste la condition de la connaissance, mais elle perd sa capacité à se connaître, et surtout à se savoir. Descartes avait pu donner à la maxime socratique et la question de Montaigne un contenu assuré (l'esprit), l'ordre delphique garde sa valeur, la question sceptique retrouve la sienne : en s'examinant la conscience découvre certes une lumière, mais beaucoup d'obscurité impénétrable, il lui faut distinguer ce qu'elle sait de ce qu'elle ignore et paradoxalement par rapport à Descartes, elle en sait beaucoup moins sur elle-même que sur l'extérieur, bien qu'elle reste le point de départ obligé de toute connaissance philosophique ou scientifique.

3. La conscience incarnée : l'union du corps et de l'âme, la conscience de la mort.

Être conscient et se savoir, semble-t-il, voilà qui égale la substance-pensée à Dieu, en lui conférant une sorte de capacité infinie de connaître puisque portée en l'espèce à l'absolu. Or Descartes introduit bien l'infini au niveau de l'âme mais justement pas sur le plan du savoir : la volonté est en moi infinie, elle me rapproche de Dieu (c'est sa « marque » en moi), et son infinité est ce qui permet de mettre en doute toutes mes anciennes croyances en poussant la démarche jusqu'à l'hyperbole, mais mon entendement est fini, limité. Sauf le cas immédiat unique du *Cogito,* et celui médiatisé de la connaissance de la matière, il ne peut parvenir au savoir : je conçois l'existence de Dieu, mais son essence me reste incompréhensible, l'union substantielle de l'âme et du corps me voue également à la confusion et à l'obscurité des sentiments, le plus souvent utiles, mais seulement le plus souvent. D'ailleurs le *Cogito* lui-même ne manifeste aucune prétention à l'infini : il n'est vrai que le moment de son effectuation, donc l'instant de l'intuition. Évidence éclatante (suffisance épistémologique) mais toute ponctuelle et qui m'interdit d'enchaîner sur l'instant suivant : le souvenir d'une évidence n'est nullement évident tant que le malin génie garde sa puissance de me tromper systématiquement. Donc en termes strictement cartésiens, la prise de conscience de soi instantanée dans le *Cogito* ne saurait s'accompagner de la boursouflure caractéristique de celui qui sait : ce n'est point une apothéose, au contraire, la pensée se découvre comme substance, mais aussi bien pour des raisons de temps, comme substance finie ou créée. Certes elle se sait, mais ce savoir quoiqu'absolu, car intuitif, est fini. Pourtant il est savoir, ce qui suffit à le rendre suspect pour des raisons diverses. Nul ne conteste le pouvoir de la conscience, mais sa translucidité pour elle-même apparaît comme un dépassement de ses propres limites. Être conscient n'est pas savoir, être conscient de soi n'est pas se savoir, bien au contraire.

La conscience connaît quelque chose mais ne se connaît pas elle-même. Voici un point de vue qui semble impossible à imposer contre Descartes en partant de prémisses cartésiennes. Il est possible certes de le faire d'un point de vue où se rencontrent le souci de garder vivant l' héritage cartésien mais aussi une certaine tradition religieuse, qui se nourrit, elle aussi, de la conversion à soi et de la méditation. Augustinien et cartésien tout à la fois Malebranche pense que Descartes s'est arrêté en chemin dans sa retraite à l'égard du sensible et que cette pause l'a amené a se croire en possession d'un point d'appui lui permettant le recommencement philosophique absolu; mais une pause n'est pas un arrêt définitif et Descartes aurait dû s'en rendre compte : la conscience ou le sentiment ne livrent point au sujet dans une intuition l'idée claire et distincte de soi-même. Des idées claires et distinctes le sujet en a des rapports de grandeur, c'est-à-dire de tout ce qui est géométrisable, mais pour le reste il n'a que la conscience de modifications de nature affective. Connaissance et conscience se distinguent comme l'idée claire et l'idée confuse. Le sujet est conscient d'être, de penser, d'aimer, de souffrir, mais ce sentiment dépourvu de lumière ne lui dit nullement ce qu'il est. Il est bien qu'il en soit ainsi : l'homme n'est pas fait pour penser à lui, pour ne penser qu'à lui, car Dieu l'a fait pour lui : en arrêtant la méditation au soi de la substance-pensée, Descartes a oublié cette vocation et a par suite en quelque sorte idolâtré la pensée parce qu'il se plaçait du point de vue de la seule lumière naturelle, or dans le cas de la pensée, celle-ci n'éclaire point, la conscience est un « sentiment sans lumière », dont l'obscurité et la confusion appellent à continuer le mouvement de la méditation pour découvrir la véritable Lumière, celle du Verbe qui éclaire tout homme venu en ce monde. La conscience est un *cogito* obscur dont le sujet n'aura jamais l'idée claire et immédiate : cette obscurité même est le stimulant qui l'incline à pousser le mouvement de conversion et de méditation non plus dans la seule direction spéculative, mais aussi et surtout du point de vue pratique. Poussé par un désir dont le sentiment intérieur ou conscience lui représentent confusément les objets, le sujet est confronté sans cesse à comparer ceux-ci et à les évaluer : faut-il préférer des satisfactions immédiates et éphémères à un bonheur ferme mais différé, impliquant donc une sorte de sacrifice dont la passion du Christ est le modèle ? Cette question est celle de la conscience depuis la chute d'Adam et son rachat par Jésus, le nouvel Adam : avant son péché, Adam avait le pouvoir de s'unir directement et sans sacrifice à Dieu, il pouvait en effet se distraire de l'union de son âme avec son corps pour ne faire attention qu'à Dieu et ceci sans aucune peine. La faute originelle a mis fin à ce statut privilégié : désormais l'attention à Dieu sera pénible car l'homme se trouve naturellement distrait par la concupiscence qui l'entraîne du côté des plaisirs du corps, représentés par la conscience. Le désir de l'éternel perdu et celui du temporel présent s'opposent et confrontent le sujet à un sacrifice réparateur, car producteur de mérites, de l'un à l'autre. Obscure, puisqu'elle n'est pas à elle-même sa propre lumière, la conscience ou sentiment interne, est donc le lieu des choix pratiques beaucoup plus que celui de la découverte triomphale d'un soi-substantiel où s'arrêter. Son obscurité même lui interdit de se transformer en science ou en savoir : chez Descartes elle spéculait, chez Malebranche elle acquiert une valeur essentiellement pratique, puisqu'elle confronte le sujet aux exigences toutes morales et religieuses de l'Ordre. Renversement provoqué par le mouvement d'une méditation prolongée au delà du prétendu *Cogito* clair et distinct et qui découvre dans l'intériorité quelque chose de plus profond encore, quelque chose d'intime : la voix du Maître ou du Verbe éternel, c'est à dire l'expression d'un ordre divin et rationnel, puisque pour Malebranche Dieu suit la raison. Au lieu de rendre l'esprit à lui-même, en découvrant que sa nature est plus aisée à connaître que le corps, la conscience fait l'expérience de son incapacité spéculative à le connaître immédiatement tout comme de son orientation pratique. Je pense, je suis, mais je ne sais pas qui je suis, en tout cas ce n'est pas ma conscience qui me le dira ; car ce n'est ni son rôle ni sa fonction. Il est donc possible de contester la découverte cartésienne sur son propre terrain, mais en étayant cette critique sur une argumentation qui n'est pas cartésienne, puisque largement augustinienne. Elle garde pourtant l'avantage philosophique éminent de poser la question de la conscience en la rapportant au domaine pratique tout en limitant singulièrement sa puissance d'éclairement. La lucidité semble être ici le sentiment de l'obscurité impénétrable qui entoure son illumination ponctuelle : lucidité négative et non point la belle translucidité d'une réflexion qui se boucle immédiatement sur elle-même.

Conscience d'obscurité plutôt que conscience obscure faudrait-il ajouter, car la conscience est et reste toujours connaissance, même si on lui retire le pouvoir de transformer sa réflexion sur elle-même en savoir de soi. Cette obscurité trouve son fondement dans le caractère incarné de son existence. Descartes ne le niait nullement, mais il avait cru devoir par l'ascèse du doute arracher la conscience au corps pour lui faire découvrir sa propre substantialité. Conscience et substance se réciproquent dans le *Cogito* tout comme le sentiment renvoie spécifiquement à l'union substantielle du corps et de l'âme, le corps lui-même n'étant qu'un fragment d'étendue. Peut-on séparer la conscience réduite à la seule pensée du sentiment ? L'itinéraire des *Méditations* qui arrache le sujet pensant à l'union substantielle en rejetant tout le sensible répond positivement à cette question et par là même coupe la conscience, au sens strict de l'affectivité : celle-ci s'exerce au niveau de la seule union et si elle recouvre la pensée pure comme l'exige le plus souvent l'action, cela sera au détriment de la découverte du fondement des sciences. Il faut d'abord vivre ensuite philosopher. Et vivre, c'est se plier aux conséquences de l'union : la vie des sens. Point n'est besoin pour cela de méditer ou de faire des mathématiques :

> « Et enfin c'est en usant seulement de la vie et des conversations ordinaires, et en s'abstenant de méditer et d'étudier aux choses qui exercent l'imagination, qu'on apprend à concevoir l'union du corps et de l'âme. »
> (A Élisabeth, 28 Juin 1643, Pléiade p. 1158) »

La méditation, pensée métaphysique qui exerce l'entendement, conduit à distinguer la substance-pensée, donc l'âme seule ; la considération des figures que lui présente l'imagination aide l'entendement à distinguer le corps : il n'est qu'étendue modifiée par figure et mouvement, le physique sera géométrique comme l'avait établi Galilée. Obscures à l'entendement pur ou aidé de l'imagination,

> « Les choses qui appartiennent à l'union de l'âme et du corps ... se connaissent *très clairement* par les sens. D'où vient que ceux qui ne philosophent jamais, et qui ne se servent que de leurs sens, ne doutent point que l'âme ne meuve le corps et que le corps n'agisse sur l'âme; mais ils considèrent l'un et l'autre comme une seule chose, c'est-à-dire ils conçoivent l'union qui est entre deux choses, c'est la concevoir comme une seule. »
> *(Ibidem)*

L'union se connaît très clairement par les sens : Descartes ne plaisante pas et si Élisabeth en doute il lui rappelle sa propre règle en matière d'études :

> « Et je puis dire avec vérité que la principale règle que j'ai toujours observée en mes études, et celle que je crois m'avoir le plus servi pour acquérir quelque connaissance, a été que je n'ai jamais employé que fort peu d'heures, par jour, aux pensées qui occupent l'imagination, et fort peu d'heures, par an, à celles qui occupent l'entendement seul, et que j'ai donné tout le reste de mon temps au relâche des sens et au repos de l'esprit; même je compte entre les exercices de l'imagination, toutes les conversations sérieuses, et tout ce à quoi il faut avoir de l'attention. »
> (ibid. p. 1159)

Très peu de philosophie (quelques heures par an), un peu de mathématiques (quelques heures par jour mais pas consacrées à cette seule discipline), l'emploi du temps cartésien correspond à la condition d'un sujet incarné pour lequel la découverte de l'ego méditant comme substance-pensée relève de l'extraordinaire (une fois dans sa vie). La vie ou l'existence dans sa réalité pratique est celle d'un sujet sensible qui connaît clairement l'union de l'âme et du corps sans philosopher et même la connaît d'autant mieux qu'il ne philosophe pas. Point d'opposition ou de contradiction entre les obscurités du sentiment et la lucidité du *Cogito* sinon celle de l'ordinaire (les choses de la vie) et de l'extraordinaire (la méditation). Les exigences de l'affectivité (celles de la vie passionnelle) et les requisits de l'intelligibilité ne se recouvrent pas car ils se déploient sur deux registres différents : la vie pratique et le champ, on ne saurait dire la vie, théorique. D'abord vivre donc, ce qui ne signifie pas l'exclusion des précieux apports de la philosophie au profit de l'exaltation d'une conduite dépourvue de raison et de réflexion. Mais dans l'existence pratique, il faut trancher immédiatement, et la réflexion doit tenir compte de ce caractère urgent, sinon elle paralyserait l'action et rendrait le sujet velléitaire au lieu de volontaire. L'irrésolution est tolérable en matière de jugements : elle empêche de tenir le douteux pour certain, elle est nuisible car elle empêche de vivre heureux, c'est-à-dire de connaître le parfait contentement de soi. Dès la rédaction du *Discours*, Descartes propose « une morale par provision » destinée à mettre fin aux tourments provoqués par l'incertitude pratique. L'expression, empruntée au premier paragraphe de la III° partie, a souvent été travestie en morale « provisoire » : ce dernier terme signifie « non définitif » et appelle à titre programmatique autre chose d'autant plus que la lettre au traducteur des *Principes* (1647) faisait de la morale une des branches de l'arbre philosophique et précisait même :

> « Ainsi toute la philosophie est comme un arbre dont les racines sont la métaphysique, le tronc est la physique, et les branches qui sortent de ce tronc sont toutes les autres sciences qui se réduisent à trois principales à savoir la médecine, la mécanique et la morale ; j'entends la plus haute et la plus parfaite morale, qui, présupposant une entière connaissance des autres sciences, est le dernier degré de la sagesse. »
> (*Principes de la philosophie,* Pléiade p. 566)

Une lecture rétrospective de la morale par provision à partir du texte précédent invite à considérer les « quelques règles de la morale tirées de la méthode » comme une sorte d'expédient provisoire en attendant la réalisation complète d'un édifice couronné par la morale définitive : il faut bien se loger quelque part tant que la nouvelle demeure n'est pas rebâtie, comme le suggère la première phrase de la III° partie du *Discours* Or un chèque sans provision n'est pas un chèque provisoire et l'on ne saurait payer avec un tel titre. De la même façon une provision appartient au registre du définitif.

> « Et enfin comme ce n'est pas assez, avant de commencer à rebâtir le logis où on demeure que de l'abattre et de faire provision de matériaux ou d'architectes, ou s'exercer soi-même à l'architecture, et outre cela d'en avoir soigneusement tracé le dessin, mais qu'il faut aussi s'être pourvu de quelque autre où l'on puisse être logé commodément pendant le temps qu'on y travaillera ... je me formai une morale par provision .... »
> (*Discours de la méthode* III° Partie, Pléiade p. 140-1)

Cette dernière est donc bien définitive. Comment pourrait-il en être autrement à moins de cesser purement et simplement de vivre puisque vivre exige de la résolution, en un domaine où il n'est point de certitudes scientifiques mais seulement des opinions et des passions qui constituent l'objet du sentiment ou de la conscience du sujet incarné. Aussi ne faut-il pas s'étonner de voir Descartes justifier l'autorité politique et théologique dans la première maxime : non point par conformisme prudent, mais en raison de leur nécessité du point de vue de la vie pratique qui se nourrit d'opinions ; la modération dans l'adhésion sert moins l'orthodoxie qu'elle ne préserve de ses dangers, le fanatisme en particulier. La seconde maxime met au premier plan la résolution et la continuité dans la résolution, de manière à délivrer la conscience pratique des repentirs et des doutes : on pourra même, ce qui est inconcevable du point de vue de la conscience théorique, considérer les opinions adoptées et choisies parmi les probables comme très vraies et très certaines : c'est le seul moyen sinon de sortir de la forêt où les intérêts pratiques nous égarent, du moins de marcher toujours le plus droit possible, donc selon une direction. Adhésion aux lois et à la religion du pays où l'on est né, mais sans fanatisme, résolution ; la première et la seconde maxime présupposent la liberté comme leur fondement ; je me conforme, je me résous, à chaque fois c'est ma liberté qui s'engage, donc dans la conscience pratique correspondant à la vie du sujet incarné, est présente une liberté plus ou moins éclairée, mais toujours entière. On la retrouve dans la troisième maxime : tâcher de me vaincre plutôt que la fortune, changer mes désirs que l'ordre du monde n'a pas le sens d'une adhésion stoïcienne à la nature, car cette dernière supposerait connu un ordre que le sujet cartésien ignore, là où le sage stoïcien sait que le monde obéit à une providence ; il s'agit seulement en quelque sorte de consentir à soi en distinguant ce qui m'est étranger (ce qui est hors de nous) de ce qui m'est propre (l'empire sur mes pensées), donc même si le monde est mené par une fortune aveugle et non pas providentielle, conserver ce qui est mien en ne m'aliénant pas. Partout la liberté reste le guide dans ce domaine constitutionnel de la confusion qu'est la vie pratique : vivre libre est la condition du contentement, c'est-à-dire d'une satisfaction complète ou bonheur (« vivre en béatitude, ce n'est autre chose qu'avoir l'esprit parfaitement content et satisfait » écrit Descartes à Élisabeth le 4 août 1641), ou dans les termes du *Discours* :

> « Et ceci seul me semblait être suffisant pour m'empêcher de rien désirer à l'avenir que je n'acquisse, et ainsi pour me rendre content : car notre volonté ne se portant naturellement à désirer que les choses que notre entendement lui représente en quelque sorte comme possibles, il est certain que si nous considérons tous les biens qui sont hors de nous comme également hors de notre pouvoir, nous n'aurons pas plus de regret de manquer de ceux qui semblent dus à notre naissance, lorsque nous en serons privés sans notre faute, que nous avons de ne posséder pas les royaumes de la Chine ou du Mexique. »
> (III° Partie, Pléiade p. 143)

Sans savoir, mais par simple libre vouloir, le sujet incarné trouve en lui et lui seul, donc en se passant de Dieu, même si la lumière surnaturelle peut l'aider sur un autre plan, de quoi mener une vie pleine et entière, mais, faut-il le remarquer, n'est-ce pas également la liberté exercée souverainement dans le doute qui lui permettait sur le plan théorique de conquérir la première vérité ? Cependant la symétrie n'est pas l'identité : l'exercice de la liberté dans la vie passionnelle ne demande pas l'appareil théorique de la méditation, mais la simple résolution : le premier peut conforter la seconde en apprenant au sujet qu'il est libre en raison du caractère infini de sa volonté (Cf. la IV° *Méditation*), non point en changer la nature, car la vie incarnée se passe de l'extraordinaire de la méditation. La lucidité de la conscience pratique se ramène à la liberté dans la résolution ; au niveau théorique, il ne suffit pas de vouloir, il faut trou-

ver, et le probable tenu là comme très vrai et très certain, est ici non seulement douteux, mais faux.
La conscience se sait donc dans l'ordre de la méditation : elle est substance-pensée. Unie à un corps et non point logée en lui comme un pilote en son navire comme si le corps n'était qu'un instrument, elle est confrontée à une confusion substantielle qui lui permet de manifester sa liberté dans la résolution par laquelle au lieu de s'assujettir, elle se dévoile également comme sujet indépendant, la volonté triomphant de la confusion de la vie passionnelle. Être conscient et être sujet sont donc des termes réciproques : le Moi s'y montre comme point de départ absolu, car c'est de lui et de lui seul que la pensée peut prendre son départ puisqu'elle lui est consubstantielle. On pourra limiter sa capacité à connaître ou à agir, la conscience n'en demeure pas moins la référence obligée de la philosophie moderne, sauf à revenir en arrière ou en deçà.
Lorsque la conscience découvre le moi dans l'ascèse méthodique de la méditation, elle est assurée de la suffisance épistémologique du *Cogito* : pour savoir que penser et exister se recoupent intuitivement, point n'est besoin de la connaissance d'autre chose ou d'un autre être, la lumière naturelle y suffit, n'en déplaise à Malebranche. Peut-on conclure de cette suffisance épistémologique à la substantialité ontologique ? Réponse positive puisque, Descartes le répète, « du connaître à l'être, la conséquence est bonne ». Avec la substantialité de la pensée apparaît immédiatement cette autre conséquence : l'affirmation de l'âme comme immortelle. A vrai dire Descartes n'en traite point directement dans les *Méditations* tout en soulignant dans *l'Abrégé des six méditations suivantes* combien la distinction réelle de substance pensée par rapport à la substance étendue contribue à étayer la doctrine de l'immortalité de l'âme :

> « Or, la première et principale chose qui est requise, avant que de connaître l'immortalité de l'âme, est d'en former une conception claire et nette, et entièrement distincte de toutes les conceptions que l'on peut avoir du corps : ce qui a été fait en ce lieu-là. »
> (*op. cit.*, Pléiade p. 262)

On peut s'étonner du caractère périphérique de l'affirmation de cet effet de la substantialité de « l'esprit ou l'âme de l'homme (ce que je ne distingue point) » (*Ibidem,* p. 263). Mais en refusant d'articuler la lumière naturelle sur les révélations de la lumière surnaturelle, Descartes ne semble pas douter de cet enchaînement, même si sa morale repose entièrement sur des considérations parfaitement étrangères aux doctrines d'inspiration religieuse, puisqu'enseignant le parfait contentement de soi indépendamment de l'éventualité d'une survie ou de l'acquisition de mérites, donc de manière immanente. Que peut bien faire au généreux une valeur ajoutée par la mort à une vie qui porte sa justification en elle-même ?

> « Ainsi je crois que la vraie générosité, qui fait qu'un homme s'estime au plus haut point qu'il se peut légitimement estimer, consiste seulement partie en ce qu'il connaît qu'il n'y a rien qui véritablement lui appar-

tienne que cette libre disposition de ces volontés, ni pourquoi il doive être loué ou blâmé sinon pour ce qu'il en use bien ou mal, et partie en ce qu'il sent en soi-même une ferme et constante résolution d'en bien user c'est-à-dire de ne manquer jamais de volonté pour entreprendre et exécuter toutes les choses qu'il jugera être les meilleures ; ce qui est suivre parfaitement la vertu. »

(*Traité des passions de l'âme* 1649, § 153, Pléiade p. 768-9)

Ici la substantialité se manifeste par la liberté souveraine du soi, non par l'espoir que la distinction d'avec le corps entraîne un destin transcendant : l'âme apparaît plus libre qu'immortelle comme si substantialité et causalité par soi se confondaient, mais n'est-ce pas là le propre du distinct ou du distingué ? On trouve cependant une opinion quelque peu diverse dans une lettre à Élizabeth :

« La seconde chose qu'il faut connaître, est la nature de notre âme, en tant qu'elle subsiste sans le corps et est beaucoup plus noble que lui, et capable de jouir d'une infinité de contentements qui ne trouvent point en cette vie : car cela nous empêche de craindre la mort, et détache tellement notre affection des choses que nous ne regardons qu'avec mépris tout ce qui est au pouvoir de la fortune. »

(A Élisabeth, 15 septembre 1645, Pléiade p. 1205-6).

Divergence, voire contradiction ? Non, car la distinction de l'âme par rapport au corps et à l'union de celui-là peut très bien justifier l'idée de survie, même si celle-ci n'est pas et même ne saurait- être le mobile du comportement éthique par excellence : la générosité. Le généreux se soucie de vivre non de survivre. La conscience d'une mort qu'il ne faut pas craindre (elle affecte le corps ou l'union) ne fait que renforcer le caractère substantiel de l'âme.

Ici l'on peut, non pas quitter Descartes, mais envisager le contenu de la conscience autrement. Dans la conscience retrouvée par la méditation, le sujet se découvre comme existence bien différente de tout ce qui l'entoure ; dans la conscience de sa mort, le sujet fait l'expérience de sa propre finitude : lui qui existe doit nécessairement mourir. Finitude et survie apparaissent inconciliables sauf du point de vue de la foi illuminée surnaturellement par la grâce de la révélation. Il ne s'ensuit pas d'ailleurs que l'on puisse réduire la conscience de la mort à un cas d'anesthésie comme le fait Épicure :

« Prends l'habitude de croire que la mort n'est rien pour nous puisque tout bien et tout mal réside dans la sensation *(en aisthèseï).* Or la mort est privation de la sensation. Par suite, la connaissance correcte du fait que la mort n'est rien pour nous fait de ce qu'il y a de mortel dans la vie un objet de jouissance, puisqu'elle n'ajoute point le supplément d'un temps infini, mais qu'elle abolit le désir de l'immortalité. »

(Épicure, *Lettre à Ménécée* éd. Usener, Leipzig 1887, p. 60)

La conscience de la finitude ne permet nullement une telle solution dogmatique sauf à poser l'identité conscience et sensation, ce qui est le cas d'Épicure. Mais, Descartes le montre assez, si la conscience sent (sentir est un mode de la substance-pensée), elle excède la sensation, en tout cas ne saurait s'y réduire. Il n'y a donc sans doute pas de sensation de la mort, et Épicure a raison de souligner ce point, mais la conscience de la mort est tout autre chose qui confronte en un seul être, l'homme, l'existence et le savoir de cette existence. Confrontation à laquelle on peut bien donner telle ou telle solution dogmatique (elles vont de l'affirmation à la négation de l'immortalité de l'âme) mais qui reste permanente comme problème inhérent à la structure même de la conscience humaine de l'existence. Conscience d'être et également d'avoir à mourir, voilà qui épuise le contenu de la conscience, ou plus modestement en définit le champ : à chacun d'apporter à ce problème déterminé une ou plusieurs solutions, œuvre de cette liberté indéclinable et inaliénable dont Descartes a fixé le mouvement dans la démarche exemplaire de la méditation.

Conclusion

« Connais-toi toi-même » ordonnait l'oracle delphique. La quête de cette connaissance n'a pas immédiatement pris forme de la prise de conscience, parce que le plus souvent, le mouvement de la connaissance a entraîné une conscience, pourtant toujours déjà-là, hors d'elle-même : pour l'enraciner dans l'éternité des Formes intelligibles, seuls objets épistémologiquement dignes, ou dans la considération de genres universels, heureusement ramenés sur terre par Aristote ; pour lui faire connaitre ses limites dans un monde providentiel (Stoïciens) ou produit du hasard (Épicure). Seule la méditation religieuse la ramenait à elle, mais pour découvrir en elle plus intérieure qu'elle même, car intime, la voix du Maître oubliée pour motif de concupiscence. « Rentre en toi-même », avait écrit saint Augustin, « C'est dans l'homme intérieur qu'habite la vérité ! » Pour se retrouver et trouver la vérité qu'elle recelait, il lui fallait abandonner même cette attention à la Voix extérieure, car elle pouvait être trompeuse, œuvre d'un malin génie acharné à tromper : alors (c'est un moment) seulement, car toute seule la conscience est enfin elle-même. L'existence, non point un être partagé avec d'autres (les choses, les autres, Dieu), mais son être lui apparait dans l'évidence immédiate. Qu'en faire ? Un être suffisant épistémologiquement ne peut que se poser la question sur tous les plans qui la concernent : son être-pensée (son âme), son être incarné.

La finitude est la compagne obligée de la prise de conscience : je suis et je suis mortel, voilà qui ne se partage pas en dépit du syllogisme « tous les hommes sont mortels », car c'est à moi de mourir, et les autres ne le feront pas à ma place. Là également, la conscience se pose plus de questions qu'elle n'y répond, fidèle en cela à Socrate qui obéit à Apollon, non point en construisant un système, donc un savoir, mais au contraire en se contentant de poser des questions. Au reste les réponses de la philosophie ne sont-elles pas plutôt des questions que se pose la conscience, mais émondées du nécessaire point d'interrogation : d'où leur pluralisme, qui témoigne de l'impossibilité d'aboutir à un savoir définitif et donc de l'obligation de toujours recommencer le mouvement inauguré par Descartes dans la méditation. Constatation décevante en raison de cette certitude de l'inachèvement ; toutefois on peut toujours se consoler, s'il le faut, en se rappelant que le devoir de philosopher ne concerne le sujet que quelques heures par an ; le reste du temps, il peut, s'il le souhaite poursuivre sa vie en toute inconscience de cause.

TEXTES

Descartes
Lettre à Hyperaspistes (août 1641)

« 2°. Je n'ai dit nulle part : *du fait que l'esprit agit plus parfaitement chez l'enfant que chez l'adulte, il suit qu'il n'est pas plus imparfait* ; je ne suis donc pas critiquable sur ce point ; mais, parce qu'il ne suit pas non plus qu'il est plus imparfait, celui qui a émis cette opinion a été critiqué par moi à juste titre. Je n'ai d'ailleurs pas affirmé sans raison que l'âme humaine, où qu'elle soit, même dans le ventre de la mère, pense toujours : en effet, peut-on souhaiter un argument plus certain et plus évident que la preuve par laquelle j'ai montré que la nature ou essence de l'âme consiste en ceci qu'elle pense, de même que l'essence du corps consiste en ceci qu'il est étendu. Aucune chose, en effet, ne peut jamais être privée de sa propre essence, et, pour cette raison, j'estime qu'il ne faut pas croire celui qui nie que son âme a pensé pendant le temps où

il ne se souvient pas avoir eu conscience qu'elle pensait, plus que s'il niait que son corps était étendu pendant qu'il n'a pas eu conscience que ce corps avait de l'extension. Toutefois, je ne me persuade pas pour autant que l'esprit de l'enfant médite sur les choses métaphysiques dans le ventre de la mère ; au contraire, s'il est permis de conjecturer d'une chose que nous ne voyons pas, l'expérience nous montrant que nos esprits sont tellement joints à des corps qu'ils sont presque toujours affectés par eux et que, bien qu'en un corps adulte et sain, une âme vigilante jouisse de quelque liberté pour penser à d'autres objets que ceux qui lui sont présentés par les sens, pareille liberté ne se trouve ni chez les malades, ni chez ceux qui dorment, ni chez les enfants, et qu'elle est d'ordinaire d'autant moindre que l'âge est plus tendre, rien n'est donc plus conforme à la raison que de penser qu'un esprit, récemment uni au corps d'un enfant, n'est occupé qu'à percevoir ou à sentir confusément les seules idées de douleur, de plaisir, de chaleur, de froid, et autres semblables, qui naissent de cette union, pour ainsi dire, de ce mélange. Pourtant cet esprit n'a pas moins en lui les idées de Dieu, de lui-même, et de toutes les vérités connues de soi, que ne les ont les hommes adultes quand ils n'y font pas attention ; car ils ne les acquiert pas par après avec l'âge ; et je ne doute pas que s'il était dégagé des liens du corps, il les trouveraient en lui... Cette opinion ne nous jette pas en terrain difficile.
En effet, que l'esprit, réellement distinct du corps, lui soit cependant conjoint, soit affecté par les traces qui y sont imprimées, et y en imprime même de nouvelles, cela peut se concevoir aussi aisément qu'on conçoit d'ordinaire que des accidents réels (tout au moins quand on les admet) agissent sur la substance corporelle, bien qu'ils en diffèrent totalement. Et rien ne sert de dire que ces accidents sont corporels ; si, en effet, par corporel on entend tout ce qui peut en quelque manière affecter le corps, l'esprit lui-même, en ce sens devra être dit corporel ; mais si par corporel on entend ce qui est composé de cette substance qu'on appelle corps, ni l'esprit, ni même les accidents qu'on suppose être réellement distincts du corps, ne doivent être dits corporels ; et c'est seulement en ce sens qu'on a coutume de nier que l'esprit soit corporel. Ainsi donc, lorsque l'esprit, uni au corps, pense à une chose corporelle, certaines particules du cerveau changent de lieu, tantôt par l'effet des objets extérieurs agissant sur les organes des sens, tantôt par l'effet des esprits animaux qui montent du cœur au cerveau, mais tantôt aussi par l'effet de l'esprit par lui-même quand il est porté vers une pensée uniquement par sa propre liberté. Et c'est le mouvement de ces particules cérébrales qui produit une trace dont dépend le souvenir. Des choses purement intellectuelles, il n'y a pas de souvenir à proprement parler ; mais la première fois qu'elles se présentent à l'esprit, elles sont pensées aussi bien que la seconde ; si ce n'est qu'elles sont liées à certains noms qui, étant corporels, nous font resouvenir des choses elles-mêmes. »

(Pléiade, p. 1129)

Malebranche
De la recherche de la vérité, XI° Éclaircissement

« Il est certain que l'homme le plus éclairé ne connaît point avec évidence, s'il est digne d'amour ou de haine, comme parle le sage[a]. Le sentiment intérieur qu'on a de soi-même, ne peut rien assurer sur cela. Saint Paul[b] dit bien que sa conscience ne lui reproche rien, mais il n'assure pas pour cela qu'il soit justifié. Il assure au contraire que cela ne le justifie pas, et qu'il n'ose pas se juger lui-même, parce que celui qui le juge c'est le Seigneur. Mais comme l'on a une idée claire de l'ordre, si l'on avait aussi une idée claire de l'âme par le sentiment intérieur qu'on a de soi-même, on connaîtrait avec évidence si elle serait conforme à l'ordre ; on saurait bien si l'on est juste ou non ; on pourrait même connaître exactement toutes ses dispositions intérieures au bien et au mal, lorsqu'on en aurait le sentiment.

Mais si l'on pouvait se connaître tel qu'on est, on ne serait pas si sujet à la présomption. Et il y a bien de l'apparence que Saint Pierre n'aurait point dit à son maître qu'il allait bientôt renier ? Pourquoi ne puis-je pas vous suivre maintenant : je donnerai ma vie pour vous. *Animam meam pro te ponam.* Car ayant sentiment intérieur de ses forces et de sa bonne volonté, il aurait pu voir avec évidence, s'il aurait eu la force ou le courage de vaincre la mort, ou plutôt les insultes d'une servante et de quelques valets. Si la nature de l'âme est plus connue que celle de tout autre chose, si l'idée que l'on en a, est aussi claire que celle qu'on a du corps, je demande seulement d'où peut venir qu'il y a tant de gens qui la confondent avec lui. Est-il possible de confondre deux idées claires entièrement différentes ? Faisons justice à tout le monde. Ceux qui ne sont pas de notre sentiment, sont raisonnables aussi bien que nous ; ils ont les mêmes idées des choses, ils participent à la même raison. Pourquoi donc confondent-ils ce que nous distinguons ? Ont-ils jamais confondu en d'autres occasions les choses dont ils ont des idées claires. Ont-ils jamais confondu deux nombres différents ? Ont-ils jamais pris le carré pour le cercle ? Néanmoins l'âme est plus différente du corps que le carré ne l'est du cercle ; car ce sont des substances qui ne conviennent en aucune chose, et cependant ils les confondent. C'est donc qu'il y a quelque difficulté à reconnaître leur différence. C'est que cela ne se découvre pas d'une simple vue, et qu'il faut raisonner pour conclure que l'une n'est pas l'autre. C'est qu'il faut consulter avec application l'idée de l'étendue, et reconnaître que l'étendue n'est point une manière d'être des corps, mais le corps même, puisqu'elle nous est représentée comme une chose subsistante, et comme le principe de tout ce que nous conservons clairement dans les corps ; et qu'ainsi les maniè-

a : Ecclésiaste, ch. IX, 1.

b : Mais je ne me juge pas moi-même ; je ne suis en effet conscient d'aucun chef d'accusation contre moi : en quoi je ne suis pas justifié, c'est Dieu qui me juge.

res dont le corps est capable n'ayant aucun rapport aux qualités sensibles, il faut que le sujet de ces qualités, ou plutôt l'être dont ces qualités sont des manières, soit bien différent du corps. Il est nécessaire de faire de semblables raisonnements pour s'empêcher de confondre l'âme avec le corps. Mais si l'on avait une idée claire de l'âme, comme l'on en a une du corps, certainement on ne serait point obligé de prendre tous ces détours pour la distinguer de lui ; cela se découvrirait d'une simple vue, et avec autant de facilité que l'on reconnaît que le carré n'est pas le cercle. »

2

PROBLÈMES DU LANGAGE

1. Un animal éloquent, un animal politique
2. Qui lui a appris à parler ?
3. Parole et langage

TEXTES

1. Aristote
   Politique I, 1253 a 1-9
   De l'Ame II, c. 8, 420 b 5-30
2. Rousseau
   Discours sur l'origine de l'inégalité

1. Un animal éloquent, un animal politique

L'homme est un animal éloquent *(homo loquens)* et cette remarque le définit aussi bien que la célèbre citation : « L'homme est un animal politique », puisqu'au reste, à s'en rapporter à Aristote, langage et activité dans la cité *(polis)* s'impliquent réciproquement pour séparer l'homme des animaux. Certains de ces derniers ressemblent par leur organisation collective aux hommes : aussi les appelle-t-on parfois des « animaux sociaux », aussi parle-t-on de « sociétés animales ». Animaux grégaires et abeilles étaient déjà reconnus par Aristote pour avoir cela de commun avec l'homme, c'est pourquoi : « l'homme est plus politique que n'importe quelle abeille ou tout autre animal grégaire». (*Politique* L.I, ch. 2. 1253 a)
Il faut souligner ce comparatif : il intègre l'homme dans le genre animal jusques et y compris dans l'activité politique, c'est-à-dire, ici au sens restreint : l'activité sociale. Le social n'est donc pas la différence spécifique de l'homme. Cette dernière apparaît seulement avec le langage (le *« logos »* qui signifie aussi « raison »). Ce n'est pas en effet l'expression vocalisée de la peine et de la douleur qui distingue l'homme de l'animal : celle-ci est seulement la voix, c'est à dire une utilisation du choc de l'air inspiré contre la trachée-artère, accompagnée de représentation, faute de quoi il n'y a pas voix mais simple bruit (claquer la langue ou tousser). Lorsque l'animal souffre, il communique sa souffrance par la voix qui est le signe du plaisir et de la douleur. Social, vocal, parfois, l'animal ne s'élève pas jusqu'au langage proprement dit.
Humain, le langage est aussi une voix signifiante dont la fonction est autre : il montre ou manifeste l'utile et le nuisible, le juste et l'injuste. Il y a évidemment un parallèle avec l'expression vocale du plaisir et de la douleur, mais il s'agit seulement d'une analogie (une égalité de rapports) : le plaisir n'est pas nécessairement utile ou juste, pas plus que la douleur n'est nuisible ou injuste. L'animal exprime la douleur et le plaisir, mais l'homme signifie par son *logos* l'utile et le nuisible, le juste et l'injuste. L'homme et l'animal ont en commun la voix, mais seul l'homme a le privilège du *logos.*
Ce privilège qui est une singularité (avec la station droite par exemple) n'a de sens que par son insertion dans la cité ou *polis.* L'homme n'est pas en effet capable de vivre solitaire, sans cité[1] *(apolis),* car en ce cas il serait plus qu'un homme (un dieu) ou moins que lui (un animal). Pour

1. Ainsi les Cyclopes auxquels se réfère Aristote : « Ils n'ont ni assemblées où délibérer ni lois religieuses, mais habitent sur les montagnes, au creux des grottes, chacun décrétant sa loi entre ses enfants et ses épouses sans avoir cure des autres ». *Odyssée* XI - 112/115 ; commentaire d'Aristote, *Politique* I., c. 2 1252 b.

vivre, il lui faut reproduire les éléments de sa vie (subsistance, enfants, etc.) et pour cela il faut au moins supposer l'existence familiale. La famille est une communauté de communautés : conjugale, parentale, économique (celle de l'homme libre avec ses esclaves[2]) etc. Or l'existence communautaire (restreinte à la seule famille ou élargie jusqu'à la *polis,* réunion de la réunion de familles) n'a pas seulement une fonction vitale (satisfaire des besoins biologiques : « vivre ») mais elle comporte une dimension éthique (vivre au sens plein du terme, *eu zên, bene vivere,* en un mot être heureux). En effet, l'homme n'est pas conduit par la seule nature, il a à se conduire en raison de sa capacité à déterminer des moyens en vue de ses fins. Cette détermination donne un sens moral à ses actes (vertueux ou vicieux), elle est l'œuvre d'un raisonnement ou calcul *(logismos)* dont l'expression passe par le langage *(logos)* extériorisé ou non. La vie dans la *polis* repose, en raison de cette obligation de délibérer des moyens à tous les niveaux (domestique, politique), sur le privilège du langage comme expression des valeurs. Sans lui l'homme vivrait *(zên)* mais il ne connaîtrait pas la plénitude de la vie, *(eu zên)* le bonheur ; sans lui il pourrait être un animal grégaire, non point un animal politique.
Conclusion : il y a réciprocité entre la définition de l'homme animal éloquent et celle de l'homme animal politique.

2. Qui lui a appris à parler?

L'animal politique parle. Soit ! Il faut encore définir ce que parler veut dire, en analysant le couple parole/langage, les constituants de la proposition, ses modalités, etc. C'est la démarche qu'Aristote lui-même a adoptée. Et ce à juste titre : il voulait rendre compte de ce qui est en répondant à la question « comment se dit l'animal éloquent »? Autrement dit il s'appuyait sur l'existence de fait du langage pour remonter à son essence (ce qu'il est). Démarche légitime puisque à ses yeux l'homme et son langage, l'homme et la cité sont par nature : c'est-à-dire, négativement, pas plus le langage que la cité ne sont l'œuvre des hommes. L'artifice lui-même est seulement imitation *(mimèsis)* de la nature.
Dans ces conditions, il n'est pas nécessaire de rechercher l'origine (d'où il vient) du langage, car cette origine est la nature elle-même : dans nature il y a naissance *(natura/nascor)* ce qui exclut comme contradictoire « la

2. Communauté despotique, le *despotès* étant le maître des esclaves et de despotisme étant par extension le système politique où les sujets sont traités comme des esclaves par un maître.

genèse d'une naissance »... Si le langage est par essence naturel, il ne saurait y avoir de problème de la genèse du langage.

Ce serait une erreur, pourtant, de croire que ce point de vue était universellement partagé : en fait les thèses d'Aristote posant le caractère naturel du langage et de la cité sont polémiques, car elles combattent l'argumentation inverse souvent développée par les *Sophistes.* Ceux-ci, sensibles avant tout au pouvoir du langage (séduire le public dans les assemblées judiciaires ou politiques, donc user non de contrainte mais de persuasion) insistent sur le caractère « artificiel » de la cité : la *polis* n'est pas de nature mais d'institution ; n'en est-il pas de même du langage ? A vrai dire cette deuxième question n'est pas toujours directement posée ou elle l'est dans d'autres termes : il s'agit moins de prouver que le langage naît d'une institution que de montrer qu'il est lui-même institution, car il est producteur de ses effets en toute indépendance par rapport à une réalité qui est, ou n'est pas, selon qu'elle est dite ou non. Lorsque Protagoras proclame que l'homme est mesure de toutes choses, de leur être comme de leur non-être, il semble vouloir dire que la réalité en soi nous est inconnue, et que l'être ou le non-être ne sont connaissables qu'autant qu'ils sont affirmés dans des discours. Il supprime donc la référence du langage à une réalité qui serait au-delà et à laquelle il faudrait mesurer (selon son expression) la validité de tout propos. L'objectivité de la parole ne réside plus dans le rapport « vertical » qu'elle entretiendrait avec ce qu'elle dit ou signifie, mais dans l'adhésion des autres à son contenu : vraie si tous l'acceptent, fausse dans le cas contraire. Il en est ainsi, ou il peut en être ainsi dans la pratique juridique et politique, où la vérité se trouve « au milieu », livrée au public des assemblées et des tribunaux, mais il est contradictoire de penser que la vérité puisse se voter, puisque ce même énoncé court le risque d'être déclaré faux, et donc de n'être pas vrai... contradiction sans importance sur le plan politique ou judiciaire, au yeux des sophistes, mais contradiction tout de même. Qu'importe puisqu'avant tout il s'agit de gagner : en déclarant le langage d'institution, on se libère de la contrainte exercée par une vérité objective indépendante de ce qu'on en dit, on justifie l'usage flatteur de la parole, la routine de la rhétorique, comme dit Platon[3], assurant par là des triomphes rémunérateurs aux professeurs (les sophistes) comme aux élèves (les jeunes loups de la politique et des tribunaux). Mais la thèse du

3. Il ne faut pas confondre la routine de la rhétorique (*Gorgias* 463 b) et la rhétorique elle-même ; seul son usage sophistique est condamnable et il faut lui opposer le bon usage qui en fait « un art de conduire les âmes *(psuchagôgia)* par l'entremise des discours » (*Phèdre* 261 a). Platon ne condamne donc pas la rhétorique mais son usage technique. Comme science des formes du discours, elle diffère de son usage pervers tout autant que l'anatomie de son utilisation par un assassin. C'est pourquoi la rhétorique peut apparaître historiquement aussi bien comme moyen de séduire et de tromper et comme discipline rigoureuse : elle initie selon le choix à la propagande, mais aussi à l'analyse littéraire. D'où sa pérennité malgré les éclipses : dans le pire, il est inutile de donner des noms ; dans le meilleur l'on va de Platon, et Aristote, auteur d'une *Rhétorique,* de Cicéron et Quintilien, auteur d'une *Institution oratoire* aux écrivains de la Renaissance comme Érasme, voire jusqu'à la critique contemporaine.

caractère non-naturel du langage est une simple conséquence du projet sophistique, elle ne correspond pas à la volonté de poser le problème de l'origine du langage qui n'est pas vraiment une question de la philosophie grecque classique.

Preuve *a fortiori* : en son *Enquête* (*Historia* II, 2), Hérodote rappelle les recherches du roi Psammétique pour savoir quel était le peuple le plus ancien. Il eut recours à l'expérience suivante : nous aussi ! Il fit élever dans le mutisme complet deux nouveau-nés en compagnie de chèvres. Un gardien silencieux leur prodiguait des soins. Au bout de deux ans, les enfants lui adressèrent un mot : *« bécos »* qu'ils ne cessèrent de répéter y compris devant le Pharaon. Bécos signifie pain en phrygien; conclusion : les Phrygiens sont le peuple le plus ancien de la terre, puisque la vérité sort de la bouche des enfants... L'étrangeté pour nous de cette histoire est ailleurs : dans les questions que ne se posent ni Psammétique ni Hérodote. D'où les enfants tenaient-ils ce mot unique ? Pourquoi ne se sont-ils pas parlé l'un à l'autre? Pourquoi n'ont-ils pas imité les sons émis par les chèvres ? etc. En un mot qui leur a appris à parler, les tirant de leur silence ? Eux-mêmes ou un autre?

Eux-mêmes ? C'est la situation imaginée par Condillac dans l'*Essai sur l'origine des connaissances humaines* (II, Partie § 1 : *De l'origine et des progrès du langage,* 1746). Renonçant par hypothèse à recourir à un enseignement de la langue par le moyen surnaturel de la révélation divine, il entreprend d'expliquer « comment cette chose aurait pu se faire par des moyens naturels ». Mais tout en abandonnant l'explication par la révélation, Condillac n'en garde pas moins la problématique de celle-ci : expliquer le langage ce n'est pas comprendre son essence, mais comment il a commencé, tout comme dans la Genèse, expliquer le monde, c'est dire « Au commencement Dieu créa le monde ». Le moment zéro, celui de l'origine est aussi celui de la cause : il suffira de remplacer Dieu par quelque principe plus naturel. (Le mot principe signifie aussi commencement : *In principio erat verbum...* Jean I,1). Condillac « suppose que, quelque temps après le déluge, deux enfants de l'un et de l'autre sexe, aient été égarés dans des déserts avant qu'ils ne connussent l'usage d'aucun signe ». D'abord séparés, donc totalement isolés, les deux enfants sont pratiquement limités dans leur développement mental par les circonstances : leur imagination était incapable de fonctionner librement c'est-à-dire sans s'appuyer sur l'urgence actuelle d'un besoin. Une fois rassemblés, apparaissent des signes naturels : les cris qui signifient chaque passion éprouvée ; ces cris sont renforcés par des mouvements qui en soulignent l'expression. La perception de ces signes par l'autre se produit sans réflexion, par une espèce de compassion ou pitié qui le fait « souffrir de voir souffrir ce misérable ». Ce n'est point une convention ou une réflexion qui produit l'interprétation du signe naturel comme signe, mais le « seul instinct », c'est-à-dire « une imagination qui à l'occasion d'un objet réveille les perceptions qui y sont immédiatement liées et par ce moyen dirige sans le secours de la réflexion, toutes sortes d'animaux » (*Ibid.* I, C, IV, § 43).

La répétition des mêmes situations familiarise les deux enfants avec la manipulation de ces signes, qui sont intériorisés ou réfléchis dans une imagination devenue autonome par rapport aux sollicitations du milieu : toujours naturels ces signes deviennent des moyens de communication, mais affectifs ; ils font en effet circuler non une connaissance objective, mais un sentiment représenté par le signe. Signe ponctué d'un geste, le cri naturel[4] devient à son tour le modèle d'un nouveau langage qui comporte cette fois des signes arbitraires, permettant pour la première fois de donner des noms aux choses. Mais cette invention reste limitée en raison de l'inflexibilité de la langue de ses « auteurs ». Heureusement ils auront un enfant, dont la langue sera plus flexible. Grâce à lui tout ne recommence pas : ce qu'il articule signifie bien entendu le même contenu mais les parents, instruits par leur propre expérience en devinent le sens et à leur tour, quoiqu'avec difficulté, répètent le mot tout nouveau de leur fils. Cependant, ce nouveau langage reste contemporain de l'emploi de son rival et compagnon le langage d'action, jusqu'à enfin prévaloir sur lui lorsque suffisamment de signes par sons articulés furent trouvés au bout de plusieurs générations.
Cette « histoire » ou cette archéologie a un avantage : elle fait l'économie du « secours extraordinaire » prêté par Dieu à Adam et Ève pour réfléchir et se communiquer leurs pensées (« Et il apprit à Adam tous les noms », enseigne le Qoran II-31) où le premier homme est l'instructeur du langage même pour les anges...[5]. Elle n'est pas vraiment histoire, mais bien plutôt mythe : c'est-à-dire présentation successive de ce qui existe à l'état simultané (l'image diachronique d'une réalité synchronique). L'homme parle : comme l'indique l'étymologie, l'enfant ne parle pas : il est *infans ;* en suivant son développement supposé de ce silence (également hypothétique) à la parole, on rendra compte du langage ramené à son origine. Or tout se passe bien en cette jolie histoire sauf lorsqu'elle prétend engendrer le nouveau langage à partir de l'ancien tout en restant dans le cadre de la nature. Du signe naturel au signe arbitraire, il y a un saut que Condillac n'explique pas : utiliser de « nouveaux sons » pour désigner des objets et les nommer, ce n'est pas découvrir le langage, encore moins expliquer son origine, c'est seulement manifester que l'on est en possession du langage. La belle affaire que de dire que l'homme parle parce qu'il sait parler. Le terme même d'arbitraire employé par Condillac pour distinguer le nouveau langage de celui des cris naturels accompagnés de gestes, signifie qu'il est conventionnel. Question : si une convention suppose l'emploi de signes pour en arrêter les termes, de quels signes

4. Le cri de la nature : « C'est la nature qui poussa les hommes à lancer les premiers sons de la langue, l'intérêt *(utilitas)* tirant au jour les noms des choses ». Lucrèce *De la Nature* V-1028-9.

5. « Et le Seigneur Dieu produisit en les tirant de la terre tous les animaux des champs et tous les oiseaux du ciel, et il les amena à Adam pour voir quelle appellation il leur donnerait, et toute appellation donnée par Adam à un animal vivant, était son nom ». *Genèse* II-79.

se servirent ceux qui formèrent cette première convention ? Ils ne pouvaient être naturels, mais ne pouvaient davantage être conventionnels, puisque c'est cette première convention qui doit leur donner arbitrairement naissance... Le mythe condillacien se passe du secours extraordinaire de Dieu, mais le recours à l'arbitraire n'est qu'un *deus ex machina !* Conclusion donc négative? Non, mais découverte d'une aporie[6] ou d'un paradoxe : la genèse ne rend pas toujours compte de la structure, en tous cas pas la genèse mythique. Il n'y a pas de passage de la nature à la convention : y en aurait-il, il n'expliquerait pas le caractère arbitraire du langage qu'il prétendait au contraire rendre intelligible.

La question : « qui lui a appris à parler ? » continue donc de se poser, mais à présent, on sait que les réponses positives qui peuvent lui être faites relèvent ou de la foi en une révélation ou d'une mythologie archéologique, elle aussi génératrice de croyance. En un sens, c'est l'impasse : il n'y a pas de connaissance de l'origine du langage, en un autre, non, car cet échec signifie aussi bien qu'il faut orienter la réflexion dans une autre direction. Retour à l'affirmation du caractère naturel du langage de l'homme, animal politique éloquent et donc retour à la case départ en Aristote ? pas nécessairement ! Il y a bien une genèse du langage, mais elle concerne seulement l'apprentissage de la langue maternelle par l'*infans* qui finit par parler parce qu'il est capable de parler. Ni « le cri de la nature » ni la convention première ou seconde ne peuvent expliquer ce fait du langage, qui apparaît désormais comme ni naturel ni conventionnel ! N'est-ce pas là une bonne raison de quitter un terrain piégé générateur d'apories inextricables pour aborder autrement le problème du langage ?

3. Parole et langage

Une exigence méthodologique d'abord : au lieu de prendre pour objet d'investigation « le » langage, pourquoi ne pas l'analyser, et le résoudre en ses éléments ou du moins en grosses unités faciles à manier (le facile c'est ce qu'on peut faire) ? Une première division est celle de la parole et de la langue, confondues dans la recherche de la généalogie du langage. Cette division est devenue banale depuis les travaux de Ferdinand de Saussure, et en particulier la publication de son *Cours de linguistique générale* (1915-16) : en opposant langue et parole, et en dévaluant celle-ci au profit de celle-là, le linguiste genevois déplaçait polémiquement l'objet

6. Situation où le manque d'expédient *(poros)* semble acculer la pensée dans une impasse : « Il y a encore l'aporie que tu soulèves à propos des hommes de valeur : pourquoi apprennent-ils à leurs propres fils ce que des maîtres peuvent enseigner, et les y rendent habiles, alors qu'ils ne les rendent point meilleurs que quiconque en matière de vertu là où eux mêmes ont de la valeur ? » Platon, *Protagoras* 324 d.

ou l'objectif de la linguistique de la série diachronique (les événements) à la prise en charge du simultané (le synchronique). Il fallait, peut-on dire en simplifiant, considérer le tout de la langue sans s'inquiéter de l'initiative des sujets parlants tenue pour négligeable. La fécondité scientifique de cette méthode est incontestable et elle a fondé une linguistique. Mais ce serait une erreur philosophique de considérer la linguistique post-saussurienne comme maîtrisant la problématique du langage : la linguistique étudie la langue comme la physiologie fait apparaître les causes de l'aphasie : loin de fournir la solution scientifique d'un problème jusque là sans solution philosophique, elles permettent seulement à la philosophie de formuler autrement une problématique renouvelée par le progrès des disciplines scientifiques. Saussure ne « résoudra » pas la question de Condillac, il permettra de reprendre autrement, c'est-à-dire dans un autre dispositif, celui de la division langue/parole, l'interrogation toujours actuelle relative au langage.

La division langue/parole doit donc être reprise mais non comme résultat acquis, plutôt comme problème. Parler c'est toujours parler une langue et la langue précède donc tout usage de la parole qui se coule en elle comme dans un vêtement pré-trouvé sur les lèvres de la mère. La langue est un système de signes. Comme système, elle est une unité articulée comparable à celle d'un organisme, c'est-à-dire distincte de l'unité accidentelle d'un tas dont les éléments sont hétérogènes. Le système se manifeste par des structures contraignantes comme par exemple celles de la syntaxe (ordre des mots) ou de la morphologie (flexions, déclinaisons, conjugaisons, etc.). Le signe associe une image acoustique (un son) et une représentation mentale (Saussure l'appelle concept, mais ce terme est à prendre dans un sens très large). Le signe dont l'élément acoustique (= le signifiant) est par rapport à l'élément mental (= le signifié) comme le recto d'une feuille par rapport au verso, n'a pas de rapport de ressemblance avec la chose qu'il désigne : on peut appeler celle-ci le référent du signe. En quoi il se distingue et de l'indice et du symbole : le premier (des cendres de cigares pour Sherlock Holmes) signifie le tout du référent par l'une de ses parties ; avec le symbole intervient un élément conventionnel, le symbole signifiant son référent par une représentation stylisée, mais intelligible seulement pour ceux qui en connaissent le contexte (la croix chrétienne, l'étoile de David, le croissant musulman). En ce sens le signe n'est pas l'analogue de son référent, et doit cette différence à l'arbitraire du signifiant : arbitraire ne veut pas dire ici conventionnel, mais absence de rapport de similitude entre le signifiant et le signifié, voire entre le signe et le référent. En quelques définitions, voici éliminées les apories rencontrées lors de l'enquête sur l'origine du langage...

Élimination normale si l'on peut dire, puisque la considération de la langue et d'elle seule évacue le sujet parlant du champ d'investigation, ou tout au moins dégrade son existence et ses manifestations au rang de l'accident, c'est à dire de l'inessentiel. Or c'est du sujet que provenaient les apories relatives au caractère conventionnel ou naturel du langage : cri de la nature, ou institution divine ou humaine. La langue se parle, mais il n'est pas important de s'interroger sur la parole elle-même.

Chassé côté cour, le sujet revient côté jardin : parler c'est parler une langue, disions-nous, et c'est un sujet qui parle. Peu importe qu'il ait institué le langage ou non, il prend tout de même l'initiative quand il prend la parole. Certes il trouve le prêt-à-porter de la langue, mais le vêtement n'est pas le corps qu'il habille, et il y a tant de manières de porter le même habit ! Ici se manifeste une liberté, qu'elle soit pleine et entière ou au contraire aliénée. Exemplaire de ce dernier cas est le bavardage. Le bavard n'est pas contraint de parler : il prend la parole pour ne rien dire, en particulier lorsqu'il débite les lieux communs propres à un cercle, un salon, une catégorie sociale. Les lieux communs n'ont pas d'auteur mais pour vivre, eux qui sont morts, il leur faut la prise de parole qui les ressuscite un instant ou des heures. Si l'on demande « Ça va? », le bavardage commencera avec une réponse explicitée et hors de propos, là où l'on attendait : « Très bien, merci ! Et vous ? ». Mais même en ce cas où la parole banale signifie encore moins que le bavardage, apparaît l'initiative du sujet parlant et avec lui l'importance de la parole.

La même remarque doit être répétée au niveau de la parole pleine. Dans l'aveu par exemple, la banalité cesse pour celui qui prend la parole (que celle-ci soit reçue pour ce qu'elle est ou non) : il en est ainsi du « je vous aime » des amants au « je confesse » du pénitent. Les mêmes mots, ceux de la langue qui circulent démonétisés par une inflation quotidienne, trouvent ou retrouvent brusquement une valeur incomparable pour l'émetteur et parfois pour le récepteur : les poètes le savent bien, puisqu'ils rendent à la parole anonyme et usée à force de circuler un sens neuf.

Il faut distinguer la langue, système de signes, de la parole expression pleine ou vide d'un sens. Se pose en effet désormais le problème de leur rapport vu du côté du sujet parlant. Comment comprendre le rapport qu'il entretient par la parole avec la langue ? Il paraît évident qu'il se sert de la langue pour parler, donc que celle-ci est l'instrument privilégié de l'expression d'un sens.

Le recours au mot « instrument » mérite d'être précisé et justifié, car il n'a rien d'accidentel. Parler et se servir d'instruments sont des comportements spécifiques qui distinguent l'homme de l'animal : la présence d'outils auprès d'ossements douteux qui pourraient être ceux de singes ou d'hommes permet de trancher en faveur de ces derniers ; anatomiquement la possibilité du langage articulé va de pair avec celle du comportement technique, en particulier l'opposition du pouce par rapport aux autres doigts de la main. En ce sens parler c'est utiliser l'outil de la langue et le langage peut donc être considéré en termes d'instrument. Pourtant ce rapprochement que suggère l'anthropologie préhistorique est insuffisant : la langue est pour celui qui parle comme l'outil entre les mains de celui qui travaille. Il y a donc analogie, non identité : la langue est peut-être comme un outil, elle n'est pas pour autant un instrument.

Mais qu'est-ce qu'un outil ? Un dispositif matériel inerte adapté à une ou plusieurs transformations de la matière travaillée. Inerte parce qu'il dépend quant à sa mise en mouvement d'un moteur (animal ou artificiel) ; relativement spécialisé, parce qu'il n'est point d'outil universel : même la pince dite de ce nom ne peut que pincer... et il en va de même du plus primitif des bâtons qui ne peut servir à tout (on ne peut pas coudre avec un bâton), et le fait-tout de la cuisinière n'est qu'une audacieuse métaphore ! Extérieur à l'objet de travail, parce qu'il n'est pas lui : le burin n'est pas le cuivre sur lequel travaille l'artisan, et si les hommes du Paléolithique supérieur se servaient de silex pour travailler le silex, leurs outils différaient en dépit de l'identité de matière.
Retour à la langue. « Instrument » de la parole qui la découvre prétrouvée, elle paraît inerte tant que le sujet ne la prend pas pour l'animer ; pourtant elle n'est pas pour lui comme le rabot ou le pied-de-biche sur l'établi à portée de main, les jours ouvrables, ou en congé pour cinq semaines... elle ne quitte jamais le sujet, elle est toujours là... Si elle semble spécialisée (les métiers ont leur lexique), ce n'est qu'une apparence : une langue comprend plusieurs lexiques et même des substituts universels qui suppléent heureusement à la connaissance d'un instrument verbal adéquat : la chose, mieux chose, truc, machin (on remarquera les emprunts à l'univers *technique*), machin-chose, business, etc., sont en toutes langues des substituts de tout, qui permettent une communication universelle. La langue n'est enfin extérieure au sujet parlant qu'en apparence puisqu'il parle avec elle sur elle et d'elle sans que chaque fonctions soit assignable distinctement... Bref la langue n'est pas l'instrument, l'outil, du sujet parlant bien que la mise en rapport langue/parole ne cesse pas d'être féconde.
Il faut rappeler d'autres caractères de l'outil : libérateur et aliénant. Libérateur puisqu'il permet de dépasser les contraintes de l'organe physiologique dont il multiplie presque indéfiniment les possibilités : les angles d'attaque de la matière à travailler sont démultipliés. Aliénant en même temps puisque ce mouvement de démultiplication se fait dans le sens de la précision et de la spécialisation et objet de travail. Ce qui est gagné en « liberté » est perdu par appropriation spéciale à une matière qui finalement impose sa loi.
Là encore apparaissent des rapports d'analogie. La langue est aussi libératrice pour le sujet parlant, puisqu'elle lui permet une désignation universelle : qui dépasse les limites de la sensation ; de plus la langue permet un véritable décollage par rapport à toute matière, ce dont n'est capable aucun instrument. Avec elle, la réalité se trouve en effet redoublée, mais non pas reproduite, puisque l'univers de la langue est indépendant des référents. Cette indépendance a pour effet spécifique une sorte d'aliénation différente de celle rencontrée à propos de l'outil : ce dernier asservissait parce qu'il obligeait le sujet au travail à s'adapter de manière spécialisée, à une matière étroitement définie, en ce sens le sujet dépendait de cet autre. Là, au contraire ce n'est pas le référent qui impose

sa loi, puisque l'outil linguistique ne peut par définition se plier à ses contours. Ce que la langue impose au sujet parlant c'est, un milieu, son milieu.
L'homme n'a pas de milieu spécifique au sens où les autres espèces animales en ont un. Il n'est pas en effet programmé pour n'intercepter qu'un nombre déterminé de signaux inducteurs de comportements adaptés (défense, prédation, fuite, etc.). L'homme a un monde, c'est-à-dire un référent indéterminé et illimité. Pourtant on peut parler de milieu à propos de la langue dans la mesure où, pour parler, le sujet ne peut que passer par la langue, ce passage médiateur s'accompagnant de modifications : il en va de même du rayon lumineux qui traverse un dioptre.
La langue est milieu. Elle est d'abord langue maternelle : il n'est personne, si polyglotte soit-il, qui n'ait la langue de sa mère (réelle ou imaginaire). Ce phénomène signifie qu'une langue et une seule restera dominante par rapport à toutes les autres utilisées par le sujet parlant : ce sera sa langue. La langue est d'autre part un réseau ou un tissu où se croisent de multiples fils qui, pris un par un, renvoient à des lieux de naissance distincts : dialectes, patois, voire langues des anciennes provinces ; expressions de « classe », d'écoles, d'églises, de partis, ou de régiment... ; lexique des métiers etc. En ce sens, la langue même maternelle, et réduite à une unité, est fusion de langues : le sujet peut puiser dans cette diversité pour séparer les registres et essayer de parler « pur » ou au contraire mêler les genres, témoignant dans les deux cas et de la contrainte du milieu linguistique et de la liberté qu'il procure. Marcel Proust en sa *Recherche du temps perdu* illustre tout particulièrement ce phénomène, soulignant les différences créées par l'usage d'une même langue en fonction des milieux et des sujets : Françoise et ses proverbes, le directeur du Grand Hôtel de Balbec, le baron de Charlus ou Madame Verdurin parlent la même langue et témoignent de son hétérogénéité (emploi des particules devant les noms aristocratiques, prononciation du patronyme des La Trémoïlle, ou accentuation antisémite du doux nom de Swann...).
La langue-milieu permet de rendre compte des effets contradictoires ou plus simplement divers rencontrés au niveau de la prise de parole. Le vide du bavardage ou de la banalité, la plénitude de l'expression poétique ou de la confession, tiennent à la manière dont le sujet se pose dans son milieu, la langue. Assujetti à ce milieu, il le supporte comme un destin : au lieu de l'exprimer, sa parole se perd dans l'anonymat d'un on dont l'extension est plus ou moins large; elle se mesure aux dimensions du cercle en question (couple, cercle, métier, équipe). Ce n'est pas un sujet qui parle, même s'il dit Je, mais un On interchangeable en raison de son rapport passif à l'expression d'un sens qui se dit en lui plutôt qu'il ne le dit. Inversement, toujours assujetti à la langue, (impossible d'y échapper), le même sujet prend vraiment la parole lorsqu'il fait œuvre de liberté en s'appuyant sur ses contraintes : de même que c'est en reconnaissant les lois de la pesanteur que l'on apprend à voler ou à nager, de même c'est en toute connaissance des pesanteurs de la langue que l'expres-

sion linguistique devient parole pleine, où l'on reconnaît derrière le glissement des mots la présence d'une personne. Cela se reconnaît au style, c'est-à-dire à cette manière inimitable que peut avoir chacun de revêtir son prêt-à-porter universel : ici comme dans le vêtement, ni le voyant ni l'excentrique ne sont les signes de la personnalité, c'est plutôt le contraire. A proprement parler, bien qu'il soit l'homme selon le mot de Buffon, le style n'est rien, puisqu'il n'est pas quelque chose de plus ou de moins, pourtant il est ce je-ne-sais-quoi où la rencontre de l'autre et de soi est possible, car dans ce je-ne-sais-quoi se cache sans doute le je qui ne peut apparaître qu'habillé de paroles, son véritable visage.

TEXTES

Aristote

« ... Conséquence évidente : la cité *(polis)* est au nombre des êtres par nature, et l'homme est par nature un animal politique, celui que la nature et non le sort prive de cité étant ou dégradé ou supérieur à l'homme...
C'est pourquoi l'homme est plus politique que n'importe quelle abeille ou tout autre animal grégaire : telle est l'évidence. C'est que la nature, comme nous disons, ne fait rien en vain. Seul parmi les animaux l'homme possède le langage *(logos)*. Or, si la voix *(phonê)* est le signe du pénible et de l'agréable (elle existe également chez d'autres animaux ; leur nature s'étendant jusqu'à la possession de la sensation du pénible et de l'agréable, et jusqu'à la signification de ces états à leurs congénères). Le langage a pour fin la manifestation de l'utile et du nuisible, comme du juste et de l'injuste. C'est que par rapport au reste des animaux, les hommes ont pour particularité d'être les seuls à posséder la sensation du bien et du mal, du juste et de l'injuste. Or, ce qui fait la famille et la cité c'est la mise en commun de ces derniers. Donc par nature, la cité est antérieure à la famille comme à chacun d'entre nous. »

(*Politique* I, 1253 a 1-19).

« La voix est un son émis par un être animé. Aucun être inanimé ne possède de voix, mais c'est par ressemblance qu'on dit de lui qu'il la possède, ainsi la flûte, la lyre et tout ce qui parmi les choses inanimées possède registre, ton et articulation *(dialektos)*. Il en semble ainsi parce que la voix possède également ces caractères. Or beaucoup d'animaux n'ont pas de voix, tels ceux qui n'ont pas de sang et parmi eux les poissons – ce qui est rationnel, le son étant un mouvement de l'air.
... En effet tout son émis par un animal n'est pas une voix – nous l'avons dit : on peut émettre un son *(psophein)* avec la langue ou en toussant ; mais il faut que celui qui produit le choc soit animé et qu'il l'accompagne de représentation *(phantasia)*. La voix est en effet un son signifiant *(sèmanticos psophos)*, ce que n'est pas le son de l'air respiré, comme celui de la toux. »

(*De Anima* II c. 8., 420 b 5 - 30).

Jean-Jacques Rousseau
Discours sur l'origine de l'inégalité (1754)

« Le premier langage de l'homme, le langage le plus universel, le plus énergique, et le seul dont il eut besoin, avant qu'il fallut persuader des hommes assemblés, est le cri de la Nature. Comme ce cri n'étoit arraché que par une sorte d'instinct dans les occasions pressantes, pour implorer du secours dans les grands dangers, ou du soulagement dans les maux violents, il n'étoit pas d'un grand usage dans le cours ordinaire de la vie, où regnent des sentiments plus modérés. Quand les idées des hommes commencérent à s'étendre et à se multiplier, et qu'il s'établit entre eux une communication plus étroite, ils cherchérent des signes plus nombreux et un langage plus étendu : Ils multipliérent les inflexions de la voix, et y joignirent les gestes, qui, par leur Nature, sont plus expressifs, et dont le sens depend moins d'une détermination antérieure. Ils exprimoient donc les objets visibles et mobiles par des gestes, et ceux qui frappent l'ouye, par des sons imitatifs : mais comme le geste n'indique guéres que les objets présens, ou facile à décrire, et les actions visibles ; qu'il n'est pas d'un usage universel, puisque l'obscurité, ou l'interposition d'un corps le rendent inutile, et qu'il exige l'attention plûtôt qu'il ne l'excite ; on s'avisa enfin de lui substituer les articulations de la voix, qui, sans avoir le même rapport avec certaines idées, sont plus propres à les représenter toutes, comme signes institués; substitution qui ne put se faire que d'un commun consentement, et d'une maniére assez difficile à pratiquer pour des hommes dont les organes grossiers n'avoient encore aucun exercice, et plus difficile encore à concevoir en elle-même, puisque cet accord unanime dut être motivé, et que la parole paroît avoir été fort nécessaire, pour établir l'usage de la parole. »

3

L'IMAGINATION

1. De l'image à l'imagination : le temps et l'affectivité
2. De l'association empirique au schématisme
3. L'imagination trompeuse : exaltation et symbolisme

TEXTES

1. Kant : *Schématisme, analogie, anthropomorphisme*
2. Balzac : *Swedenborg, le voyant et les correspondances*

1. De l'image à l'imagination : le temps et l'affectivité

Qu'est-ce qu'une image ? Un objet d'une perception qui pourtant n'est pas l'objet de la perception, puisqu'on s'accorde pour distinguer l'une de l'autre : en effet, l'image « ressemble » à l'objet perçu mais n'est pas celui-ci. Le grec dit cela très bien lorsqu'il emploie *eikôn* pour image : l'*eikôn*, c'est ce qui ressemble à (c'est le sens du verbe *eikô*) et donc n'est pas ce qu'il semble être. Multiples sont les modes de ressemblance et de dissemblance dont est susceptible l'image : elle diffère de son objet parce qu'elle le représente en son absence. Dans ce cas, l'image est une perception passée redevenue présente, mais pas tout à fait puisqu'elle n'est pas ce qu'était la première perception « en personne ». On la distinguera aussi par sa faiblesse eu égard à la force de la perception actuelle, auquel cas l'image est moins que la perception qui serait plus : différence donc de degré, non de nature. Mais qui pourrait se contenter de cette thèse des degrés : le roi nu, mais entouré de ses courtisans, reste vu actuellement comme le roi, et pourtant les courtisans le perçoivent nu ; cependant, c'est l'image du roi qui s'impose à eux, annulant avec force une perception réputée pourtant plus forte... Tous les amoureux savent plus ou moins que l'objet de leur passion est non une réalité perçue mais une image actuelle de cette réalité. D'où l'on tire aisément que l'image concurrence la perception sur son propre terrain au point d'en être indiscernable. La ressemblance devient en quelque sorte de l'identité.

En quelque sorte, parce que cette ressemblance n'existe pas pour tout le monde. C'est le courtisan qui ne voit point que le roi est nu ; ce sont les amoureux qui vantent la beauté de leur maîtresse qu'ils voient « effectivement » belle. Dans ces cas apparaît un élément commun : l'intérêt pour l'objet perçu. A vrai dire il n'est pas de perception qui n'obéisse à un intérêt : l'eau fraîche paraît « bonne » à celui qui a soif, tout comme le fruit était aux yeux d'Eve « agréable à regarder ». Faut-il en conclure qu'il n'y a pas de perception de la réalité, mais seulement des images de la réalité, entendant par là qu'on n'a jamais affaire au réel mais seulement à l'imaginaire ? Non puisque, on s'en doute, l'image ne s'impose pas à tout le monde : lorsque dans *A l'ombre des jeunes filles en fleur,* Saint-Loup montre au narrateur la photographie de sa maîtresse, celui-ci la trouve vulgaire et écoute avec politesse la célébration amoureuse de son ami. De même, on peut ne voir en le roi qu'un homme, et lui adresser des remontrances. Donc l'image ne se substitue pas toujours à la perception réelle et l'on aurait tort de tirer entre le réel et le sujet percevant le voile des images.

Même, si comme déjà dit, il n'est pas de perception qui ne soit traversée par un intérêt, elle n'en est pas moins distincte de l'image, ne serait-ce que parce qu'elle peut obéir à un intérêt d'objectivité (voir les choses telles qu'elles sont, comme on dit) et surtout parce que le sujet percevant sait au moins une chose : toute perception est susceptible d'être recouverte dans son objectivité par l'image qui ressemble à son objet. Imaginez en effet le cas contraire : l'ignorance de ce risque aboutirait à une situation d'universalisation de la domination de l'image. Or si grand soit-il, son empire est lacunaire[1] : il y a toujours au moins une perception objective de la réalité, et dès le moment où il y en a une, la différence entre image et réalité est connue en tant que telle.

Il n'y a jamais eu de dieu de la pesanteur, même à l'époque la plus féconde en dieux, rappelait A. Comte, pour donner un exemple de l'existence d'une perception objective au milieu même de la domination du pouvoir des images. L'image ressemble à l'objet perçu, se substitue éventuellement à lui, mais aussi bien se nourrit de la différence qu'elle entretient avec lui. A cette différence où l'affectivité paraît jouer un rôle capital s'ajoute, ou plutôt vient se combiner, une autre différence, qui fait intervenir le temps. L'image, disions-nous, ressemble à l'objet perçu parce qu'elle le reproduit même en son absence : elle est actuellement ce qu'il était quand il était présent à la perception mais aussi bien, elle ne l'est pas, puisque l'image n'est qu'image. La naissance de l'image, mieux sa production, implique donc le temps puisqu'elle est reproduction de ce qui est objectivement disparu, et suppose là que le temps objectif se trouve en quelque sorte maîtrisé : se rendre présent ce qui a été une fois, c'est en effet échapper à la domination du temps objectif, et faire apparaître par là un étrange pouvoir de la subjectivité relativement au temps. Cette deuxième différence n'annule pas la première, mais elle permet sans doute de la comprendre. L'investissement affectif propre à l'image n'est certainement pas étranger au fait que, dans l'imagination, la subjectivité se manifeste comme coextensive à un temps différent de celui de l'objectivité.

1. « Dans chaque ordre de phénomènes, il en existe, sans doute, quelques-uns assez simples et assez familiers pour que leur observation spontanée ait toujours suggéré le sentiment confus et incohérent d'une certaine régularité secondaire ; en sorte que le point de vue purement théologique n'a jamais pu être rigoureusement universel. » (A. Comte *Discours sur l'esprit positif* (1844), Première partie, § III.)

2. De l'association empirique au schématisme

Que l'imagination ait rapport au temps, voilà qui n'est ni nouveau ni étonnant. Ne distingue-t-on pas l'image de la perception présente précisément par le fait qu'elle est au fond une perception passée mais réactualisée. Distinction qui rend malaisée, au reste, la définition de l'image par rapport au souvenir : dira-t-on que le souvenir est plus singulier que l'image ? Je me souviens de ce chien-ci car je me rappelle les circonstances de son apparition dans mon champ perceptif. En revanche l'image reste plus vague : Alain faisait remarquer qu'il est impossible de compter les colonnes du Panthéon lorsqu'on l'imagine, et l'image du chiliogone est un rond bosselé sans précision. On retrouve ici une distinction de degré non de nature : l'image est moins précise que le souvenir, et, peut-on ajouter, plus générale que lui, donc plus « pratique » puisqu'elle permet, sur le plan perceptif, d'anticiper le contenu de la perception actuelle : c'est un chien, dis-je, en voyant le quadrupède aboyant, et la procédure d'identification s'en trouve abrégée, en tout cas beaucoup plus que s'il fallait comparer le souvenir du chien à l'animal qui est devant moi. Mais cette approche par la quantité ou la supériorité pratique en reste au seul niveau de la description et laisse de côté l'essentiel : les conditions de possibilité de la production d'images, c'est-à-dire en particulier, les conditions temporelles de l'imagination.

Si, en effet, on en reste au niveau de la constatation, on découvre que le sujet est susceptible de lier ensemble des présentations passées selon des règles qu'il ne construit pas mais qui président spontanément à l'organisation de l'expérience. Voici une boule de billard qui se meut en direction d'une autre ; spontanément, j'anticipe ce qui va se passer, et je peux dire que le mouvement de la première boule sera cause du mouvement à venir de la seconde. Il en est ainsi parce que d'habitude (en fait sauf miracle) il en a été ainsi, ce que mon imagination a fort bien retenu, car elle obéit à une loi d'association (ici l'inférence causale). Ainsi l'imagination associe les présentations passées à la présente en anticipant ce qui va arriver au nom de cette répétition. Une distinction s'impose ici : celle du temps objectif et du temps subjectif : objectivement, la perception s'en tient à ce qui lui est présenté (la première boule en mouvement) ; subjectivement, en raison des lois de l'association qui structurent l'imagination, ce qui va suivre réellement est anticipé au nom de ce qui a toujours, d'ordinaire, lieu (le mouvement à venir, donc pas encore présent, de la seconde boule après le choc). A vrai dire, je ne peux connaître ce qui va suivre puisqu'il me faut l'attendre, mais je peux bien l'imaginer en raison de la très forte probabilité qu'il en aille de même cette fois également (encore une fois sauf le cas toujours improbable mais possible d'un

miracle). C'est D. Hume qui découvrit cette propriété originale de l'imagination : associer, suivant des principes précis, les images des présentations passées et ainsi structurer l'expérience présente en en anticipant le développement. Seulement en énonçant les trois principes qui règlent l'imagination (connexion par ressemblance, contiguïté et relation de cause à effet), il se bornait à constater les effets de ces principes qu'il attribuait à l'imagination ; il n'allait pas jusqu'à dégager les implications temporelles d'une telle théorie de l'imagination. C'est que, pour lui, ces principes étaient identifiables par leurs effets (ce sont les principes de la nature humaine) non par leur cause. Pouvait-on en fait remonter plus haut et découvrir non point les effets de l'association dans l'imagination, mais la cause de l'association elle-même ?
Cette question n'est point celle de Hume, ou plutôt cette question eut appelé de la part du philosophe anglais une réponse négative. Pour lui, il est impossible de remonter au-delà de ces principes de la nature humaine : l'esprit n'est pas une table rase sur laquelle l'expérience viendrait inscrire son texte à la manière des caractères typographiques la feuille vierge de papier blanc[2] ; l'expérience est fonction d'une organisation *a priori* qui structure l'imagination selon les lois de l'association. Ceci doit nous suffire, d'autant plus qu'à vouloir remonter au-delà, par exemple en cherchant du côté de ce que l'on appelle le moi, l'on risque de découvrir qu'il s'agit peut-être d'une fiction de notre imagination répondant plus à l'exigence ou au besoin personnels d'identité qu'à la réalité effective d'une variation incessante de nos perceptions. Ce genre de spéculations est un luxe et fait courir des risques : la mélancolie philosophique, comme Hume l'appelle lui-même (*Traité de la Nature humaine* L.I, IVe partie, § VII) ; c'est l'imagination qui entraîne le « sujet » sur cette voie dangereuse de la quête d'un « moi » cause des perceptions, ses effets,

2. « Supposons l'esprit être, selon notre expression, du papier blanc dépourvu de tous caractères d'imprimerie. Comment se garnit-il ? D'où tire-t-il cet immense stock que l'imagination *(fancy)* affairée et débridée de l'homme a peint sur lui avec une variété presque infinie ? D'où tous les matériaux de la raison et de la connaissance ? D'un mot, je réponds : de L'EXPÉRIENCE. Toute notre connaissance y trouve son fondement et c'est d'elle qu'elle dérive *(derives)* en fin de compte. Exercée soit sur *les objets extérieurs de nos sens soit sur les opérations internes de nos esprits perçues et réfléchies par nous-mêmes,* notre observation *est ce qui fournit nos entendements en tous les sujets de pensers.*
Quiconque observera attentivement l'état d'un enfant à sa venue au monde ne sera pas fondé à le croire doté d'une foule d'idées destinées à devenir la matière de sa connaissance future. C'est *graduellement* que se constitue son stock. Et bien que les idées des qualités évidentes et familières s'impriment avant que la mémoire commence à tenir compte du temps et de l'ordre, etc. »
(J. Locke : *An Essay concerning Human Understanding* (1690) L. II, § 2 et 6.)
On notera dans le § 6 le mot « s'impriment ». La traduction française de Coste (1755 et Paris 1972) rend papier blanc par table rase et ne saisit pas la métaphore de l'imprimerie, évidemment inconnue des créateurs de l'expression table rase, en tout premier lieu Aristote qui l'employait à propos de l'intellect : «Il faut qu'il soit comme une tablette sur laquelle rien n'est inscrit... » (*De l'Ame,* III 430 a).

mais la Nature en personne me guérit de ses envolées délirantes *(flights of the imagination)* en me proposant pour remède le divertissement :

> « Je dîne, je joue une partie de tric-trac, je converse dans la joie avec mes amis ; si, trois heures de distraction plus tard, je revenais à ces spéculations, elles m'apparaîtraient si froides, si forcées *(strained)* et ridicules, que je ne pourrais trouver en mon cœur de quoi les poursuivre. »
> (D. Hume *A Treatise of Human Nature*, L.I., 1° partie, § VII, Londres 1951, p. 254)

Le divertissement n'empêchera pas toutefois Hume de philosopher, mais la philosophie confrontée à la vie courante le gardera de la spéculation et de ses dangers, en particulier de la fabrication de ces systèmes où l'on rencontre de l'être, de la substance, de la cause, etc., comme si l'on avait pas assez à faire avec la Nature humaine, « Seule science de l'homme, et jusqu'ici la plus négligée » (*ibid.* fin). Autant de raisons pour s'interdire la recherche de la cause ou des causes de l'association dans l'imagination : n'y a-t-il pas en effet là le risque d'une envolée illusoire ? Kant partage avec Hume ce souci antispéculatif, mais il considère que si l'association est une loi de l'imagination, il faut non point se contenter de la constater, mais la justifier. Ce dernier terme doit être pris au sens propre, lequel renvoie à l'idée de juste et donc, au sens latin de droit (*jus :* droit). Justifier n'est pas en effet ramener à une cause, cette procédure est plutôt celle de la dérivation, qui en reste au niveau du fait : elle peut entraîner des conséquences contradictoires. Ainsi dans son *Contrat social,* rappelant le caractère inné et donc inaliénable de la liberté humaine, qu'il confrontait à la servitude universelle (« L'homme est né libre et partout il est dans les fers », *op. cit.* L.I, C;1), Rousseau attirait l'attention sur la différence qu'il y a entre le niveau du fait et celui du droit, leur confusion étant ruineuse pour le droit. A vrai dire Hume n'a pas tenté de dériver le fait de l'association dans l'imagination puisque très sagement, il n'a pas déduit l'expérience, mais décrit ses structures imaginaires ; ce serait plutôt Locke qui se serait rendu coupable de la dérivation, en raison de sa théorie de la table rase. Pourtant Hume a eu tort de ne point compléter sa découverte (le rôle spécifique de l'imagination) en soumettant les lois ainsi révélées à une déduction, c'est-à-dire à une procédure analogue à celle qu'emploient les juristes lorsqu'ils posent la question de droit destinée à prouver la légitimité d'une prétention. Le fait de l'association, capital pour l'établissement de la fonction de l'imagination dans l'expérience, doit également être légitimé ou déduit en ce sens très spécial *(Deduktion ≠ Ableitung).*

Ici il faut suivre l'exposé de Kant dans la première édition de la *Critique de la Raison pure* (1781). Dans celle-ci Kant remarque qu'il y a trois sources primitives *(drei ursprüngliche Quellen)* qui contiennent les conditions de la possibilité de toute expérience : le sens, l'imagination *(Einbildungskraft)* et l'aperception. Cette qualification de l'imagination comme source est sans doute à rapprocher de la remarque énigmatique qui clôt l'introduction du même ouvrage : on y évoque les deux souches *(Stämme)* de la connaissance humaine (entendement et sensibilité qui « ont peut-être pour origine une racine commune mais inconnue de nous ». De fait, si la théorie transcendantale des éléments distingue nettement entendement et sensibilité en leur assignant des exposés distincts (respectivement l'*Analytique* et l'*Esthétique*), le problème de leur union ou de leur réunion est quelque peu dissimulé dans l'*Analytique* elle-même en dépit de son importance capitale : si ce qui est reçu dans la sensibilité n'était pas pensé par l'entendement comment la connaissance serait-elle possible ; de l'aveu de Kant, des intuitions sans concepts ne sont-elles pas aveugles, des concepts sans intuitions vides ? Il est donc important de saisir exactement la fonction originale de l'imagination, celle qui la promeut au rang de source, et ici l'on retrouve le problème du temps masqué tout autant qu'indiqué par la loi de l'association causale énoncée par Hume.

Kant part du point d'arrivée de Hume : la loi empirique, comme il dit, de l'association :

> « C'est il est vrai une loi simplement empirique que celle selon laquelle des représentations qui se sont souvent suivies ou accompagnées, s'associent ou finalement forment une liaison dans laquelle, même si l'objet n'est pas présent, l'une de ces représentations produit selon une règle constante un passage de l'esprit *(Gemüt)* à l'autre. »
>
> (*Critique de la raison pure,* 1e édition ; éd. de Darmstadt. T. III p. 163, GF pp. 644)

L'association permet d'échapper à la ponctualité du présent, celle-ci enfermant la perception dans l'instant et par là interdisant la permanence de l'objet nécessaire à sa perceptibilité. Si en effet le passé était immédiatement aboli, le présent serait discontinu par rapport à lui, et l'on ne pourrait saisir l'objet comme objet : il serait toujours en quelque sorte du « pas même ainsi » puisqu'il n'y aurait aucun moyen de le faire continuer d'un instant à l'autre, ni même de comparer sa présence présente à sa présence passée. Ainsi pour qu'une mécanique soit possible, il faut qu'au moment t_1 le mobile en mouvement soit saisi comme identique à ce qu'il était en t_0, et s'il s'ébranle en direction d'un autre corps en repos, il faut que je puisse anticiper le mouvement de celui-ci, il faut donc un acte synthétique qui rattache le présent au passé. Il en est ainsi parce que les phénomènes obéissent à cette règle de reproduction : que si en effet, ce n'était pas le cas, que si donc le cinabre (un sulfure de mercure) était tantôt rouge tantôt noir, tantôt lourd, tantôt léger, il ne serait pas possible à mon imagination de reproduire le cinabre, ses propriétés passées ne demeurant point les mêmes et interdisant donc l'identification ; l'identité du phénomène reproduit est la première condition de l'imagination simplement empirique.

Jusque là au mot phénomène près, et ce n'est pas peu, rien qui ne soit dans Hume. La reproduction des phénomènes s'entend précisément des phénomènes, c'est-à-dire non des choses telles qu'elles sont en soi, mais telles qu'elles nous apparaissent en raison des structures du sujet qui les reçoit pour les penser. Autrement dit, ce n'est pas la répétition de l'identique dans les choses qui rend compte de la capacité de l'imagination à en reproduire les conjonctions constantes, même en l'absence de l'objet : c'est au contraire la capacité de l'imagination à organiser (Kant parle de synthèse de l'imagination) *a priori* en les liant entre elles les représentations passées et les présentations présentes, qui rend possible la constitution d'un rapport réglé des phénomènes. Et ceci est possible parce qu'il s'agit des phénomènes et d'eux seuls. L'imagination n'est donc pas simplement une sorte de mémoire automatique qui en présence de A en mouvement vers B ressuscite la liaison abolie passée A/B : elle le fait comme imagination empirique parce que par anticipation, mais cette antériorité est d'ordre logique et non pas chronologique, (il faudrait même dire transcendantal, c'est-à-dire qui rend *a priori* une connaissance possible), elle est cette synthèse pure qui maintient les représentations passées et les unit aux présentations présentes. En un mot l'imagination transcendantale permet par sa structure temporelle subjective la constitution de la continuité du phénomène et de l'objet : telle est la raison pour laquelle Kant en faisait une source originale de la connaissance. Sans elle en effet l'appréhension du présent dans l'intuition serait dépourvue de sens puisqu'instantanée et donc incapable de se maintenir dans la continuité. Avec elle le passé se trouve maîtrisé puisque reproduit, c'est-à-dire au sens littéral « produit une seconde fois », opération qui est possible parce qu'il ne s'agit pas des choses en soi, mais des phénomènes et d'eux seuls. L'imagination n'est donc pas une banale fonction ou faculté de rappel des conjonctions constantes de l'expérience, mais le lieu originaire où le temps de la subjectivité se manifeste comme organisation de l'expérience. Cette propriété se trouve explicitée lorsque Kant étudie l'œuvre spécifique de l'imagination : le schématisme. Curieusement en effet Kant s'intéresse moins à l'imagination reproductrice d'images qu'à celle productrice de schèmes. La raison est facile à découvrir : le schématisme, dont il dira qu'il est « un art caché dans les profondeurs de l'âme humaine » caractérise sans doute l'imagination comme troisième source ou comme racine commune, et l'image ne le ferait guère. C'est que l'image *(das Bild)* est un produit du pouvoir empirique de l'imagination *(Einbildungskraft)* productive là où le schème est pour un concept « la représentation d'une méthode générale dont use l'imagination pour procurer à un concept son image ». L'image *(das Bild)* reste toujours déterminée en raison de son origine sensible : c'est ce qu'avaient compris tous ceux qui remarquaient comme Descartes son imprécision, celle du chiliogone par rapport à sa définition. Mais l'image ou le rappel de l'image n'épuise pas la fonction originaire de l'imagination (celle de source) : le schématisme est cette fonction spécifique dans laquelle l'essentiel est la méthode *(Verfahren)*, car elle renvoie à l'idée de règle. Le rappel des images (fonction de l'imagination empirique) se fonde sur la production réglée de celles-ci, sans quoi les associations empiriques et leurs régularités (des lois, disait Hume) serait inintelligible. Les images s'associent parce qu'elles trouvent dans l'imagination un cadre déterminé qui les préordonne *a priori*. Je n'ai pas besoin de m'épuiser en efforts impuissants à me représenter l'image d'un chiliogone[3], il me suffit d'en produire le schème, c'est-à-dire de procurer une image à ce concept selon une méthode de construction. De même, l'anticipation du mouvement de la boule B au moment où le sujet perçoit celui de la boule A n'est pas suspendue à l'improbabilité d'un miracle, mais à une organisation de l'imagination qui fournit une règle de liaison entre ces deux phénomènes, dont seul le premier est présent.

Méthode et règle : ces deux termes signifient que dans l'imagination œuvrent ces fonctions universelles pures d'intelligibilité que sont les concepts purs de l'entendement et de l'intuition. Par eux-mêmes ils sont vides, tout comme par elle-même l'intuition est aveugle. Pour qu'ils remplissent leur fonction d'intelligibilité, il faut qu'ils rencontrent les images pures ou empiriques, mais cette rencontre n'est pas celle de deux sources qui mêleraient leurs eaux : l'imagination n'est pas le mixte ou l'hybride de l'entendement et de l'intuition, car elle n'est pas un mélange, mais une schématisation ce qui en fait une troisième source originale. Les concepts purs de l'entendement ou catégories sont tout autant de manières spécifiées de penser, en l'unifiant, un divers ; ce divers ne peut être reçu que temporellement puisque le temps est l'image pure de tous les objets des sens : comme tels ils doivent tous être présentés et reproduits ; l'incarnation ou l'information (schématiser c'est à la fois prendre une forme et en donner une voire s'en donner une[4]) de la catégorie dans le temps s'appelle schématisme car la catégorie apporte la règle et l'universalité, le temps un divers qui n'est pas encore déterminé (c'est simplement du multiple), mais cette importation ne se produit pas sous la forme d'un moule à gaufres (on a pourtant fait ce reproche à Kant !) quadrillant une pâte molle. Elle suppose en effet sa possibilité : pour que la catégorie puisse unifier ce divers temporel, il faut que cette union soit possible, et cette possibilité ne saurait relever de ce qu'elle unit, mais de ce qui unit. C'est pourquoi le schématisme propre à l'imagination transcendantale n'est pas le produit de l'union de l'entendement et du temps, mais ce qui produit cette union. Par là l'imagination est moins la faculté de produire des images ou de les rappeler que le milieu spécifique où l'universalité du concept (transcendantal ou empirique) peut trouver une expression qui ne soit point liée à la particularité nécessaire d'une présentation actuelle ou passée. Deux exemples pour s'en convaincre :

---

3. « Que si je veux penser à un chiliogone, je conçois bien à la vérité que c'est une figure composée de mille côtés, aussi facilement que je conçois qu'un triangle est une figure composée de trois côtés seulement ; mais je ne puis pas imaginer les mille côtés d'un chiliogone comme je fais les trois d'un triangle, ni pour ainsi dire les regarder comme présents avec les yeux de mon esprit... » (Descartes *Méditations Métaphysiques* VI° Méd. § II.)

4. Du Cange dans son *Glossarium mediae et infimae latinitatis* à l'article *Schematizare* (1678) : changer de forme et d'aspect, se transformer ; de *Schema*, forme espèce, *schèma* chez les Grecs. Il donne comme exemple le cas d'un démon à qui l'on a ordonné de se transformer *(schematizare se)* en se donnant la forme d'une jeune fille... (*Op. cit.* 1954, t. VIII, p. 347, col. 2.)

1. Celui du concept empirique de chien :

> « Le concept de chien signifie une règle selon laquelle mon imagination peut enregistrer *(verzeichnen)* en général la forme d'un quadrupède sans être limitée à une seule forme *(Gestalt)* particulière que m'offre l'expérience ou à n'importe quelle image *(Bild)* possible que je puisse présenter *in concreto.* »
> (éd. Darmstadt T. III p. 191, GF p. 189)

Le concept fournit la règle, mais l'imagination le schème de chien.

2. Le concept pur de la causalité donne le schème suivant :

> « Le schème de la cause de la causalité d'une chose en général est le réel à quoi une chose étant posée suit en tout temps quelque chose d'autre. Il consiste donc dans la succession du multiple, en tant qu'elle est soumise à une règle. »
> *(ibid.)*

Loin d'être soumise à l'extériorité d'un temps qui la contraindrait à associer en fonction de conjonctions répétées et constantes de l'expérience des images, l'imagination n'est pas la manifestation d'un esprit habitué ; productrice de schèmes, elle révèle au contraire le pouvoir autonome et constituant de l'esprit humain qui organise de manière réglée le temps de l'expérience, permettant ainsi la connaissance des phénomènes. Cette propriété capitale du schématisme fait de l'imagination une source de connaissance scientifique (en mathématiques et en physique) mais elle peut également jouer un rôle chaque fois qu'il faut donner aux produits intellectuels spécifiques de l'entendement (concepts) ou de la raison (Idées) un contenu sensible qui les arrache à leur vide naturel.

3. L'imagination trompeuse : exaltation et symbolisme

La découverte du schématisme paraît éloigner la réflexion sur l'imagination des manifestations trompeuses ou affectivement déceptrices qui faisaient le point de départ de l'investigation. Par son pouvoir de donner contenu au concept pur ou empirique, en le déterminant temporellement, l'imagination apparaît désormais non comme asservie à une sorte de mécanique des images où l'association fonctionnerait comme l'attraction dans la physique newtonienne. L'association, « cette simple loi empirique », renvoie à un véritable pouvoir, qui « peut », précisément parce qu'il n'est pas asservi. Sans aller jusqu'à dire que pour Kant l'imagination schématisante c'est la liberté, il faut reconnaître que le schématisme paraît produire plutôt un effet de connaissance qu'une illusion : les mathématiques et la physique s'articulent sur lui quant à leurs principes, et des conditions subjectives de la pensée se trouvent par là avoir une valeur objective. Faut-il ici abandonner Kant comme si le problème de l'effet trompeur de l'imagination lui avait échappé, comme si l'illusion n'était pas un risque propre à l'imagination ?

Nombreuses sont les raisons qui devraient entraîner une réponse affirmative. Par exemple, les limites d'une perspective qui, transcendantale, ne peut prendre en charge le corps et ce que l'on appelait l'union de l'âme et du corps : chez un Descartes l'imagination relève de cette dernière, ce qui explique son caractère confus (elle confond littéralement les effets spécifiques de l'un et de l'autre, elle est elle-même cette confusion spécifique, car substantielle) ; la *Critique* ne saurait prendre en charge le corps (l'*Esthétique* transcendantale n'est pas une théorie de la sensation) et l'âme est inconnaissable. Autre raison encore plus lourde de conséquences : pour les mêmes raisons, donc suite à la distinction empirique/transcendantal, l'illusion est moins le fait de l'imagination que de la raison ; Kant le dit très nettement :

> « Il ne s'agit point ici de traiter de l'apparence empirique (par exemple optique), qui se présente dans l'usage empirique de règles de l'entendement sans cela correctes, et qui égarent sous l'influence de l'imagination la faculté de juger ; nous n'avons affaire qu'à *l'apparence transcendantale.* »
> (éd. Darmstadt T. IV p. 309, GF p. 304)

L'apparence transcendantale est un effet du dépassement du domaine d'exercice légitime de l'entendement : dépasser les limites de l'expérience possible, c'est procéder illusoirement à une extension du domaine de la connaissance possible et prêter à l'entendement pur non seulement des principes immanents, parce que limités à l'usage empirique, mais des principes transcendants :

> « Un principe qui ôte ces bornes, allant jusqu'à commander de les franchir, s'appelle transcendant. »
> (*ibid.* p. 310 ; GF p. 304)

L'apparence transcendantale n'est pas un effet contingent dont il suffirait de démonter et de démontrer le mécanisme pour qu'elle se dissipe : comme l'illusion d'optique qui fait apparaître à l'astronome la lune plus grande à son lever, l'apparence transcendantale est une illusion inévitable, car naturelle, c'est-à-dire résultant d'une disposition naturelle *(natürliche Anlage).* Mais cette disposition naturelle n'est pas propre à l'imagination, elle caractérise la raison ! Celle-ci devient puissance d'illusion non pas au même titre que l'imagination, mais en un sens plus redoutable encore ; curieusement donc, Kant aurait renversé les rapports traditionnels de la raison et de l'imagination : la folle du logis dont parlait Malebranche serait plutôt la raison et, par le schématisme, l'imagination

assurerait à l'entendement le sobre monopole de connaissances rigoureuses, aussi rigoureuses que les mathématiques ou la physique.
Cependant l'imagination n'en présente pas moins un phénomène analogue à celui du dépassement des limites par la raison prétendant recourir à des principes transcendants. De même qu' il y a en effet une exaltation de la raison lorsqu'elle prétend répondre positivement ou négativement à des questions telles que le commencement ou la fin du monde, de même il y a une exaltation si l'on peut dire de l'imagination lorsqu'abandonnant la voie du schématisme, elle fait certain usage de sa capacité symbolique. Le schème, on le sait, procure à un concept le contenu intuitif sans lequel il serait vide : bien que médiateur (c'est une source de connaissance) entre l'entendement et le concept, il présente directement au concept l'intuition qui lui correspond. Le symbole au contraire procède médiatement ou indirectement parce qu'il est d'ordre analogique. L'analogie est une égalité de rapports qui permet de déterminer un terme inconnu, le quatrième par le rapport qu'il entretient avec les trois autres : $a/b = c/x$; ce que l'horloge est à l'horloger, le monde l'est à Dieu, opération qui ne fait pas connaître Dieu comme artisan, mais qui donne une approximation imaginaire de sa fonction, que peut tempérer l'usage critique de la raison lorsqu'il interdit la confusion de l'anthropomorphisme du dieu-artisan. Ainsi entendu, le symbolisme est une méthode qui permet à l'imagination de procurer indirectement un contenu intuitif à un concept qui sans lui ne pourrait que rester vide, car non susceptible de schématisation ; sa fécondité sur le plan de la théorie de l'art n'est pas à examiner ici. On voit aussitôt l'immense danger que comporte une telle méthode, mieux l'usage dangereux qui peut en être fait, puisque ce n'est pas le symbolisme qu'il faut condamner, mais l'exaltation à laquelle il peut conduire, enfermant celui qui en est la victime dans la prison de l'état de visionnaire.
Aux yeux de Kant rien n'illustre mieux cet aspect particulier de l'imagination que l'exemple du visionnaire par excellence à ses yeux : Swedenborg (1688-1772). Il lui consacre en 1766 des *Rêves visionnaires expliqués par des rêves métaphysiques* et en 1798, donc après les trois *Critiques,* il revient à la charge dans son *Anthropologie.* A ses yeux, il s'agit en général d'un phénomène pathologique illustré par le génial Suédois :

> « Il en est tout autrement avec le fanatique (visionnaire, exalté). C'est proprement un extravagant qui se croit immédiatement inspiré et en grande familiarité avec les puissances célestes. »

Ce jugement emprunté à l'*Essai sur les maladies de la tête* (1764) ne s'entend pas de Swedenborg qui n'est pas cité, mais aurait pu l'être. Mais c'est là une simple description qui ne permet pas de comprendre l'exaltation visionnaire *(Schwärmerei)* dans son mécanisme. L'*Anthropologie* l'explicite en ces termes :

> « L'exaltation consiste à donner (avec Swedenborg) comme étant un symbole pur et simple d'un monde intelligible caché en réserve, les phénomènes effectifs du monde qui se manifestent aux sens. »
> (*op. cit.* § 35 ; Paris 1964, § 38, p. 64)

L'exaltation est donc l'usage du symbolisme mais sans analogie. Celle-ci permettait d'assigner une valeur au quatrième terme x recherché mais introuvable dans l'expérience : valeur non d'identité mais d'analogie médiatisée par la proportion. Ici au contraire, on entend passer directement de la chose sensible à son contenu intelligible supposé ; en d'autres termes on substitue à l'analogie et à ses quatre termes un simple rapport, comme si, connaissant le numérateur, on connaissait du même coup le dénominateur, comme si connaissant A et la barre de la fraction on pouvait en tirer B. Procédé moins allégorique que « tautégorique » si l'on peut dire : l'allégorie est représentation par médiation de l'autre de ce qu'elle ne peut présenter, parce qu'il ne se présente jamais ; la tautégorie au contraire prétend à la représentation de ce qui est caché dans ce qui ne l'est pas. Il suffit de comprendre le rapport de l'un à l'autre comme celui de l'intérieur à l'extérieur : ce dernier, comme dans le cas du visage, dévoile aussi bien ce qu'il ne révèle pas et l'inverse est également vrai. On peut se représenter le monde, ou mieux encore l'Écriture comme un tel texte susceptible d'une double lecture : plate car non symbolique, c'est celle que pratiquent, selon Swedenborg, les « Rationnels » qui n'ont pas été « illustrés » (= illuminés) par le Seigneur, elle fait apparaître des contradictions dans la Bible elle-même ; seconde espèce, la lecture par l'entendement « illustré », fait apparaître des « correspondances » jusque là dissimulées et permet une connaissance qui égale l'homme aux anges. En « s'enfonçant » dans le symbole au lieu, au contraire, de le développer selon des enchaînements analogiques qui interdiraient l'égalité d'un terme connu et de l'inconnu recherché, l'imagination exaltée prétend à la présence de ce qui ne saurait se présenter, mais qu'en quelque sorte elle hallucine. En termes kantiens, le symbolisme exalté se fait schématisme, confondant ainsi pour le pire les deux aspects fondamentaux de l'imagination.

Il ne faut pas s'y tromper, le cas Swedenborg est exemplaire non point d'une variété exceptionnelle ou extraordinaire mais au contraire d'un certain ordinaire. Il représente en effet mais en quelque sorte, à l'état chargé, un aspect inhérent à l'imagination humaine et symétrique de cet autre dépassement des limites propres à notre condition : l'usage de principes transcendants. Immense en effet est la tentation de substituer au schématisme de l'imagination, et à la sobriété de ses modestes produits (en particulier la physique), le symbolisme des correspondances et ses richesses extravagantes. D'un usage poétique fécond, le symbolisme devient extrêmement dangereux dès qu'il se substitue à l'entendement sain ou bon sens, en particulier en matière d'exégèse scripturaire, donc dans le domaine religieux. En effet, grand est le risque de renverser le rapport entre schématisme et symbolisme et de préférer celui-ci à celui-

là en oubliant, comme le fait remarquer Kant, que la connaissance symbolique ne s'oppose pas à l'intuitive mais à la discursive et intellectuelle : loin d'être supérieure à l'intelligence, elle lui est inférieure, et l'expression poétique éclatante d'Homère ou d'Ossian ne doit point masquer l'absence chez ces poètes de moyens conceptuels... Or dans le domaine religieux ce renversement et cet oubli débouchent sur l'idolâtrie : au lieu de prendre en considération Dieu comme une exigence de notre raison pratique, on en fera une idole, et derrière l'idolâtrie s'avance le fanatisme. Le sens intellectuel, c'est-à-dire celui que déterminent raison et entendement disparaît au profit d'un sens subjectif, car relatif à l'exaltation du sujet. Il en va de même quand dans la spéculation métaphysique l'on prétend dépasser, mais par concepts cette fois, les limites de nos connaissances légitimes, c'est-à-dire encore une fois, les limites qu'impose le schématisme.
Par cette distinction de l'imagination schématisante et symbolisante, Kant fait apparaître un effet trompeur spécifique de cette faculté et symétrique de cette autre illusion : l'apparence transcendantale. L'imagination est donc capable, en raison de sa capacité de troisième source originaire, aussi bien d'assurer la constitution des connaissances scientifiques que de produire ce délire original qu'est l'exaltation. Ici elle rend possible l'explication, là une herméneutique délirante. Il faut être encore plus précis et rappeler, ne serait-ce qu'en passant, que l'usage symbolique ne doit pas se confondre avec l'exaltation : il l'explique et elle l'implique, mais il déborde largement le champ de cette dernière, puisqu'il permet de donner forme aux idées esthétiques, et donc de constituer une poétique ; mais en ce dernier cas, on le verra, l'effet n'est ni décepteur ni scientifique, puisque Kant sépare l'art du vrai et donc du faux pour le rapporter à des plaisirs spécifiques (beau et sublime) qui n'ont rien à voir avec le vrai. Peut-on prolonger cette analyse kantienne de l'effet trompeur de l'imagination exaltée en l'étendant à des domaines qu'il n'a pas lui-même mis en rapport avec sa description ? Une remarque de l'Appendice du chapitre cité de l'*Anthropologie* y invite :

> « Il vaut la peine encore de remarquer ici un jeu étonnant auquel se livre avec l'homme l'imagination : il consiste à échanger les signes contre les choses, et à leur prêter une réalité intérieure comme si elles devaient se conduire selon leur direction. »
> (*ibid.* trad. française citée p. 66)

Kant cite à l'appui de sa remarque des exemples tirés de la superstition à l'égard des nombres : par exemple le symbolisme du nombre 7 qu'il avait rencontré sous la plume de son contemporain éclairé, Herder. Mais son propos va plus loin : la transformation de la chose en signe et la tendance à projeter une interprétation sur les choses en termes d'imagination herméneutique, comme si tout était symbole, est le fait de l'affectivité, avide de signes et de symboles. Si nous schématisions les « objets » de nos passions, au lieu de les symboliser, il y a fort à parier qu'ils cesseraient de nous passionner. Or, ils ne sont pas des symboles, pas plus qu'ils n'émettent des signes ; ils ne sont tels que pour notre imagination, s'exaltant à leur occasion et s'abandonnant à la projection hallucinée qu'elle commente à loisir, tant que dure ou durera la passion, l'espace si l'on peut dire d'un symbole. Mais n'est-ce pas le comble de l'illusion que de prétendre y échapper ? Plaisant ou déplaisant, ce jeu de l'imagination symbolique est coextensif à la condition d'un être qui n'est pas seulement entendement et sensibilité : qui en connaît les règles peut en limiter les débordements, non le jeu lui-même et il en va ici de l'imagination comme de la raison, quelque scandaleux que puisse paraître le parallèle.

TEXTES

Schématisme, analogie, anthropomorphisme

« Ici, je veux remarquer qu'en passant dans la montée du sensible au suprasensible, on peut bien il est vrai *schématiser* (faire saisir un concept par analogie avec quelque chose de sensible), mais pas du tout *conclure* analogiquement qu'il faille attribuer au dernier terme ce qui revient au premier, étendant ainsi son concept), ceci pour cette très simple raison qu'une telle conclusion irait contre toute analogie : parce qu'il nous faut nécessairement un schème pour nous rendre un concept intelligible (l'attester par un exemple), une telle manière de conclure voudrait en tirer la conséquence qu'il doit d'appliquer nécessairement aussi à l'objet lui-même comme s'il était son propre attribut. C'est que je ne peux pas dire : de même qu'il m'est impossible de faire saisir la cause d'une plante (de toute créature organique et en général du monde téléologique) sans, par analogie avec l'artisan vis-à-vis de son œuvre (une montre), lui attribuer un entendement, de même également, la cause en personne (de la plante, du monde en général) doit nécessairement avoir un entendement, c'est-à-dire l'attribution de l'entendement n'est pas seulement une condition d'intelligibilité, mais de la possibilité elle-même d'être cause. Entre le rapport d'un schème à son concept et celui du schème du concept à la chose même, il n'y a pas du tout d'analogie mais un saut énorme (*metabasis eis allo genos :* un changement de genre) qui conduit tout droit à l'anthropomorphisme, ce dont j'ai fourni ailleurs la preuve. »

(Kant : *La religion dans les limites de la simple raison,* (1873) II, § 1, b note ; trad. française, Paris 1983, p. 102.)

Swedenborg : Le voyant et les correspondances

« Une pensée de Swedenborg vous expliquera merveilleusement la différence qui existe entre le *Naturel* et le *Spirituel : Pour les hommes,* dit-il, *le Naturel passe dans le Spirituel, ils considèrent le monde sous ses formes visibles et le perçoivent dans une réalité propre à leur sens. Mais pour l'Esprit angélique, le Spirituel passe dans le Naturel, il considère le monde dans son esprit intime, et non dans sa forme.* Ainsi nos sciences humaines ne sont que l'analyse des formes. Le savant selon le monde est purement extérieur comme son savoir, son intérieur ne lui sert qu'à conserver son aptitude à l'intelligence de la vérité. L'esprit Angélique va bien au-delà, son savoir est la pensée dont la science humaine n'est que la parole. Il puise la connaissance des choses dans le Verbe, en apprenant LES CORRESPONDANCES par lesquelles les mondes concordent avec les cieux. La PAROLE de Dieu fut entièrement écrite par pures Correspondances ; elle couvre un sens interne ou spirituel qui dans la science des Correspondances, ne peut être compris. Il existe, dit Swedenborg, (*Doctrine céleste* 26) des ARCANES innombrables dans le sens interne des Correspondances. Aussi les hommes qui se sont moqués des livres où les prophètes ont recueilli la Parole étaient-ils dans l'état d'ignorance où sont ici-bas les hommes qui ne savent rien d'une science, et se moquent des vérités de cette science. Savoir les correspondances de la Parole avec les cieux, savoir les Correspondances qui existent entre les choses visibles et pondérables du monde terrestre et les choses invisibles et impondérables du monde spirituel, c'est *avoir les cieux dans son entendement.* Tous les objets des diverses créations étant émanés de Dieu, comportent nécessairement un sens caché comme le disent ces grandes paroles d'Isaïe : *La terre est un vêtement* (Isaïe V-6). Ce lien mystérieux entre les moindres parcelles de la matière et les cieux constitue ce que Swedenborg appelle un ARCANE CÉLESTE... »

(Balzac : *Séraphita* (1835) Ch. III, éd. de la Pléïade, t. XI pp. 778-9, Paris 1980.)

[Nous avons préféré ce texte de Balzac à l'original dont il s'inspire étroitement, pour des raisons de forme (elle est plus cohérente et moins alambiquée, comme le remarque l'éditeur, p. 1662). De Swedenborg on lira le *Livre des Rêves,* Paris 1985.]

4

L'IMAGINAIRE

1. La consistance de l'imaginaire : irréel et rêverie
2. L'élaboration de l'imaginaire : l'art comme réalisation de l'irréel. Les périls de l'illusion artistique
3. Imaginaire et vérité.

1. La consistance de l'imaginaire : irréel et rêverie.

L'imaginaire, l'étymologie semble l'indiquer, renvoie à l'image et à l'imagination et donc être inséparable de celles-ci. Pourquoi dans ces conditions lui réserver un traitement particulier comme s'il avait une consistance spécifique autorisant cette distinction ? Le simple fait qu'on le qualifie de substantif devrait déjà retenir l'attention : certes on peut employer le mot comme adjectif pour qualifier des visions, des idées etc., mais l'article défini impose autre chose. L'imaginaire ne renvoie pas à une faculté dont il caractériserait les puissances ou même à son « produit » les images, mais il appelle une référence à un autre substantif avec lequel il s'oppose sur toute la ligne comme un registre à un autre registre : le réel, autre adjectif substantivé dont la consistance ne se réfère pas à son tour à une faculté bien qu'employé sans l'article défini il puisse qualifier l'objet de la perception. L'imaginaire est autre que le réel quoiqu'aussi consistant que lui, en son genre, tel est le point de départ de l'enquête. Comment comprendre cette altérité ? Comme négation ? En effet dire que le chat n'est pas blanc, c'est affirmer qu'il est autre que blanc, la négation étant simplement l'indication de cette différence. Si l'imaginaire est autre que le réel parce que non réel, cela signifie simplement qu'il est irréel, et tout se passe déjà moins facilement qu'avec l'exemple trivial du chat : celui-ci pouvait être noir ou roux, il n'en restait pas moins chat ; devenu non réel ou encore irrréel, l'imaginaire a-t-il quelque réalité ? Ici point non pas l'autre relatif, condition d'énonciation des jugements, mais le néant absolu. Non-réel, l'imaginaire n'est pas absolument, est peut-être néant. Mais alors comment l'opposer comme un registre à un autre registre, ce qui, disait-on, implique une sorte de complémentarité ?

L'idée de non-sens logique et celle de *« nonsense »* poétique peuvent ici être d'un grand secours. Au non-sens logique correspond l'expression sans signification : par exemple *« Vert est ou »* pour citer Husserl qui ajoute *Abracadabra* dont il faudrait remarquer qu'il a toutefois un sens culturel dans les carrés magiques. Il en va autrement avec *« un carré rond »* expression bien formée et nullement incohérente, mais qui paraît contradictoire par le rapport qu'elle entretient avec un référent objectif pourtant visé par sa signification. C'est bien le même effet que produit le *nonsense* chez Lewis Carroll. Alice le découvre dans l'épisode du Chat du Cheshire :

> – « J'aimerais que vous cessiez d'apparaître et de disparaître si soudainement : vous me donnez le vertige ! »
> – « D'accord », dit le chat ; et cette fois il disparut très lentement, en commençant par le bout de la queue pour finir par le sourire qui demeura quelque temps après le départ du reste.

– « Bien ! J'ai souvent vu un chat dépourvu de sourire, pensa Alice, mais un sourire sans chat ! Voilà la chose la plus curieuse que j'aie jamais vue de ma vie. »
(L. Carroll, *Alice au pays des merveilles* (1865), Penguin books, *The annotated Alice* 1965, pp. 90-91).

Un sourire de chat alors qu'il n'y a plus de chat : le *« nonsense »* réside dans le fait de sa visibilité inouïe, c'est-à-dire inhabituelle. Comme pour le carré rond il n'y a pas d'incohérence mais seulement rapport contradictoire avec ce que l'on rencontre d'ordinaire dans le réel. La relation de complémentarité avec celui-ci est évidente : le non-sens logique ou le *« nonsense »* tirent leurs significations gênantes ou piquantes de la prévalence du sens réel ou du sens du réel avec lequel ils creusent un écart. Dans ces conditions, il serait inexact de leur donner une consistance par soi : postérieurs au réel, ils n'en sont qu'une négation après-coup, œuvre de l'amour du paradoxe, sérieux ou plaisant. L'imaginaire n'est-il pas lui aussi comme ces non-sens, une variation autour du réel, donc non point de l'irréel au sens absolu du terme, mais une variété complémentaire de celui-ci, dépourvue de réalité propre, tout comme l'ombre ou la silhouette par rapport au corps sans lequel elles n'existeraient pas ?
Pour répondre à la question, on peut se placer à l'intérieur de la conscience élaborant pour son propre compte les expressions dépourvues de sens telles que le sourire du chat du Cheshire ou le carré rond. Il est facile de voir qu'elles ne requièrent point l'annihilation du monde réel ou l'appel à un autre monde où les carrés seraient ronds et les sourires immatériels. Point n'est besoin de « néantiser » le monde, il suffit de neutraliser la visée d'objet propre à la perception intéressée au monde : Husserl appelle cette dernière « thématisation ». Quand donc la conscience cesse d'accorder objectivité au monde qu'elle vise sur le mode de la perception, du souvenir etc., celui-ci ne disparaît point pour autant dans on ne sait quel néant, sauf à penser que le monde est l'œuvre de la conscience, sa création : on peut certes le dire mais non de la réalité objective, c'est ce qui arrive lorsqu'on évoque les créations d'un artiste ou le « monde » dans lequel est enfermé tel ou tel type d'aliéné. Sans aller aussi loin, il suffit de remarquer, qu'une fois suspendue l'objectivité du monde, celui-ci ne s'anéantit point mais reste tel qu'auparavant, à ceci près : les identités et les différences, les liaisons et les dissociations perceptives qui assurent au spectacle sa cohérence et son organisation perdent leur nécessité; elles peuvent continuer de s'imposer, mais une espèce de liberté de les associer autrement se fait jour sans doute parce que la nécessité qui les imposait était liée à l'objectivité du monde perçu. Ici le carré rond est possible, ou encore la chimère, car la logique du principe d'identité ou de non-contradiction qui régit, non le monde, mais son appréhension objective, est suspendue. Dire qu'il s'agit d'impossibilités, c'est les rapporter à cette logique comme si elle était universelle. En fait, ces impossibilités réelles sont des possibilités imaginaires : elles sont irréelles, mais ce terme

négatif induit une comparaison qui masque leur positivité ; la chimère n'est pas du non-être, sauf du point de vue qui identifie être et réalité. Identification au reste légitime si l'on se place du point de vue des jugements déterminants : la réalité devient une modalité du jugement, il s'agit du jugement assertorique ou d'existence réelle, par opposition aux jugements portant sur la nécessité d'une liaison (catégorique) ou sur sa possibilité (hypothétique). Mais qui parle ici de juger ? la chimère n'est pas irréelle, elle est même impossible, pourtant elle est, mais par-delà les liaisons du jugement. Elle naît à l'intérieur d'une conscience qui a suspendu, comme c'est son pouvoir, la thèse d'objectivité du monde, et son investissement logico-épistémologique.

Comme le langage est aussi *logos,* donc implique rationalité il a partie liée plutôt avec la réalité qu'il permet de manipuler à distance (cf. le parallèle du mot et de l'outil). Aussi oblige-t-il la réflexion sur l'imaginaire à passer par un vocabulaire négatif : l'irréel, l'impossible, le chimérique, le *« non-sense »* etc. Mais ceci ne doit point voiler cela : l'explicitation de l'imaginaire, nécessairement logique et objectivante, n'interdit point la pensée de l'imaginaire comme d'une autre réalité, donc d'une réalité obéissant à une autre logique, et révélatrice d'une autre pensée. Nous en avertirait si besoin en était l'usage poétique du langage : si les poètes renoncent au discours apophantique ou déclaratif même lorsqu'ils écrivent des poèmes scientifiques (Lucrèce par exemple) ou descriptifs (Virgile et les travaux des champs dans les *Géorgiques*) c'est parce que l'écriture poétique suspend les exigences auxquelles répond le traité, celles de l'objectivité en particulier. Quelle erreur monstrueuse ce serait d'aborder en termes négatifs la pensée poétique : ce ne serait pas la réduire à son expression « prosaïque » (le poète veut dire que, etc.), car la prose se prête à usage poétique, mais ce serait la confronter contre son gré à l'expression scientifique, alors qu'elle parle à l'extérieur de celle-ci. Certes on ne pourra changer les habitudes du langage et donc renoncer à qualifier l'imaginaire par des termes négatifs, mais cela n'aura plus d'importance tant que l'on n'oubliera pas que l'imaginaire suppose la suspension de toute thèse d'objectivité et donc avec celle-ci la levée des conditions de la modalité du jugement évoquées ci-dessus.

La neutralisation de la thèse d'objectivité a pour présupposition la liberté de la conscience vis à vis de ses engagements dans la réalité. Liberté non point morale ou politique, voire de croyance, mais possibilité totale de se dégager de tous intérêts à l'égard de la réalité : en ce sens il s'agit de la même liberté que celle à l'œuvre dans le doute cartésien, mais avec une restriction capitale : le retrait cartésien est polarisé par la recherche de quelque chose de ferme et d'assuré dans les sciences, donc par un intérêt épistémologique pour la vérité. Ici au contraire la suspension s'exerce à l'égard de tout intérêt : non seulement la réalité du monde est mise hors circuit, quoique pas plus affirmée que niée, mais la vérité elle-même disparaît en tant que thème de recherche. L'imaginaire ne sera donc pas plus réel ou irréel que vrai ou faux.

Cette liberté de neutralisation, condition de son apparition, fait problème. Sans elle point d'imaginaire certes, mais est-elle la liberté d'imaginer ? La question parait alambiquée et la réponse toute prête, et positive. La conscience peut suspendre ses intérêts pour le réel parce qu'elle est libre et elle manifeste assez cette liberté en combinant des associations « impossibles réellement » telles que la chimère, le sourire du chat sans chat, etc. Descartes a donné un nom à ce type de productions, il les appelle idées factices pour les opposer aux idées innées et adventices : celles-ci s'imposent à moi soit qu'elles adviennent de l'extérieur, soit que Dieu les ait mises en moi. Dans les termes de la *III° Méditation :*

> « Or de ces idées, les unes me semblent être nées avec moi, les autres être étrangères et venir de dehors, et les autres être faites et inventées par moi-même... Enfin il me semble que les sirènes, les hippogriffes et toutes les autres chimères sont des fictions et inventions de mon esprit ».

Faire, inventer : au sens fort du terme qui signifie en quelque sorte une création et exclut par conséquent d'avance toute contrainte. Feint, l'imaginaire manifeste cette même liberté qui permet au philosophe dans la *Première Méditation* de forger la toute-puissante fiction du malin génie, image de la toute-puissance du pouvoir de neutralisation humain. Donc point d'imaginaire sans liberté, et celle-ci est la liberté d'imaginer, sans doute la liberté la plus extrême dont jouisse l'homme, puisqu'elle ne rencontre même pas l'obstacle du réel neutralisé d'avance.

Beaucoup de liberté donc, cette liberté dont l'artiste, professionnel de l'imaginaire, est le modèle : ne crée-t-il pas un monde, son monde ? Mais être libre c'est plutôt être libre de, être libre par rapport à : même Dieu n'est libre que par rapport à ce monde qu'il peut encore ne pas tirer du néant, à moins de prétendre contradictoirement que le néant soit quelque chose, donc *a fortiori* la liberté découverte dans l'imaginaire est elle aussi relative à. L'identification est facile à faire : le terme dont l'imaginaire affranchit est bien entendu la réalité : l'artiste peut créer un monde, le sien, parce qu'il est libre vis à vis des contraintes du monde réel. On pourrait immédiatement contester cette thèse, quelque peu romantique, en rappelant la thèse classique de l'art imitation de la nature, et donc mettre en question la prétendue indépendance de l'imaginaire par rapport au réel. Mais, ce type d'argumentation resterait faible : la nature, objet de l'imitation, n'est pas le réel pur et simple, elle implique une stylisation, une sélection, c'est à dire le rejet de bien des sujets réels, comme si toute réalité n'était point digne d'entrer dans le monde de l'art classique. Il vaut mieux se demander, hors toute approche théorique de la production artistique, si une expérience universelle, car commune à l'artiste comme au profane, ne permet pas une approche plus précise de cette liberté, coextensive, semble-t-il, à l'imaginaire.

Cette expérience doit être conforme aux conditions de la neutralisation de la conscience, puisque c'est elle qui a permis une relative isolation de l'imaginaire. Mais loin qu'il s'agisse d'une difficile opération intellectuelle comme l'exclusion de la réalité par la démarche du doute (Descartes) ou l'*épochè* transcendantale (Husserl), opération difficile, parce que répondant à un projet conscient, ici tout se passe facilement, si facileme nt même que le sujet n'y prend pas garde, comme si du réel à l'imaginaire le passage était toujours facile. Il s'agit tout simplement de ce dimanche de la pensée offert quotidiennement à chacun d'entre nous par la rêverie. Le terme a signifié dans la langue classique un travail intellectuel : ainsi dans sa lettre à Guez de Balzac, où il célèbre les vertus de la solitude au milieu des marchands d'Amsterdam comme plus favorable à la pensée qu'un séjour à la campagne, Descartes lui annonce l'attendre « avec un petit recueil de rêveries » et il s'agit de la *Dioptrique,* de la *Géométrie* et des *Météores !* Le sens s'est totalement inversé et renvoie plutôt à un retrait vis à vis des intérêts réels, donc également toute activité intellectuelle. C'est surtout Rousseau qui donnera à la notion un sens tout différent opposé à celui de réflexion :

> « J'ai pensé quelque fois assez profondément; mais rarement avec plaisir, presque toujours contre mon gré et comme par force : la rêverie me délasse et m'amuse, la réflexion me fatigue et m'attriste ; penser fut toujours pour moi une occupation pénible et sans charme ».
> (*Rêveries du promeneur solitaire* (1782) *Septième promenade* Pléiade, pp. 1061-1062).

La rêverie s'oppose pour Rousseau à la pensée comme la distraction à l'attention, elle est un jeu là où la pensée exige le sérieux. A lire de près les textes, elle s'oppose à l'action comme étant la contemplation : c'est pourquoi elle a besoin de spectacle extérieur, ou sinon de spectacle du moins d'un étayage sensible extérieur (ce peut-être le son, par exemple :

> « Le bruit des vagues et de l'eau fixant mes sens et chassant de mon âme toute autre agitation la plongeaient dans une rêverie délicieuse ».
> (*Cinquième promenade,* p. 1045).

Sans doute ici la pensée est neutralisée, mais le monde n'est pas encore assez mis hors circuit pour que l'expression donnée par Rousseau à la rêverie puisse convenir à l'expérience recherchée, dont elle est une élaboration trop littéraire et donc trop laborieuse, trop sérieuse.
En fait il s'agit d'un phénomène quotidien que les Anglais et les Allemands appellent très bien rêve diurne *(Tagtraum, daydream)* pour le distinguer de l'activité onirique nocturne. Dans la rêverie, le sujet laisse tomber (c'est aussi une chute) tout intérêt pour la réalité dont il se distrait ; le monde extérieur et ses exigences (l'attention en particulier) sont annulées au profit d'un retrait à l'intérieur de soi-même que seul peut troubler le rappel à l'ordre (« Faites attention » ! dit le maître) ou une perception extérieure trop intense (un bruit, une lumière). Les yeux clos ou mi-clos, indifférent à la réalité, le sujet de la rêverie se tourne, béat, vers lui-même. Si on le surprend, le sérieux revient aussitôt accompagné de colère, comme s'il fallait absolument dénier la réalité de la rêverie ; interrogé en flagrant délit, le rêveur diurne ne récusera pas le fait de sa rêverie, mais en annulera

l'intérêt en déclarant par exemple qu'il ne pensait à rien, comme s'il y avait quelque chose de honteux à s'y être livré et pire encore à en délivrer le contenu. Ce double refus contradictoire par rapport à la réalité s'explique par la nature des thèmes inévitablement adoptés par la rêverie : l'amour et l'ambition. Contrariés par la réalité qui leur impose toujours une certaine finitude (même les exploits de don Giovanni chantés par Leporello doivent s'arrêter à *mille e tre* dans l'air du catalogue), ces deux sentiments ignorent toute contrainte dès qu'ils fonctionnent hors celle-ci : dans la conscience neutralisée, tous les passages sont permis et le sujet peut se raconter à lui-même, en ignorant toute limitation spatiale, les multiples exploits qu'il accomplit, qu'il va accomplir, comme s'ils lui étaient co-présents (« Voire, mais nous ne bûmes point frais » dit Picrochole au récit de ses conquêtes - *Gargantua* C.XXXIII).

La logique du réel est suspendue : le principe d'identité est aboli, la succession du temps est réversible ou anticipable, etc. Un autre monde se découvre donc, facile d'accès, il suffit de s'abandonner, de se distraire de l'autre. Ce dernier ne connaît pas les tensions et les peines parce qu'il ignore la médiation : sitôt dit, fût-ce dans une parole intérieure muette, sitôt fait; les moyens sont enjambés d'un saut. Comme Freud le souligne dans un article de 1908 (*Le poète et la production de fantaisies,* traduit par M. Bonaparte sous le titre *La création littéraire et le rêve éveillé*), la rêverie procède à l'instar du jeu des enfants en ce qu'elle réalise immédiatement ce dont la réalisation réelle exigerait travail, temps et donc médiation. Tout se passe comme si la rêverie prenait chez l'adulte le relais du jeu chez le petit enfant, ce qui expliquerait en particulier le sentiment de honte transformé en colère lorsqu'il se voit pris en flagrant délit de régression à l'état enfantile. La rêverie diurne investit, en effet, dans le schéma enfantile de la satisfaction ludique immédiate d'un désir, un autre désir, que la réalité ne saurait satisfaire. Bien plus, si cet investissement est possible, c'est qu'il n'est pas de pure forme, comme si le schéma ludique était un moule à gaufres dans lequel couler la pâte amorphe du désir non rempli par la réalité. Il y a en effet parenté entre les matières de la rêverie adulte et du jeu infantile, et c'est la raison de leur attraction réciproque. Il s'agit moins de désirs que de souhaits, c'est-à-dire de désirs à l'irréel (l'allemand dit *Wunsch* que l'anglais rend par *wish*) voire irréels parce qu'irréalisables. Le semblable rencontre le semblable par affinité et formelle et matérielle. Le rêveur diurne retombe en enfance en laissant, le temps d'une distraction, l'irréel de l'imaginaire prendre la place de la non toute-puissante réalité qui ne manquera pas de le rappeler à l'ordre.

Une question se pose : de la réalité à l'imaginaire, le sujet passe bien par suspension de ses intérêts objectifs, ce que l'on peut décrire en termes de neutralisation de la conscience, mais ce passage découvre-t-il effectivement une liberté créatrice, celle que contraignait en la disciplinant l'attention au réel ? En un sens le rêveur diurne a bien l'air de créer en son monde les petites histoires qu'il se raconte sur les thèmes affectifs de l'ambition et de l'amour heureux : tout se passe ici comme dans les romans roses ou noirs, ou encore les feuilletons toujours interrompus, mais dont le *happy end* ne fait pas de doute; la seule différence c'est qu'il n'y a pas à lire, voire à regarder sur l'écran ; la création et le spectacle sont simultanés. Pourtant il faut bien se rendre à l'évidence : l'auteur des rêveries paraît plus leur prisonnier que leur créateur, ou encore comme leur auteur, il apparaît bien différent de ce qu'il est dans la réalité si bien que la libération par la rêverie fait apparaître un autre dans l'imaginaire dont on ne saurait dire qu'il est le Je réel. En ce cas l'imaginaire manifesterait dans le sujet une espèce de dualité : au lieu d'être pour lui le moyen de sa liberté, retrouvée par delà les contraintes du réel, l'imaginaire lui découvrirait un refuge, peut-être doré, mais dont le caractère aliénant ne fait pas de doute : redevenir petit enfant, pour le sujet, et dans la petite enfance retrouver la seule activité ludique, ce n'est pas pour le sujet se libérer, mais au contraire subir tant le poids du réel (il fuit devant lui) que les contraintes de l'imaginaire (en lui il s'y trouve soumis, passif, plutôt qu'actif). Irréel, l'imaginaire n'est pas factice si l'on entend par factice du créable à volonté, c'est plutôt le domaine de la passivité et donc de l'aliénation, car l'imaginaire renvoie au sujet incarné, et par l'incarnation aux passions : son irréalité par rapport à la réalité de la conscience objective est faite de la consistance de l'affectivité qu'il invite à explorer.

2. L'élaboration de l'imaginaire : l'art comme réalisation de l'irréel. Les périls de l'illusion artistique.

L'imaginaire apparaît dans son irréalité comme lieu de rencontre contradictoire d'une espèce de liberté et d'une contrainte pas encore très bien définies : il affranchit et il aliène, car il émancipe du réel, mais pour faire triompher le joug de l'affectivité. Dans l'imaginaire la passion devient active, alors que dans le réel elle est seulement l'obstacle, parfois moteur de l'activité. Ou encore l'imaginaire se déploie dans l'intériorité là où le réel implique l'extériorité, l'un fait jouer ou rêver, l'autre travailler et connaître. Peut-on renverser la situation et produire un échange des rôles respectifs ? L'imaginaire devient réalité et cette dernière inverse sa valeur propre ; le jeu et le travail changent de domaine tout comme la passion et l'action. A ce renversement convoque l'existence de fait de l'artiste. Plus exactement une certaine interprétation de l'œuvre propre à l'artiste. L'opposition du bourgeois et de l'artiste est bien connue, en particulier depuis le romantisme : l'un représente la positivité qui triomphe réellement

de tous les obstacles réels par son travail, couronné de réussite familiale et financière, tandis que l'autre, perdu dans ses rêves, ne trouve guère d'issue réelle sinon dans la maladie, la faiblesse, voire la mort. Le *Chatterton* d'A. de Vigny, le *Tonio Kröger* de T. Mann ou enfin l'*Homme sans qualités* de R. Musil illustrent la continuité de cette représentation. Celle-ci est pourtant paradoxale : l'artiste n'est pas un oisif ou un paresseux plus empressé à la rêvasserie qu'au travail studieux, c'est plutôt le « bourgeois » qui mènerait une vie parasitaire, fruit d'un négoce heureux. L'artiste travaille, mais sans doute pas comme le « bourgeois » : en un autre sens, quoique celui-ci s'inscrive dans la réalité sous les espèces de l'œuvre.
Celle-ci existe objectivement, et ce dernier caractère implique l'entrée de l'imaginaire dans le réel, sous la forme d'une réalisation perceptible par tous, car offerte à tous. Plus question cette fois de retourner dans le paradis ou l'enfer intérieurs et incommunicables sans honte à autrui. Tout au contraire, l'œuvre d'art s'impose, s'étale aux yeux de tous comme si la retenue, la honte d'être vu, propres à la rêverie, étaient subitement levées. On ne raconte pas ses rêveries même à ceux qu'on aime, et pas plus le patient chez l'analyste que le pénitent dans le confessional ne pratiquent le face-à-face : ici il y a une grille, là l'analyste est à la tête du divan. L'œuvre d'art provoque le face-à-face, proposant de manière matérielle et expressive (cela va de l'image au mot) ce que l'on ne saurait autrement verbaliser ou exprimer sans rencontrer les obstacles intérieurs et extérieurs de la conscience morale et des bonnes moeurs. Certes ceux-ci peuvent toujours rappeler leur existence par la censure ou l'iconoclasme, mais ceux-ci ne font que confirmer l'art dans sa fonction d'objectivation d'une intériorité interdite d'édition. Ces choses-là existent mais il n'est pas séant de les montrer par l'image ou le mot. (Remarque qui pourrait s'entendre non seulement de l'œuvre d'art, mais de réalités sordides que tolèrent avec plus ou moins d'hypocrisie toutes les sociétés. Commentaire donc impertinent puisqu'il s'entend et de l'œuvre d'art et de réalités qui lui sont étrangères). La carcasse de bœuf que l'on livre chez le boucher, la blonde chevelure d'une prostituée deviennent œuvre d'art sous le pinceau de Rembrandt, elles ne le sont pas réellement. On peut considérer une Marie-Madeleine ou le boeuf écorché au Louvre : l'attitude est nécessairement différente de la perception réelle. L'œuvre d'art pose d'autres questions, et l'interroger du point de vue de la réalité offre peu d'intérêt sinon celui de manifester la contingence et l'historicité de nos valeures « réelles » : il n'est pas sûr que les carcasses de bœuf apparaissaient « vulgaires » au XVIIe siècle, n'étaient-elles pas nature ? Laissons donc l'accessoire pour l'essentiel : l'œuvre d'art rend manifeste et acceptable ce que la conscience ordinaire cache et tient pour irrecevable.
L'œuvre d'art est donc révélation au sens propre du terme. Ce que je ne m'osais pas m'avouer même dans la rêverie (elle a ses censures) se tient maintenant en face de moi objectivement, en dépit de son caractère insupportable dans la réalité comme dans « mon » imaginaire propre. Le terme de révélation est sans doute impropre : révéler, c'est dévoiler ou mettre

à nu ce qui était caché. Or l'œuvre ne dévoile pas, en ce sens qu'elle est œuvre et non point la chose dévoilée. Cette dernière est seulement son référent extérieur, jusque là effectivement caché soit par la censure, les moeurs, soit par l'ignorance pure et simple. L'œuvre ne révèle pas son référent, car elle le transforme en l'élaborant. L'imaginaire peut bien exister à l'état pur dans la conscience du sujet abandonné à l'état de rêverie, même en ce cas, la verbalisation et la visualisation intérieures des thèmes de l'amour et de l'ambition constituent déjà un travail sur ce matériau pur, qui de lui-même ne parle ni ne se montre et dont nous connaissons seulement les formes déjà transformées par l'élaboration de la rêverie. Il en va de même *a fortiori* au niveau de l'œuvre d'art, *a fortiori* parce que, avec elle, il y a passage à l'objectivité et exigence de publicité, l'élaboration artistique rendant possible ce qui ne l'était pas dans le registre de la rêverie.

Élaborer, c'est travailler, et le mot d'œuvre renvoie lui-même à opérer, ouvrer, et au substantif ouvrier(e). Le travail s'inscrit dans la réalité où il trouve ses moyens, les outils, ses objets, les matières, voire ses finalités, la reproduction de la vie. Quel sens peut avoir la transposition de ce processus réel au niveau de l'imaginaire? n'est-ce pas un simple jeu de mot, dans lequel l'élément ludique masque et rend acceptable ce qui, en fait, ne l'est pas, introduisant une sorte de tromperie sur la marchandise. Il est tout de même étonnant que l'on s'arrête longuement sur la description du lit d'Ulysse dans le dernier chant de l'*Odyssée* alors que la fabrication d'un lit par un artisan laisse indifférent : n'est-ce pas, comme l'animal de la fable, lâcher la proie pour l'ombre et préférer une vaine apparence à une réalité sérieuse quoique dépourvue d'intérêt autre que pratique. N'est-il pas facile (par rapport aux difficultés effectives du travail) de promener une espèce de miroir devant les choses, miroir de mots ou de couleurs où viennent se projeter d'elles-mêmes non point les choses mais leurs simulacres, c'est à dire leurs images ? Narcisse n'était pas peintre, mais son destin est déjà une leçon : au moins savait-il à qui renvoyait son image reflétée dans l'eau transparente. Au contraire, avec l'œuvre le renvoi a disparu et c'est l'apparence seule qui subsiste, triomphante même par rapport à ses référents absents et oubliés. Simulacres, apparences, etc, tous ces concepts ont permis de définir en l'élaboration propre à l'œuvre d'art un travail d'imitation, et même l'imitation du travail.

Pour fabriquer un lit, rappelle Platon au début du Livre X de la *République,* il faut supposer l'existence d'une Forme, modèle intelligible et inaltérable dont les lits réels ne seront jamais que les copies. C'est en dirigeant son regard vers cette forme que l'artisan réalise dans telle ou telle matière non pas le lit, mais un lit, imitation toujours individualisée, parce que matérielle et sensible du lit en soi. Passe l'artiste : sans souci de la Forme intelligible, il se « contente » d'imiter ce qui est déjà une imitation ; l'artisan fait, l'artiste contrefait, et paradoxe scandaleux, la contrefaçon l'emporte par son prestige sur la simple façon. On ne nie point le travail de l'artiste dans l'élaboration de l'œuvre, mais on la précise : si travailler, c'est imiter, l'artiste ne ne travaille pas, il imite le travail des autres, il simule leur travail. Dans ces conditions, loin que l'élaboration artistique doive rendre acceptable la manifestation d'un imaginaire, tout juste bon à satisfaire une conscience abusivement distraite, il faut au contraire la bannir : Homère, modèle de la culture antique, l'artiste par excellence, sera chassé et avec lui tous les imitateurs d'imitation. Cet ostracisme a ses raisons : Homère n'est point chassé d'Athènes mais de la cité juste et cela fait une belle différence. La cité juste, qui par définition n'existe pas ici-maintenant, ni bientôt plus tard, faute d'avoir une réalité historique, repose sur une organisation scientifique, donc sur un programme pédagogique dans lequel la vérité a toujours le dernier mot. Par suite, les pratiques artistiques n'y sont pas envisagées pour elles-mêmes mais à partir de leur vérité. Dans ces conditions, elles ne peuvent apparaître vraisemblables au sens propre du terme, puisque cette notion s'applique au seul domaine des techniques, imitations directes des modèles intelligibles; pas davantage elles ne peuvent être vraies puisqu'elles ne se mettent pas en peine de la Forme imitée par l'artisan. D'où l'exclusion justifiée par l'unilatéralité du point de vue auquel Platon soumet, dans le cadre d'une enquête sur la cité juste, toutes les élaborations de l'imaginaire.

Élaborer ou travailler dans cette perspective, c'est toujours se tourner du côte du réel : réel par excellence de l'intelligible dont l'artisan tire des copies par imitation ; mais il faut ajouter aussitôt que se tourner du côté du réel (intelligible ou sensible) c'est aussi bien se détourner de ce qu'il n'est pas, c'est donc admettre l'existence de deux registres, l'un objet de préférence, l'autre d'aversion : il est évident que les jugements portés à partir de l'un sur ce qui se passe dans l'autre porteront les stigmates de leur lieu de naissance respectif. Ainsi définir l'élaboration artistique comme imitation d'imitation, c'est la juger à partir de ce qu'elle n'est pas et peut être de ce qu'elle ne prétend pas être. L'artiste n'est pas un artisan, soit, mais qui demanderait à un poète de lui faire un lit ou à un fabriquant de lits de lui faire un poème ? Serait-ce au nom du fait sémantique que l'art et la technique se recoupent comme le montre le couple artiste/artisan ? La raison est insuffisante et d'autant plus faible que l'artisan est rarement artisan « pur ».

Il lui arrive le plus souvent de céder à un désir de faire-beau qui se mêle intimement plutôt qu'il ne s'ajoute extérieurement à son faire œuvre utile. (Le goût pour les œuvres artisanales apparaît d'ailleurs comme une manifestation du goût artistique et c'est un problème que de comprendre comment une utilité ancienne peut devenir un objet esthétique, ce pour quoi elle n'avait pas été conçue.) Comme l'artisan, l'artiste travaille, d'où la possibilité de comparer leurs activités ; l'un comme l'autre ils travaillent dans la réalité, d'où l'objectivité de leurs œuvres. Mais en l'artiste domine le registre de l'irréel, en l'artisan celui du réel : le faire-beau l'emporte sur le faire-utile et réciproquement, mais l'un n'existe pas sans l'autre.

Il faut donc laisser de côté la problématique de l'imitation comme impropre à rendre compte de la spécificité de l'élaboration de l'imaginaire par

l'artiste : même s'il veut faire vrai, comme c'est le cas dans les perspectives dites « réalistes », la vérité recherchée, ce faire-vrai masque en fait le faire-beau caractéristique de son activité ; d'autre part la valeur vérité n'a de sens que du point de vue du réel, et son introduction dans l'appréciation esthétique revient toujours à aligner l'art sur la fabrication technique ou sur la science comme si l'imaginaire n'avait pas sa consistance propre, celle du non-réel au regard du réel.
Platon lui-même ne s'est pas contenté de ce point de vue dont il connaissait l'unilatéralité. L'artiste n'est pas seulement celui que la cité juste doit rejeter, il fait partie de la cité réelle comme inspiré, car possédé par Dieu ou le divin. Par ces qualificatifs empruntés soit au *Ion* soit au *Phèdre,* Platon veut rendre compte d'un aspect tout particulier de l'élaboration poétique : l'imitation l'articulait sur le réel, l'inspiration, voire le délire (*la mania,* c'est à dire la folie furieuse) la dérobe au réel comme si elle était rebelle à ses catégories. Dans la réalité, l'art et la technique supposent un savoir; au contraire pas plus le poète qui « compose » l'œuvre, que le rhapsode qui la récite et donc la réanime devant le public ne sont en possession d'un tel savoir : en effet en ce cas, comment Ion pourrait-il se déclarer incompétent et même inintéressé dès qu'il s'agit d'un autre poète que celui qu'il interprète par prédilection :

> – « Pourquoi, Socrate, chaque fois qu'on converse à propos d'un autre poète, je suis dans l'incapacité de fixer mon attention et de formuler un discours valable, mais je sommeille purement et simplement, alors qu'à la mention d'Homère, me voici tout de go réveillé, attentif, le propos abondant ? »
> A quoi Socrate de répondre :
> – « Aucune difficulté à conjecturer une solution, cher, chacun le voit : tu es incapable de parler d'Homère grâce à un art et à une science, si tu l'étais par un art, ta capacité s'étendrait à tout le reste des poètes ». (*Ion* 532 c)

Étrange situation : l'artiste, élaborateur « professionnel » de l'imaginaire, l'est sans art, un peu comme Périclès, le plus fin politique d'Athènes, incapable d'enseigner la politique à son propre fils. Comment peut-on savoir et ne pas savoir dans le même moment ? Ici éclate la différence entre les individus, et une différence irréductible par une pédagogie scientifique. Aussi Platon est-il obligé de recourir à une imagerie d'origine religieuse ou mythique pour rendre compte de cet inexplicable privilège imposé par l'expérience quotidienne. La force qui anime Ion lorsqu'il récite Homère et Homère seul est divine : elle possède Ion, comme d'ailleurs à travers Ion elle s'empare de son auditoire charmé. Ion n'en est pas le premier vecteur, mais Homère, tant et si bien qu'il se forme une chaîne aimantée dont le premier anneau mystérieux est le dieu lui-même, qui inspire par grâce divine le poète dans un genre spécial, puisque dès qu'il quitte son domaine d'inspiration, le voilà médiocre. L'œuvre naît donc d'une sorte de possession qui se transmet par contagion magnétique du poète au public. Cet enthousiasme (pris au sens littéral, il signifie « possédé de Dieu ») n'est pas unique mais ses semblables ne feront qu'accroître l'envie d'explication : dans le *Phèdre* en effet, Platon rapproche le délire poétique du délire prophétique et du délire érotique. Le choix du terme de délire provoque un certain malaise : il semble contenir l'aveu d'une incapacité à expliquer le phénomène qui apparaît ainsi aussi irrationnel que l'amour ou la divination. Mais telle est bien l'intention platonicienne : l'élaboration poétique de l'imaginaire peut bien se réduire en termes d'imitation et y trouver une explication, car cette dernière requiert le registre de la réalité, mais cette réduction y trouve aussi bien ses limites, auxquelles on ne saurait se tenir. L'autre face de l'œuvre d'art accule la réflexion raisonneuse à recourir à l'image faute de concept adéquat. Déficit au regard de la science et du réel, mais gain effectif puisque ce procédé permet d'approcher au moins négativement un phénomène rebelle à l'explication par l'art ou la science :

> « Chose légère, ailée, sacrée est le poète, incapable de créer avant d'être possédé de Dieu et d'avoir perdu sa raison, l'esprit n'étant plus en lui ; tant qu'il le conserve, tout homme est incapable et d'œuvre poétique et de divination ».
> (*Ion* 534 b)

Le poète travaille peut-être puisqu'il élabore l'imaginaire en lui donnant la forme objective du livre écrit ou seulement récité, mais ce travail suit une autre logique que celle de la réalité, c'est sans doute la raison pour laquelle seul le lexique pathologique du délire profane ou sacré lui est adéquat : il marque l'écart par rapport à la norme, mieux par rapport à une norme, celle de la réalité considérée comme normale.

On s'étonnera de cette conclusion qui ressemble fort à un aveu d'impuissance. Mais il faut préférer la modestie d'une demi-connaissance à l'enflure d'un prétendu savoir. Objectivé par l'artiste, l'imaginaire appelle la demande de savoir, mais c'est un fait, ce désir ne peut être rempli, si irrésistible, si universel soit-il. C'est l'indice que quelque chose dans l'imaginaire échappe à la connaissance ou s'y dérobe tout en l'appelant. La raison en est facile à deviner : par son objectivité, l'œuvre d'art est réelle et comme la réalité, sollicite les mêmes méthodes d'investigation ou de traitement : la science et le travail ; mais imaginaire, donc non-réelle, elle reste hors d'atteinte, transcendante par rapport à ces approches empruntées à la sphère du réel. L'objet d'art est donc contradictoire dans son objectivité même, puisque sa réalité est celle de son irréalité et réciproquement. Plus on parlera du travail et de l'élaboration qu'il implique, plus il faudra souligner le caractère métaphorique de ces expressions : le travail a ses règles, l'œuvre d'art aussi, mais si la connaissance des procédés d'exécution d'un objet utile permet de le produire, chacun sait qu'il en va autrement en matière d'imaginaire ; la connaissance de la prosodie ou de la règle des trois unités est nécessaire pour faire une tragédie classique, qui dirait qu'elle est suffisante ?

Le caractère contradictoire ou ambigu des matérialisations de l'imaginaire dans l'élaboration artistique perd quelque peu de son mystère si on le rapproche analogiquement des phénomènes affectifs, comme y invite expressément Platon dans le *Phèdre* où le délire poétique est le parent du délire érotique. Ici comme là, il y a le fait d'un choc primitif, la rencontre de la beauté sous la forme d'une émotion. Avec cette dernière, le corps se manifeste : l'amoureux rougit, pâlit, parle trop, se tait, bref, subit, sans les contrôler, les manifestations incoercibles de mouvements corporels provoqués par un tact sans contact, celui d'un regard. Ce qui émeut, c'est la beauté de l'autre, sa beauté corporelle. Or tout en étant réelle puisque chair visible, cette beauté révélée par l'amour n'est pas objective : l'émotion érotique n'est pas universelle en ce sens qu'elle n'anime ou ne possède que l'amoureux, laissant indifférent son confident. Dira-t-on qu'il y a pourtant des beautés corporelles objectives, voire mesurables en rappelant Hélène de Troie réveillant par sa vue les désirs oubliés de vieillards desséchés ? En ce cas, il s'agit effectivement d'un rappel, d'une réminiscence : les beautés consacrées n'objectivent pas la beauté mais réveillent l'émotion du premier choc ou de la première rencontre avec elle qui reste toujours aussi insaisissable, quoique chacun en ait fait au moins une fois l'expérience. La beauté suscite en effet le désir, mais celui-ci ne peut jamais la posséder sans cesser d'être désir, ce qui est contradictoire. Ainsi le désir poursuit-il moins le corps que la beauté qui y affleure mais toujours pour se dérober. C'est pourquoi la beauté n'est pas objective : elle renvoie au désir du sujet, donc à un manque qu'aucune réalité ne saurait combler, sauf à annuler le désir lui-même. La beauté met le sujet ou la conscience hors d'elle-même et provoque au délire parce qu'elle produit le dépassement de l'objectivité et de la raison ordinaires, comme s'il y avait un autre ordre, une autre logique.

Entre le corps de l'objet du désir et celui de l'œuvre d'art il y a un rapport évident : l'un et l'autre appellent par leur beauté le désir, l'un et l'autre provoquent un choc d'ordre corporel, une émotion; tous deux sollicitent le changement de registre, l'abandon de la logique quotidienne etc. Cependant il y a analogie, c'est à dire égalité de rapports, et non pas identité pure et simple. L'objet érotique requiert du désir la consommation : celle-ci peut être effective, différée, voire sublimée comme dans l'extase mystique, mais réelle ou annulée, elle est coextensive à l'essence du désir. Or consommer c'est toujours d'une certaine manière détruire l'objet du désir, même si celui-ci renaît indéfiniment, tel le Phénix de ses cendres : c'est là seulement la différence entre le besoin fini, caractéristique de l'animal, et l'infinité du désir spécifiquement humain. On ne saurait employer les mêmes termes pour qualifier le rapport à l'œuvre d'art : si elle répond à un désir, c'est le secret de sa beauté, elle ne peut susciter la consommation sauf par abus verbal et confusion des genres. L'œuvre d'art ne se consomme pas, parce qu'elle ne provoque point la destruction d'elle-même lors de son appréhension. Alors que le désir érotique recherche dans la consommation son extinction et sa disparition, le désir de la beauté artistique est en quête des valeurs contraires : permanence et manifestation.

Autre différence tout aussi importante : le corps de l'objet du désir érotique ne revêt point des traits universels qui le fassent reconnaître de quiconque pour tel (les illusions de l'amoureux sont un thème usé de comédie), tout au contraire l'objet d'art impose universellement son identité. Certes elle peut être discutée, mais au nom de critères esthétiques donc internes : la beauté artistique fait recevoir universellement ce que l'on pourrait considérer comme naturellement laid ou hideux. Il y a donc du désir érotique au désir esthétique lien de parenté, non identité ; dans l'amour de l'art, se manifeste l'amour adressé à une objectivation de l'imaginaire, mais cet amour est bien différent de l'Éros : il exige la présence, non la possession, encore moins la consommation. Né des chaînes d'une passion inspirée *(Ion),* son pouvoir de fascination magnétique libère plutôt qu'il n'emprisonne : le pouvoir de l'art est d'émanciper la demande imaginaire du désir d'une satisfaction réelle, toujours décevante, pour lui proposer, à distance, sous la forme de l'œuvre, sa propre image universellement offerte aux regards de tous comme objet de contemplation.

3. Imaginaire et vérité

Objectivé par la production artistique qui prend le relais d'un phénomène commun et universel tel que la rêverie, l'imaginaire apparaît comme puissance d'illusion : non seulement irréel, mais rival de la réalité et rival séducteur autant que séduisant, donc dangereux. Il y va en effet du risque de la vérité : l'art détourne du vrai puisqu'il lui substitue de l'irréel plus vrai encore que le vrai lui-même. « Quelle vanité que la peinture qui attire l'admiration par la ressemblance des choses dont on n'admire point les originaux », dit Pascal (Brunschvicg 134). L'admiration est déjà chose dangereuse : « Elle gâte tout dès l'enfance » (*ibidem* 151), car elle détourne du vrai souci, qui est souci du vrai, et fait prendre pour plein ce qui en fait est vide ; or quoi de plus vain que la doublure d'une chose déjà si vide qu'elle ne provoque point d'elle-même ce périlleux sentiment de l'admiration. Certes il y a un contrepoint à ce propos dont il faut saisir l'unilatéralité : moins condamner la peinture en général, que celle qui produit l'admiration pour le vain et provoque un dégât général. Un autre peinture est possible : elle orienterait vers le haut l'admiration en lui proposant la plénitude et non la vanité; un original admirable peut susciter une peinture dépourvue de vanité, un art édifiant comme c'est le cas dans l'art religieux. Tout art n'est donc pas rejeté mais seulement celui qui n'édifie pas, c'est à dire ne propose pas en exemple une vérité bienfaisante. Par quoi l'art se trouve confronté au vrai, mais surtout au vrai en tant qu'il a rapport au bien ; articulé sur l'irréel auquel il donne consistance objective, il se divise en fonction de son orientation : une « dose » en grec c'est à la fois un don, mais aussi un présent dangereux, un poison (*Gift* en anglais signifie cadeau, mais en allemand poison) ; l'art est aussi un présent, mais ce peut-être un cadeau empoisonné. C'est le propre des remèdes que de revêtir ce double aspect. Seul le médecin par son diagnostic, donc par un art appuyé sur une science, connaît la dose bénéfique pour chaque cas. Comme remède l'art renvoie à un diagnostic et donc à une science chargée d'en discerner les effets, bons ou mauvais selon les cas, en fonction d'une vérité. Qui sera le médecin de l'art, quelle sa science ?

Ces questions ne peuvent étonner. Au fond dès la première rencontre avec l'imaginaire dans l'analyse de la rêverie, elles se posaient implicitement. La honte d'être vu rêvant, le rappel à l'ordre réel sous les espèces du « Attention » pédagogique, militaire, religieux, etc, constituaient tout autant d'indications relatives aux dangers qu'il y a à s'abandonner aux plaisirs de l'imaginaire, bien que l'on ne puisse absolument interdire de jouer. Lorsqu'Adam joua avec Ève, il fut distrait en cédant à sa concupiscence, cessant, l'instant d'une faute, d'être attentif à Dieu. D'un autre côté, le péché d'Adam fut une *felix culpa,* une faute bienvenue. L'homme n'est ni ange ni bête et la confrontation du registre réel et de l'imaginaire l'appelle à tirer parti de cette dualité essentielle, non à la nier. L'angélisme se paye de la boursouflure ou de la bestialité, et à se retirer au désert pour fuir la réalité, on risque l'invasion de l'imaginaire et la perte du réel : les tentations de saint Antoine par Bosch ou Grünewald sont l'illustration picturale de ce péril. L'imaginaire ne porte pas en lui-même son mode d'emploi, il existe et il est de la condition humaine d'en user bien ou mal, ou autrement...

Les conditions du problème sont donc à la fois d'ordre éthique et scientifique, sauf à séparer le bien du vrai, ce qui est une possiblité. Envisageant l'imaginaire au niveau des délires érotique et poétique, Platon fait apparaître une solidarité entre le beau, le vrai et le bien. Dans son *Phèdre,* le mythe de la chute des âmes, suite à la perte de leurs ailes, rappelle que l'âme a connu directement les formes intelligibles dans la « plaine de la vérité », et qu'une fois incarnée dans les corps terrestres, la beauté qui suscite l'amour peut la ramener vers cette vérité antérieure liée à la présence du bien : laid et mauvais se conjuguent, tout comme beau, bien et vrai. C'est pourquoi la plus haute science, la dialectique, est pour l'homme le seul moyen de retrouver par-delà le sensible, la vérité intelligible ; mais cette discipline n'est pas une ascèse froide et désincarnée : sa dynamique est le mouvement même de l'Éros, fils de Pauvreté et d'Expédient, qui, toujours en état de carence, ne manque jamais de moyens d'y suppléer, un amour dont le point de départ est l'émotion physique provoquée par le choc de la beauté *(Le Banquet).* Ainsi, science et amour du bien se conjuguent avec la rencontre de la beauté, pour justifier la distinction des deux usages des productions imaginaires et en particulier poétiques : usage droit, orienté vers le haut dans un mouvement de sublimation, usage gauche qui rabaisse. Tout se tient : la Forme du Bien est cause de science et de vérité (*République* 508 e, L.VI) et est supérieure en beauté à celles-ci, ce que confirme, au niveau du mythe, le *Timée* célébrant la fabrication d'un cosmos bon et beau, car construit selon la science des Formes.

Armé du concept d'une téléologie visible dans l'harmonie toute mathématique des mouvements célestes, dans l'organisme etc., le philosophe peut déterminer à son aise ce qui est bon ou mauvais, ce qui est beau ou laid : l'y aide la science du vrai apparentée à celle du beau et du bien. Les mouvements propres à la matière et au corps peuvent bien opposer une force antagoniste à cette attraction de la bonne fin et ainsi faire apparaître laideur et méchanceté, ils ne sauraient s'imposer, encore moins imposer un renversement de point de vue : considérer que la nature n'est pas un ordre beau et bon est une pensée qui peut survenir à l'esprit d'une jeune homme ignorant et donc mal éduqué ; que s'il y persiste, témoignant par son obstination de la méchanceté de sa nature, il faudra le mettre à mort et plutôt trois fois qu'une, (cf. *Les Lois* L.X.). Preuve non pas d'intolérance chez Platon, mais de l'évidence, plus claire que le jour, d'une téléologie du bien partout manifeste, que l'éducation vient renforcer, mais non pas imposer. Tant que le beau, le bien et le vrai se conjugueront, il en ira ainsi : nier l'un, ce sera nier les deux autres, tant et si bien que l'attention à l'œuvre d'art, objectivation de l'imaginaire, ne pourra se passer du lexique de la vérité et de la moralité, comme si l'expression artistique était nécessairement en même temps celle du vrai et du bien ou, ce qui revient au même, leur contraire, donc leur complémentaire.

D'où le maintien dans un univers non-aristotélicien du concept d'imitation. L'art était chez Aristote principe en autre chose là où la nature était principe en elle-même, et l'art se trouvait donc en état d'infériorité productrice par rapport à cette dernière : il n'y avait pour lui que des moteurs naturels (l'eau, l'air, les bêtes de somme et les esclaves, puisque les cithares ne sont pas auto-motrices...). Au sens restreint, l'art n'est pas imitation de la nature en général, mais, comme le montre l'exemple canonique de la tragédie, imitation sélective :

> « La tragédie est l'imitation d'une action sérieuse et achevée, (...) opérée par des sujets agissants, non par un récit : en provoquant pitié et crainte elle produit la purification des affections de ce genre ».
> (*Poétique* VI 1449 b).

Cette définition allégée révèle des choix : toute action n'est pas digne de la représentation tragique, non seulement pour des raisons de temps (l'achèvement) mais pour des motifs éthiques (exigence de sérieux ou de noblesse du sujet).

La fonction purgative ou purificatrice (la fameuse *katharsis*) rappelle que l'art n'est pas délassement, distraction neutre, mais milite au service d'une finalité médicale, religieuse ou morale. Que le spectacle « purge » en faisant éprouver au spectateur des passions qu'il n'éprouverait pas

réellement, ou parce que ces passions le remplissent de pitié ou de terreur, qu'importe l'interprétation : l'art s'articule sur la bonne santé, donc sur le bien. Les classiques le comprendront bien qui, au XVIIe, aligneront l'art sur la nature et formuleront des théories sur les bienfaits d'une *katharsis* non limitée à la crainte et à la pitié, mais étendue, par exemple par Corneille, à l'admiration. Et pourtant le monde aristotélicien était bien mort : la finalité visible et lisible dans le spectacle de la nature ordonnée avait fait place à un mécanisme n'admettant plus les traces de Dieu au nombre des concepts scientifiques, sauf pour les partisans irréductibles d'une téléologie naturelle de plus en plus imperceptible. L'imitation de la nature peut cependant subsister dans la mesure où la nature, objet de l'imitation, se concentre désormais autour de l'homme et de ses productions. Le personnage de l'artiste prend en effet de plus en plus d'importance, et la nature est plutôt ce qu'il révèle par son « génie » (l'emploi du mot est nouveau) que ce qu'elle est en soi. Or en l'artiste, et en ce qu'il révèle par ses œuvres, se retrouvent les trois valeurs du vrai, du bien et du beau qui paraissent toujours définir la téléologie de l'art. Il en va de même du symétrique de l'artiste : le spectateur, il ne reçoit l'art qu'à la lumière de la trinité du vrai, du beau et du bien. L'imaginaire artistique reste donc, en dépit du caractère galiléen ou newtonien, c'est-à-dire mécanique, de l'univers investi par les sciences, aligné sur des valeurs qui lui sont sinon étrangères (le vrai et le bien) du moins inessentielles. La discussion se poursuit sur le thème : une œuvre est-elle belle parce que vraie, et bonne parce que vraie ? L'objectivation de l'imaginaire doit-elle nécessairment se traduire dans le langage de la science et de l'éthique ?
La traduction apparaît comme nécessaire, car l'art veut dire ce qui sans lui resterait inédit ou tout au moins informulé, sauf sous les espèces misérables du glissement des mots dans la rêverie diurne. Mais ce vouloir-dire renvoie à un vouloir bien différent de celui de la vie consciente, régie par les principes d'identité et de réalité. L'imaginaire a sa propre logique, celle du *« nonsense »* éventuel qu'il est vain, voire dangereux de prétendre mesurer en fonction des principes qui ne sont pas les siens. C'est ce qui arrive lorsqu'on fait de l'art un langage symbolique, c'est à dire un langage en quelque sorte non parvenu à maturité, puisque pas encore dégagé d'un rapport au réel par l'arbitraire du signe : dans le symbole, il y a quelque chose du référent, sous la forme métonymique ou métaphorique. Historiquement, l'interprétation des hiéroglyphes égyptiens en termes symboliques, c'est à dire en fonction de la valeur propre des images présentées par leur graphisme, a été plutôt un obstacle qu'une clef pour leur décryptement : celui-ci a été rendu possible par l'assimilation des prétendus symboles à des signes linguistiques connus, tels ceux de la langue copte. La procédure était en ce cas légitime : on passait d'une langue à l'autre et la pierre de Rosette, traduite par Champollion, donnait trois versions d'un même texte, en trois langues ou systèmes sémantiques différents (hiéroglyphique, démotique et grec). Le transfert de la métaphore de la traduction du domaine réel des langues à celui de l'imaginaire

objectivé ne peut se faire aussi facilement, ou tout au moins avec la même légitimité, car rien ne permet d'affirmer qu'en traduisant ce que l'artiste veut dire en termes de langage, on ne réduise pas en fin de compte l'essentiel : cette volonté qui veut dire, mais d'ailleurs, d'un ailleurs qui ignore peut-être les schèmes logiques et grammaticaux du langage et avec ceux-ci les normes du discours scientifique.

Une bonne illustration philosophique des dangers de la traduction en termes linguistiques des contenus de l'imaginaire est fournie par l'esthétique hégélienne. Pour Hegel, l'art comme la religion constituent des formes du savoir non encore parvenues à l'absolu. Présentation sensible du vrai, l'art est inférieur à la philosophie parce que celle-ci substitue à l'image le concept qui en est la traduction. Mais au niveau de l'art lui-même, il est possible de distinguer une sorte d'évolution ou de développement, dans lequel on découvre un mouvement, procédant de l'extériorité et de l'étrangeté symboliques, à l'intériorité et à la familiarité spécifique de la parole articulée : ici, le spirituel a forme humaine, là il est encore prisonnier de l'animalité ou ne se présente que de manière énigmatique à qui sait l'interroger. Les dieux égyptiens qui allient l'humanité et l'animalité caractérisent cette époque de « l'art symbolique » ; les Pyramides, tombeaux de l'esprit du Pharaon disparu, sont de vivants symboles et le lion à tête d'homme trouvera avec Oedipe le maître de son secret : le spirituel c'est l'homme. L'énigme du sphinx une fois résolue plus n'est besoin d'un art « symbolique » puisque désormais l'esprit se sait chez lui du moins dans la forme extérieure de l'homme ; à lui de poursuivre sa quête triomphale du savoir de lui-même. La puissance d'une telle traduction du passage de l'art égyptien à l'art grec est évidente : la victoire de l'esprit sur la bestialité est totale. Mais cet esprit appartient au réel, au rationnel et il n'est nullement évident que la traduction ne soit pas ici réduction : l'art égyptien n'était peut-être pas inapte, en raison de son « sous-développement » par rapport au savoir, à découvrir la spiritualité : la pyramide n'est peut-être pas un symbole de l'esprit absent, et l'esprit n'est peut être absent qu'au point de vue d'une conception helléno-et-christo-centrique propre à Hegel ; il y a toujours de la bestialité ou de l'idolâtrie dans l'esprit des autres. L'art égyptien n'est peut-être pas fait pour être su c'est-à-dire un jour dominé, car digéré par le « concept ». Ses fonctions religieuses et pourquoi pas esthétiques doivent faire l'objet d'une autre conception, moins digestive. La volonté de savoir est sans doute désir de puissance non de compréhension, et à en rester au personnage d'Oedipe, figure hégélienne de la traduction de l'énigme de l'art symbolique en langage humain, il faudrait méditer les aventures ultérieures de ce héros : après avoir chassé le Sphinx de la Thèbes hellène, il découvre dans une réalité dépourvue de monstres les fruits du lait de l'humaine tendresse, le parricide, l'inceste et au bout la nécessité de s'aveugler, comme s'il fallait retourner au pays des monstres abolis. Le savoir de l'imaginaire par sa traduction en langage symbolique peut bien rassurer (ce ne sont là que symboles, comme on dit parfois, ce n'est qu'un rêve), il n'épuise pas la consistance d'un registre dont les objectivations artistiques présentent non les symboles maîtrisables et manipulables par qui sait, mais des réalisations sujettes à un discours sans fin, car incapable de savoir.

Bien entendu, il ne s'agit pas ici de rejeter sans appel la prétention d'une discipline scientifique à connaître des objectivations de l'imaginaire. Une telle connaissance est possible et même souhaitable, mais sa transformation en un savoir est intolérable : il faut rappeler que, pour Hegel, sa prétention au savoir reposait sur des thèses justifiées spéculativement mais nullement absolues :

> « Sous tous ces rapports, considéré du point de vue de sa destination suprême l'art est et demeure pour nous quelque chose de passé. Par là il a également perdu pour nous son authentique vérité et vivacité, trop relégué dans notre *représentation* pour affirmer dans la réalité effective sa nécessité antérieure et assumer son rang supérieur. Outre notre jouissance immédiate les œuvres d'art provoquent en nous à présent notre jugement, puisque nous soumettons à notre contemplation réfléchie le contenu, les moyens d'exposition de l'œuvre d'art et l'adéquation ou l'inadéquation de l'un et des autres. La *science* de l'art est à notre époque plus un besoin qu'aux temps où l'art se procurait comme art satisfaction pleine et entière. La considération pensante, voilà ce à quoi nous invite l'art et ce non pour ressusciter l'art, mais pour reconnaître scientifiquement ce qu'il est ».
> (*Leçons sur l'esthétique*, Suhrkamp, Francfort, 1970, T. XIII, pp. 25-26)

Considérer de manière pensante l'œuvre d'art reste une tâche légitime, mais qui ne met nullement fin à la destination suprême de l'art : la première opération s'inscrit entièrement dans le réel, la seconde est le passage de l'imaginaire au réel, et donc est irréductible à la première. Il faudrait plutôt envisager de manière dialectique leurs rapports au lieu de vouloir absorber unilatéralement l'une dans l'autre. Il en est ici un peu comme des rapports du tout et des parties tels qu'on les trouve dans la nature comme dans l'art. Un tout ne se réduit à la somme de ses parties que s'il est mécanique, ainsi une montre, mais il est des totalités où la considération des parties, même sommées, est impuissante à rendre compte de leur existence comme tout : il s'agit des organismes considérés comme des œuvres de la nature : leur accroissement, leur reproduction, la vicariance de leurs fonctions les distinguent des simples ensembles mécaniques. Il n'empêche, il ne saurait être question de considérer les organismes comme des touts sinon négativement, pour éviter la réduction au mécanique, mais seule cette dernière en permet une connaissance effective, quoique jamais le savoir. N'en est-il pas de même avec les œuvres de l'art : comme ensembles mécaniques, elles renvoient à des techniques, des matières, etc., dont une science peut très bien s'emparer pour en produire la connaissance ; c'est sans doute là une limite essentielle à ce que l'on appelle histoire de l'art. D'un autre côté, comme tout organique ou quasi-organique, l'œuvre d'art paraît garder un secret inviolable, celui de l'Idée qui lui donna existence et dont la raison ne trouve dans le concept de « génie » qu'une expression paresseuse, celle d'un *deus ex machina*. Mais par là, l'œuvre renvoie à son origine, l'imaginaire, qui refuse obstinément la réduction aux concepts et catégories du réel, tout simplement parce qu'il est irréel ou autre. Mais l'antinomie du mécanique et de l'organique transférée des œuvres de la nature à celles de l'art n'est pas celle du tout ou rien. Tout d'un savoir réducteur qui traduirait l'art en langage comme Oedipe l'énigme de son sphinx, rien de la reconnaissance du « mystère » de l'art qui laisse bouche-bée (c'est le sens de *muô*, attitude spécifique du « myste » dans l'initiation). Une autre esthétique est possible, mieux, nécessaire, puisque l'œuvre d'art, voire celle de la nature l'impose : elle ne sera ni science ni savoir, mais réflexion sur le beau enfin libéré de son rapport à la vérité.

En définissant le beau comme ce qui plaît universellement sans concept, Kant rapporte le beau au plaisir, donc à la capacité d'être affecté physiologiquement ou pathologiquement par les objets de l'expérience, qu'ils soient d'origine naturelle ou artificielle, mais la détermination d'universalité permet de distinguer le beau de l'agréable : ce dernier varie suivant les sujets et surtout manifeste l'intérêt du sujet pour l'objet apprécié ; le premier au contraire exclut l'investissement égoïste (on ne saurait dire : cela m'est beau) tout en convoquant l'universelle communauté des hommes à converger dans la confirmation du jugement, ceci est beau. Le sujet qui énonce un tel jugement « exige » idéalement de tous les autres la reconnaissance du bien fondé de son affirmation. Mais d'autre part, l'exclusion du concept à son tour interdit toute confusion du point de vue esthétique et du point de vue logique ou scientifique : l'appréciation esthétique n'est point silencieuse puisqu'elle est jugement, mais l'absence de concept interdit la constitution d'une connaissance de l'objet esthétique à laquelle se substitue la reconnaissance, ou l'exigence de la reconnaissance, de l'effet produit sur le sujet émettant un jugement de goût. Dans ces conditions, il y a bien un objet esthétique, puisque les œuvres de la nature ou de l'art peuvent être jugées esthétiquement, mais il n'est point objet de science, car il n'est pas susceptible d'un traitement objectif qui requérerait la présence du concept : objet subjectif en quelque sorte.

Cette dernière expression n'étonne pas seulement, elle est contradictoire, voire elle frise le *« nonsense »*. Kant ne l'ignore pas : le jugement de goût prête à antinomie, car on ne saurait disputer du goût faute de concepts, et pourtant on en discute ce qui semble faire appel à des concepts. Disputer et discuter, la différence est d'une lettre en français (en allemand, Kant oppose *disputieren* et *streiten*), et renvoie à deux définitions du jugement. Lorsqu'on dispute, on s'oppose certes à un jugement, mais en ce cas on fait appel à des preuves, donc à des concepts objectifs ; lorsqu'on discute, la résistance à un jugement ne peut faire état de ces derniers, tout en visant à obtenir de celui qui porte un jugement qu'il le révise dans un autre sens. La contradiction disparaît si l'on veut bien remarquer que le mot concept ne recouvre pas la même réalité suivant que l'on parle de disputer ou de discussion. Il est en effet tout aussi exact de dire que l'on ne peut pas disputer, car il n'y a pas de concepts objectifs déterminés du beau qui permettraient de porter un jugement de connaissance (jugement déterminant) scientifique ; on peut en discuter, car le jugement de goût renvoie à un concept indéterminé quoiqu'exigé par tous dès qu'il y a appréciation esthétique, ce caractère d'indétermination exprimant le fait qu'il ne correspond à aucune expérience sensible. Tous les sujets sont donc appelés à dire : « C'est beau », mais il n'y aura pas de convergence rationnelle et donc universelle dans cette appréciation : une « science » esthétique est donc impossible ; en même temps, tous discuteront, rapportant leur intuition sensible d'une œuvre naturelle ou artificielle à ce concept sans intuition universellement présent en eux. On ne disputera pas et l'on discutera et il est vain d'opposer les deux points de vue comme si l'un d'eux seulement était vrai. Le silence est donc rompu par des paroles qui ne peuvent être pourtant définitives, faute d'un concept en assurant la détermination définitive. Il n'y aura pas de savoir de l'imaginaire, mais pas de connaissance non plus, quoiqu'en même temps le discours sur l'imaginaire reste toujours légitime et obéisse même à un besoin irrépressible et révélateur d'une espèce unique, l'homme.

Il faut donc traduire ce que veut dire l'imaginaire, car c'est un besoin essentiel à l'homme, puisque les œuvres de la nature et de l'art l'affectent comme être soumis au plaisir et à la peine. Mais cette traduction dans le jugement de goût s'exprime dans un discours infini ou mieux interminable : nul ne peut lui assigner un terme faute d'en connaître tous les termes, et en particulier le plus important, un concept déterminé. Il est bien entendu possible de prétendre le contraire en transformant le jugement esthétique en jugement déterminant, comme si l'on possédait un concept déterminé permettant la formation d'un jugement de connaissance objectif, en lieu et place du jugement de goût. Tout est dans l'usage du comme si ! Signifie-t-il l'effectivité d'une telle possibilité ou la simple potentialité jamais actualisée car inactualisable d'une telle possession ? Dans un cas, transgressant les limites objectives du pouvoir de connaître, l'on pourra transformer le jugement de goût en connaissance ; dans l'autre au contraire, réfléchissant ces limites sans pour autant les franchir, on fera apparaître la capacité du jugement esthétique à transporter l'esprit humain au-delà de la simple objectivité scientifique, en lui donnant à penser sur cet au-delà sans le lui faire connaître. C'est toute la différence entre les visions d'un Swedenborg, le phénomène du délire visionnaire, et d'autre part l'usage sain de l'imaginaire. En dépassant les limites de la raison, on découvre le mirage enchanteur des illusions transcendantes, mais au prix du délire : l'imaginaire devient une prison. En réfléchissant avec sobriété sur l'impossibilité d'une connaissance objective de l'imaginaire, mais en découvrant, sur le mode du comme-si, l'irréalité de l'objectivité et la réalité de l'imaginaire, l'homme comme sujet esthétique découvre sa capacité à ne pas se laisser enfermer dans le réel. Les deux registres existent l'un en face de l'autre : ils ne sont ni remède ni poison, c'est leur usage

seulement qui peut leur donner tour à tour cette fonction antagoniste, et cet usage est entre les mains du sujet, car il est libre.
Un monde sans beauté naturelle ou artistique est un monde sans homme. Avec ce dernier, la réalité se trouve affrontée à un registre original puisqu'il coule de source : l'insatisfaction essentielle à un être de désir, incapable d'y satisfaire par lui-même dès la petite enfance, est le négatif où se manifeste la présence de l'imaginaire. Du jeu infantile à l'art en passant par la rêverie, l'imaginaire apparaît comme le refuge d'un être qui ne peut se contenter de l'objectivité, tout simplement parce que vivre ce n'est pas seulement connaître et travailler.
Mais ce refuge n'est pas non plus le lieu de l'ignorance et l'oisiveté : le même sujet vient y « habiter », rien d'étonnant à ce qu'il y travaille pour le connaître. Rien d'étonnant en cela puisque le « transfert » de ces fonctions du réel à l'imaginaire comme d'ailleurs la démarche inverse manifestent simplement que la vie d'un homme obéit à un Connais-toi toi-même qu'on ne saurait respecter en le mutilant par la réduction à un seul registre. Socrate, assure Platon dans le *Phédon* (61d), se serait mis dans sa prison à la composition poétique, y trouvant sous le signe d'Apollon, le dieu de Delphes, l'accomplissement suprême du *Gnôthi seauton,* comme s'il avait voulu, en cet instant ultime, réconcilier l'objectivité du *logos* et l'imaginaire poétique du *muthos.*

5

LE TEMPS

1. Une expérience contradictoire
2. Science de la nature aristotélicienne
   et mesure du temps
3. Le temps intériorisé : la durée bergsonienne

Conclusion

TEXTE

Bergson : *Essai sur les données immédiates de la conscience*

1. Une expérience contradictoire

Je regarde ma montre : elle me donne l'heure ; le mouvement des aiguilles ou la succession rythmée des chiffres indique le temps qui passe. Au Moyen Age les cloches ou encore le veilleur de nuit remplissaient avec beaucoup moins d'exactitude la même fonction. Les horloges solaires ou les clepsydres permettaient une délimitation plus ou moins rigoureuse des temps fonctionnels, par exemple le temps de parole accordé aux orateurs dans les assemblées politiques et judiciaires de la Grèce classique. Enfin les calendriers scandent le rythme et les articulations de cette chose qui passe et qui pour être connue requiert, semble-t-il, la division, le fractionnement, en un mot la mesure.

Car c'est le destin du temps que d'être toujours mesuré. Le langage courant consacre cet usage : j'ai du temps pour lire, pour jouer, etc. ; pendant les vacances j'aurai beaucoup de temps ; cette attente est trop longue ; ces amours n'ont pas duré longtemps... On le remarquera, la mesure s'applique partout en dépit de l'hétérogénéité des contenus mesurés qui tient à leurs qualités propres. Comme telle la qualité est incommensurable : ce rouge-ci ne saurait être mesuré même si on le rapporte à cet écarlate ou à ce vermillon. La qualité ne devient mesurable que si l'on y discerne des degrés en y introduisant la quantité. Ainsi, peut-on distinguer les couleurs non seulement d'après leurs nuances, mais d'après la longueur d'onde, la fréquence des vibrations : à chaque couleur se substituent des nombres. La mesure peut donc se définir par la quantification de la qualité : elle suppose donc la possibilité de réduire d'une certaine manière le qualitatif au quantitatif pour la totalité ou pour l'un de ses aspects. Il en est ainsi du temps : le mesurer c'est quantifier une qualité quantifiable, c'est à dire présupposer entre le temps et le nombre une parenté ou une coextensivité, l'une et l'autre ne signifiant pas cependant l'identité des termes rapprochés. Dire que le temps est mesurable, ce n'est pas affirmer qu'il est nombre ou qu'il est quantité, mais seulement qu'il ne peut se dire que par la quantité ou par le nombre : la mesure du temps concerne l'expression de celui-ci, qu'elle soit scientifique, psychologique, pratique ou poétique, elle ne saurait se confondre avec sa définition.

Il faut sans doute se demander si la mesure constitue le seul mode d'expression du temps : « Je m'ennuie » par exemple : l'allemand rend ce sentiment par *Langweile,* donc par une formule où l'on trouve et le temps *(Weile)* et la longueur *(Lang).* Mais l'on voit immédiatement que le terme allemand rend très imparfaitement compte du phénomène, qu'il désigne plutôt qu'il ne le définit. S'ennuyer, c'est certes trouver le temps long, mais n'éprouve-t-on pas aussi la longueur du temps lorsqu'on attend, qu'on espère, etc. Ces longueurs sont-elles commensurables entre elles comme longueurs du temps : qui oserait dire que n temps d'ennui = n temps d'espoir ? L'impossibilité d'une équation pourtant possible, si tout temps est mesurable, est la manifestation d'une absurdité. Le temps apparaît comme mesurable, mais certains de ses avatars échappent à la mesure parce qu'ils ne sont pas convertibles entre eux. La difficulté cesse si au lieu de parler du temps au singulier comme objet de mesure, on s'avise d'en parler au pluriel : il n'y aurait pas le temps mais des temps et par voie de conséquence, n'y aurait-il pas non pas une mesure du temps, mais des mesures du temps irréductibles entre elles ?

Time is money, le temps c'est de l'argent, cette formule illustre brutalement les considérations précédentes. L'argent, c'est à dire la forme-argent prise par la forme-marchandise dans la vente et l'achat, est l'équivalent universel de toutes les marchandises présentes sur le marché ; l'argent peut acheter une Bible, une clef anglaise, voire une conscience. Le temps apparaît bien aussi comme lui étant identique : pour l'employé, comme pour le chef d'entreprise, le temps est de l'argent.

Il en est ainsi parce que la valeur d'échange se calcule en temps de travail nécessaire à la production ; dire qu'une Bible a la même valeur que trois clefs anglaises, c'est affirmer que l'un et l'autre de ces produits matérialisent des quantités égales de temps de travail. Pourtant, même si tout travail a son prix, comme on dit, et si donc on peut ramener chaque travail spécifique à l'unité générique du travail, mesurable en temps, il est bien évident que cette réduction laisse échapper l'essentiel : la dimension unique de tout travail. Celle-ci apparaît dès que l'on quitte les abstractions (le travail, le travailleur, l'argent, le temps) pour prendre en charge ce qu'il y a d'individuel dans le temps de travail effectué par tel travailleur à tel moment de son existence. Ici une heure, une minute ne valent pas plus soixante minutes ou soixante secondes à tant de l'heure : il y a les premières heures d'un matin qui peuvent être infiniment longues en raison d'un trajet préliminaire fatigant, d'une nuit d'insomnie, ou au contraire très courtes parce que le sujet se sent heureux dans les mêmes conditions objectives. « Valant » le même prix, des temps égaux diffèrent totalement parce qu'ils sont uniques pour celui qui les vit au lieu de les mesurer.

Cette unicité et cette vie sont celles de l'histoire de la conscience individuelle qui appréhende le temps de son travail non seulement comme de l'argent (= tant correspondant à tant d'heures) mais comme son temps à elle perçu non point objectivement et anonymement, mais avec une nuance et une tonalité personnelles. Mon temps peut bien être mesuré, voire m'être mesuré, il est pour moi, mon temps, différent de ce temps mesuré et évalué que je ne suis pas, mais qu'objectivement, je « vaux ». Bref, le temps est aussi bien cette qualité exprimée par la mesure que cette histoire unique et individuelle de la conscience qui l'éprouve comme sien. Tout est dans le « aussi bien » : qualifie-t-il deux aspects d'une réalité spécifique ou faut-il distinguer des réalités temporelles irréductibles, non pas des différences de temps mais des temps différents ? A ces questions correspondent des approches différentes : ici l'on privilégie l'aspect objectif du temps, là au contraire la conscience subjective du temps. Pourtant ni l'une ni l'autre de ces méthodes n'est exclusive; elles sont en fait complémentaires et font apparaître chacune à sa manière les insuffisances de l'autre.

2. Science de la nature aristotélicienne et mesure du temps

Plutôt que d'étude objective du temps, mieux vaudrait parler d'approche réaliste. L'objectivité implique un sujet constituant : pas d'objet sans sujet, pourrait-on dire en simplifiant. Donc pour aborder le temps objectivement, il faudrait s'installer à l'intérieur du sujet pour trouver en lui les conditions d'existence du temps lui-même. C'est la conscience du temps qui déterminerait la réalité du temps pour moi et donc la connaissance que j'en prends. Mais, on peut « retourner » la question et remarquer que la conscience du temps présuppose peut-être l'existence indépendante du temps, donc même si le temps n'est pas son objet. En ce sens il faut distinguer entre le temps objet de la conscience et la réalité du temps. Le mouvement sensible des astres manifeste la réalité du temps et invite à l'approcher de manière réaliste. La question de la dépendance du temps vis à vis de la conscience, si elle doit être posée, peut légitimement apparaître en fin de parcours, mais non au point de départ de l'enquête. Ceci pour comprendre la question que s'adresse Aristote :

> « On rencontrerait une aporie *(aporeseïe an)* si l'on posait la question de l'existence ou de la non-existence du temps, au cas où l'âme n'existerait pas ».
> (*Physique* IV (14) 223 a 21)

Cette difficulté a dû être soulevée par un élève lors d'un cours de physique donné par le Maître, allusion au fait qu'on pouvait approcher la question autrement, comme y invitent la réalité et la psychologie de la mémoire, de la pensée discursive (elle dure). Mais elle est ici hors de propos : Aristote n'étudie point l'âme, mais la nature *(phusis)* objet de la physique. Aussi lui faut-il considérer le temps en physicien et non en psychologue, ce qui exclut la prise en charge de l'aspect psychologique de la conscience du temps, réservé pour d'autres cours ou traités. Qu'en est-il du temps envisagé à l'intérieur de la science de la nature ou physique? Tout dépend évidemment de ce que l'on met dans le terme de « nature » employé ici. Aristote en donne la définition suivante :

> « La nature est un principe et une cause de mouvement et de repos pour ce en quoi elle réside immédiatement par elle-même et non par accident »
> (*Physique* II (1) 192 b 21)

Il faut la préciser par cette autre définition :

> « L'actualisation *(entéléchеïa)* de ce qui est en puissance en tant que tel, voilà ce qu'est le mouvement ».
> (*Physique* IV (1) 201 a 10)

Le mouvement ne s'entend pas abstraitement mais de manière déterminée, car il est passage déterminé d'un état déterminé à un état plus ou moins déterminé. Ainsi un morceau de craie qui tombe du bureau, passe d'une détermination moindre à une détermination majorée : la dominante en lui de l'élément terreux, et donc lourd, est cause de sa chute vers le centre de la terre ; la même raison plaide en faveur de la fumée ou de la flamme qui s'élèvent naturellement en raison de la dominante « ignée » (présence de l'élément feu léger) de leur composition. Naturels, ces mouvements sont nécessairement discontinus en raison de leur détermination, ils sont donc toujours finis. Dans la nature, il n'y a donc que deux mouvements naturels : le mouvement rectiligne vers le bas et le mouvement rectiligne vers le haut. Dans la nature au sens le plus restreint, faut-il ajouter, car il existe un autre mouvement local : le mouvement circulaire et continu des corps célestes, dont les propriétés opposées à celles des deux mouvements précédents, s'expliquent par la détermination toujours actuelle de leur support (en gros, on peut dire que les astres ignorent l'indétermination de la puissance) : un élément spécial, l'éther (*aither = aieï theïn,* courir sans cesse) rend compte de ces qualités. Comme on le voit, la science de la nature aristotélicienne suppose des *a priori* cosmologiques, articulés il est vrai sur l'interprétation de l'expérience sensible.

On pourra s'étonner de la « naïveté » du vieil Aristote, voire l'expliquer par sa situation historique de « penseur antique ». On aura raison ou l'on en aura le droit, si l'on ajoute que la classification des mouvements qui précède est solidaire, non pas d'un manque de réflexion devant la nature, mais d'un état de la science qui interdit à Aristote de considérer la continuité d'un mouvement naturel autrement qu'à l'intérieur d'un processus discontinu. Il s'agit d'un fait mathématique, mais qui intéresse directement la science de la nature par ses conséquences. Les premiers mathématiciens grecs n'avaient pas hésité à composer le continu d'éléments discontinus : ainsi la ligne de points, la surface de lignes, etc. Or la découverte de l'impossibilité d'assigner une expression rationnelle au rapport de la diagonale du carré à son côté (= racine de 2) interdit précisément cette possibilité d'unifier l'arithmétique et le géométrique, et surtout d'arithmétiser le continu[1]. Ce qui ne va pas sans conséquence pour la physique où l'on rencontre les continuités de l'espace, du temps et du mouvement. Si le point, la ligne, la surface et l'instant sont des termes discontinus, que faire d'eux lorsqu'on prétendra définir un mouvement local : comment lui assigner une place, une durée mesurable, etc. ? Dans cette conjoncture, ce qui est en cause c'est non le mouvement, objet de la science de la nature, mais son intelligibilité. Il n'est pas question de nier l'existence du mouvement et de sa durée au niveau de l'expérience sensible : ce sont des continus perceptibles par la sensation. Mais la sensation ou l'expérience sont-elle des preuves ? Prouver le mouvement en marchant, c'est marcher non prouver : la marche se voit, elle ne démontre rien. Elle ne peut rien contre l'argumentation de Zénon d'Élée dont on dit un peu trop facilement qu'il s'agit de sophismes. Achille[2] ne rattrapera point la tortue, la flèche restera immobile et n'atteindra point la cible, affirmait-il, pour s'en tenir à deux de ses quatre raisonnements. Paradoxes certes aux yeux de la perception sensible et de l'opinion qui en appellent à l'expérience là où celle-ci est impuissante. En effet Zénon ne nie nullement la supériorité d'Achille sur la lente tortue, pas davantage l'efficacité du tir à l'arc en tant que faits empiriques. Mais s'appuyant sur l'impossiblité de composer le continu (le mouvement) avec des éléments discontinus (des pas de tortue ou d'Achille ; les positions de la flèche à chaque instant) considérés comme des indivisibles, il en tire la conclusion logique que le mouvement est inintelligible, et qu'il n'existe pas pour l'intelligence et la science, mais seulement pour les deux maîtresses d'erreur, opinion et sensation. Aristote présente elliptiquement l'argumentation de Zénon qu'il accuse dans le cas de la flèche de paralogisme :

> « Zénon raisonne de manière trompeuse *(paralogizetaï)* : si, à l'entendre, sans cesse toute chose est toujours en repos ou en mouvement, mais en repos chaque fois qu'elle est dans un espace égal à elle-même, l'objet d'une translation étant toujours dans l'instant, immobile est la flèche en translation ».
> (*Physique* VI (9) 239 b 5)

La présupposition du raisonnement est la suivante : le temps est composé d'instants tous indivisibles ; le mouvement de la flèche suppose, ce qui est contradictoire, la divisibilité de l'instant ou celle du point ! Le temps

1. Aristote définit ainsi le continu : « Je dis qu'il y a continu *(suneches)* lorsqu'il y a identité et unité de la limite par laquelle deux choses sont en contact ; c'est ce qu'indique le nom : tenir ensemble *(sunechetai)*. Il est impossible qu'il y ait continu si les extrémités sont au nombre de deux. »
(*Physique* V (3) 226 b 11)

2. « Un deuxième argument s'appelle l'Achille. Le voici : ce qui court plus lentement ne sera jamais rattrapé par ce qui court plus vite : c'est que le poursuivant doit nécessairement rejoindre d'abord le point d'où s'est élancé le fuyard, de telle sorte que plus lent ce dernier conserve toujours quelque avance. »
(Aristote *Physique* VI (9) 239 b 14)

n'existe donc pas, pas plus que le mouvement ou le multiple. N'existe de manière intelligible que l'Un. Ancune physique n'est possible, si elle a pour objet la nature et son corrélat le mouvement, donc le temps qui permet de le mesurer ; plus exactement, elle est possible mais erronée, car le mouvement et le temps échappent à l'intelligence... en dépit et à cause de leur évidence sensible !
Pour Aristote, il n'est pas question de prouver le mouvement en marchant. Il faut d'une part affirmer la thèse que la science de la nature s'entend des « êtres mus en totalité ou en partie » : c'est une évidence inductive. (*Physique* I (2) 185 a 13). D'autre part, il faut comprendre les fondements de l'argumentation de Zénon et en rendre raison : non seulement comme on lève un obstacle, par voie de réfutation, mais surtout en lui assignant sa cause, car pour le philosophe de Stagire, aucune opinion n'apparaît, et la vérité s'établit en dénouant les difficultés ou les apories proposées par les penseurs antérieurs.
A la base gît une confusion d'ordre épistémologique dans la définition des objets de deux sciences respectives : la mathématique et la physique. Quand on essaye en effet de ramener la continuité à des éléments discontinus, c'est parce que l'on pense abusivement le physique en termes arithmétiques ou géométriques, alors que la différence entre mathématique et physique interdit le transfert d'une discipline à l'autre (et donc la constitution d'une physique mathématique). Il faut séparer les deux sciences en les définissant rigoureusement :

> « Il faut considérer en quoi le mathématicien diffère du physicien. De fait, les corps physiques possèdent également surfaces, volumes, grandeurs et points que considèrent le mathématicien. En outre l'astronomie diffère de la physique ou en est une partie. Il serait absurde que le physicien doive connaître l'essence du soleil ou de la lune, tout en ignorant leurs attributs, d'autant plus que de toute évidence le physicien parle de la nature et de la figure de la lune et du soleil, s'interrogeant sur la sphéricité éventuelle de la terre et du monde. De quoi s'occupe également le mathématicien, mais non point en tant que chaque attribut est limite d'un corps et il n'étudie pas non plus les attributs en tant qu'ils s'attribuent de tels êtres ».
> (*Physique* II (2) 193 b 23)

Ainsi le mathématicien étudie-t-il ce qui est séparable par abstraction, mais non point physiquement ou naturellement : la courbe mais non point le camus du nez de Socrate, car la courbe peut être abstraite — extraite de ce nez de chair alors que la camosité n'est pas séparable : la forme du nez n'est pas la figure extérieure du nez ; comme courbe cette dernière se comprend sans la chair, ce qui ne serait pas le cas de la camosité... La mathématisation du physique consiste précisément dans la négligence de cette différence. Le maintien de cette distinction épistémologique permet au contraire de lever la difficulté soulevée par la prétention à la composition du continu.

Le lecteur aura été attentif dans le texte précédemment cité au terme de limite souligné à dessein. Aristote a finement saisi le principe selon lequel si la limite délimite c'est qu'elle n'appartient à aucun des deux domaines ainsi définis : si elle divise, elle ne fait pas partie du divisé, car elle est indivisible :

> « C'est la limite qui est indivisible, non ce qui est limité. »
> (*Physique* I (2) 185 b 18)

Par là se trouvent désubstantialisées ou déréalisées, en tout cas dénaturalisées ces limites qui permettent de diviser les continus du temps et de l'espace. De ce dernier, on ne dira point qu'il est composé de volumes eux-mêmes constitués de lignes, celles-ci de points. Le continu n'est point composé d'indivisibles, quoique ceux-ci comme limites permettent de le délimiter. Ou encore le continu est divisible, sans que cette divisibilité implique une composition à partir d'éléments indivisibles prêtant, par là-même, à un traitement arithmétique. Ainsi se trouve, sinon levée du moins formulée, l'aporie du rapport du côté du carré à sa diagonale (= racine de 2). Ainsi surtout Aristote peut-il rapporter le temps au mouvement sans tomber sous le couperet de l'argumentation de Zénon : une physique peut prendre en charge le temps, et l'instant, sans retomber au niveau d'une opinion méprisable car logiquement contradictoire. Le mouvement n'est plus une apparence trompeuse, mais une réalité, et l'intelligence confirme ce que le sens et l'induction lui proposaient.
Le temps s'impose à la perception comme quelque chose de physique, car il est solidaire de la perception du mouvement qu'il accompagne. La réciprocité est complète, au point qu'en l'absence de lumière voire de sensation, c'est du mouvement de l'âme que nous prenons conscience, et avec celui-ci du temps qui s'est écoulé. Mais le temps n'est pas pour autant le mouvement, car accompagner n'est pas être identique, le temps est du mouvement, quelque chose du mouvement. Le mouvement est un processus continu (actualisation de ce qui est en puissance, comme on l'a dit plus haut) : aussi, comme le mouvement le temps est-il continu. D'autre part la continuité d'un mouvement se situe toujours entre deux limites puisque, déterminé, tout mouvement est un processus fini aux deux extrémités : de même que tout mouvement admet un point de départ et un point d'arrivée, de même le temps qui lui correspond : il l'accompagne, comprend un avant et un après. Déterminer un temps c'est sentir un rapport antérieur/postérieur dans un mouvement. Cette détermination suppose la distinction des extrêmes et donc d'un intervalle entre eux. Pour ce faire, il faut que l'âme et, en elle, l'intelligence, distingue au moins deux instants, l'un antérieur, l'autre postérieur, puisque chaque instant étant un tout indivisible, on ne saurait saisir le temps dans un instant unique : la variation ne serait pas sentie et donc ne saurait être définie. La définition du temps ou sa délimitation (*horos* signifie aussi bien définition que limitation) n'est pas l'œuvre de la seule sensation, mais de l'intelligence

déterminant par la distinction sentie des instants, le temps d'un mouvement déterminé. On peut donc définir le temps :

> « Le temps est le nombre du mouvement selon l'antérieur et le postérieur ».
> (*Physique* IV (11) 219 b 1)

Une difficulté apparaît aussitôt avec l'appel à la notion de nombre : ce dernier n'introduit-il pas la quantité discontinue dans le continu du mouvement, et par là ne risque-t-on pas de tomber sous la critique de Zénon ? Aristote distingue aussitôt deux nombres : le nombré et ce par quoi nous nombrons ou nous calculons. Dans la célèbre définition précédente, il faut donc lire : le temps est le nombre nombré du mouvement etc., ce qui assure au nombre nombrant, objet de l'arithmétique, une indépendance épistémologique par rapport au premier qui lui, est d'ordre physique et comme tel, ne l'oublions pas, senti. En effet le nombre nombré du temps n'est pas celui d'un mouvement abstrait, celui du mouvement en général, (un mouvement particulier, celui de la trotteuse sur le chronomètre, peut en être la projection symbolique), il est celui d'un mouvement effectif et concret irréductible à d'autres puisqu'on ne peut l'appréhender que par la sensation : nous disons par exemple, explique Aristote, qu'une route est longue si le voyage l'est ; en soi la route n'est ni longue ni courte, en revanche le voyage, c'est à dire le mouvement de parcourir la route, fournit une nombre nombré donnant lieu à la détermination temporelle « long », cette longueur pouvant s'exprimer par des nombres nombrants, « X heures, jours, mois de marche ». Cent peut se dire aussi bien de chevaux que d'hommes, mais cent chevaux suppose que l'on prenne cheval pour unité : de la même façon un mouvement déterminé propose un nombre nombré qui peut être défini par un nombre nombrant dont il est solidaire (la marche se mesure en pieds ou en « stades »), et le fait que ces unités soient comptées arithmétiquement (cent pieds, cent stades) ne doit pas faire oublier la solidarité physique dans lequel il s'enracine. Elle lui interdit d'être une variable indépendante (t) s'appliquant à n'importe quel mouvement et pour cette raison purement et simplement arithmétique.
Mais cette définition consacre aussi bien une approche naturaliste du temps qui se trouve reconnu par la mesure du temps. Connaître le temps c'est le nombrer puisqu'il est du nombré, c'est donc aussi le mesurer. Ici l'instant joue le rôle décisif en raison de sa fonction diacritique : il discerne. L'instant n'est pas plus constitutif du temps que le point ne l'est de la ligne ; mais comme lui, il permet aussi bien de séparer ce qui est continu que d'unir ce qui est séparé : aussi distingue-t-il le passé du présent et celui-ci du futur, aussi bien unit-il passé et futur qui sans lui seraient deux néants (le passé n'est plus, et le futur n'est pas encore). L'instant est une limite, comme le point, sa fonction diacritique n'atomise pas pour autant le temps en instants. Il y aura donc une mesure du temps par l'instant, mais cette mesure ne conduira pourtant pas Aristote à arithmétiser le continu temporel et par voie de conséquence le mouvement.

Le temps est une réalité physique, celle du nombre nombré du mouvement, bien que la connaissance de ce nombre ne soit point mathématique ! Enfin, puisque dans la nature on rencontre deux mouvements rectilignes (de bas en haut, de haut en bas), fonctions d'*a priori* cosmologiques (chute des graves vers le centre de la terre, etc.) et qu'au niveau des corps célestes, on rencontre le mouvement circulaire, il faut caractériser celui-ci du point de vue « temporel ». Il faut, en effet, mettre ici des guillemets : le mouvement circulaire est le seul à être vraiment un et continu, là où les deux autres mouvements ne sont continus qu'à l'intérieur des limites d'un processus nécessairement discontinu par définition. Il vaut mieux donc caractériser le mouvement circulaire comme éternel, en comprenant par « éternité » non pas un temps très long, mais du « non-temps » puisqu'ignorant l'antérieur et le postérieur. La physique qui a pour objet la nature, donc le principe de repos et de mouvement « discontinus », n'étudiera point l'éternité ni les êtres éternels : à la limite l'astronomie n'est pas une science physique, cette conséquence n'effraie point Aristote ! Si le temps est mesure, l'éternité lui est incommensurable, elle n'est pas du non-temps, elle est autre que le temps, car elle ne concerne point la nature.
L'on peut désormais résoudre l'aporie relative à l'âme qui ouvrait l'exposé ci-dessus. On se demandait si le temps existerait ou non en cas de non-existence de l'âme. Posée ainsi, la question apparaît au lecteur moderne « idéaliste » : nous la comprenions comme si Aristote s'était demandé s'il fallait partir du sujet, qu'il appelait âme, pour découvrir le temps. C'est un anachronisme dont on saisit maintenant les raisons. En définissant le temps comme nombre nombré du mouvement, etc., Aristote signifie le caractère « réel » ou pour lui « naturel » du temps qui tient cette réalité du mouvement dont il est quelque chose ; même dans l'hypothèse chimérique de l'absence d'une âme pour le nombrer, il serait quand même comme nombre nombré ; loin que l'âme le constitue en le nombrant, elle le reconnaît plutôt, et comme elle est contemporaine de tout ce qui existe naturellement, le problème de son antériorité logique ou chronologique ! relève d'un cas fictif. La conscience du temps, dans la conception naturaliste d'Aristote, apparaît seulement comme mesure en acte de ce qui est mesurable.

3. Le temps intériorisé : la durée bergsonienne

Passer d'Aristote à Bergson, comme on va le faire, appelle justification préalable. Ne laisse-t-on pas entendre qu'entre les deux philosophes il ne s'est « rien » passé, donc que l'approche naturaliste du temps par la mesure a continué d'exercer sa domination ? Pire, signifie-t-on par là que le temps n'a jamais été saisi avant 1889 (Date de la publication des *Données immédiates de la conscience*) à l'intérieur de la conscience ? Les objections fusent : ainsi les *Confessions* de Saint Augustin pour la deuxième question, la révolution galiléenne et la transformation du temps en variable indépendante pour la première objection. Alors pourquoi Aristote <u>et</u> Bergson et non pas Aristote puis Galilée et Descartes, Newton et Kant, ou encore Aristote et Saint Augustin, etc. ? La réponse ne saurait être arbitraire en invoquant par exemple la possibilité de l'éclectisme : opposer Bergson, mais on aurait pu aussi bien faire appel à Kant. Le choix de Bergson vis à vis d'Aristote se justifie par leur référence commune à l'argumentation de Zénon d'Élée. Là aussi, on pourrait objecter la présence de de cette même référence chez Galilée et Descartes (ce dernier lui a consacré une lettre), mais il faut immédiatement préciser que le traitement de ces arguments par les modernes, ne permet pas de faire apparaître un changement d'attitude sur la question du temps, toujours tributaire d'une approche naturaliste : la nature a changé, elle s'est géométrisée, mais elle reste nature et le temps relève toujours de la physique ou de l'étude des fondements de la physique. Pour le temps, c'est une sorte de destin que d'être saisi physiquement. La nouveauté bergsonienne est là qui permet de franchir les siècles et de le rapprocher malgré ceux-ci d'Aristote : c'est en reprenant les arguments de Zénon d'Élée que Bergson a découvert, sur le même terrain qu'Aristote, une autre réalité du temps, toute psychologique et irréductible à celle <u>naturalisée</u> qui est au fondement de la physique ancienne comme moderne.

Comme Aristote donc, mais en un tout autre sens, Bergson combat, dans ce qu'il appelle l'Illusion des Éléates, une pensée ruineuse pour l'intelligibilité du mouvement et du temps.

Elle lui permet, en effet, de distinguer d'une part entre le temps mesuré et mesurable et d'autre part la durée qui lui est hétérogène. Selon l'interprétation de Bergson, Zénon en effet « confond » le mouvement et l'espace parcouru, le trajet : c'est ce qui lui permet de mesurer le mouvement, mieux les mouvements accomplis par Achille et la tortue, cette mesure reposant sur la commensurabilité des pas d'Achille et de ceux de la tortue. Si le continu n'est pas composé d'indivisibles, mais est divisible à l'infini, Achille ne rattrapera point la tortue, contrairement à l'apparence sensible, puisqu'il lui faudra toujours être en retard, devant toujours faire

un peu plus dans le moment où la tortue en fait autant. En fait, il n'en est rien réellement, non point seulement parce que le mouvement se « prouve » en marchant, mais parce que le problème ne se pose que lorsque négligeant les conditions concrètes irréductibles (Achille est un homme, la tortue un animal lent...), on reconstitue le mouvement d'Achille avec des pas de tortue, opération légitime si l'on a identifié au préalable le mouvement avec sa trace spatialisée, ce que Zénon fait, on l'a vu, dans un contexte scientifique précis. Or Bergson récuse ce contexte, c'est-à-dire celui de la mesure du continu.
Ce refus n'est pas, bien entendu, celui d'une connaissance scientifique du mouvement fondée sur la mesure des trajets spatialisés, donc d'une mathématisation du mouvement physique. Il est plutôt une délimitation des compétences des sciences physico-mathématiques : à celles-ci on « abandonne » l'espace, la trajectoire du mobile, mais on n'identifie pas le mouvement à la trajectoire, ce qui fait apparaître une irréductibilité du mouvement, solidaire d'une distinction au niveau du temps. Il y a un mouvement mécanique que l'on peut bien étudier physiquement (c'est-à-dire de manière naturaliste), mais il n'est pas le seul ; il serait plutôt l'ombre dégradée en espace, d'un mouvement psychologique rebelle à l'intelligence, mécanique par nature. Le mouvement mécanique est solidaire d'un temps défini, depuis Galilée, comme une variable indépendante ($= t$) ce qui permet de rendre commensurables entre eux les mouvements qui ne le sont pas, par essence, puisqu'ils sont des durées différentes. Ici, il ne s'agit point de comparer des longueurs ou des quantités, comme nous le suggèrent les habitudes linguistiques[3] auxquelles nous cédons, malgré nous, en raison de leur facilité pratique : comme la technique, greffée sur la manipulation de la matière à l'aide d'outils, sympathise plutôt avec ce qu'elle connaît, l'étendue, de même le langage a son aspect instrumental (le signe est l'équivalent de l'outil) et se situe lui aussi du côté de l'étendue. Donc bien que nous disions « trouver le temps long », nous nous garderons de lui prêter longueur et quantité, si toutefois nous voulons connaître la durée, qui échappe à toute mesure en raison de son caractère qualitatif.
Ici ce qui est décisif, c'est moins une critique de l'argumentation de Zénon prouvant qu'il s'est « trompé », que la référence à un repère inconnu ou plutôt négligé jusque là : l'expérience psychologique de la durée. Pour Bergson la conscience est mémoire. Ceci ne signifie pas l'identification

3. « Nous nous exprimons nécessairement par des mots et nous pensons le plus souvent dans l'espace. En d'autres termes le langage exige que nous établissions entre nos idées les mêmes distinctions nettes et précises, la même continuité qu'entre les objets matériels. Cette assimilation est utile dans la vie pratique et nécessaire dans la plupart des sciences. Mais on pourrait se demander si les difficultés insurmontables que certains problèmes philosophiques soulèvent ne viendraient pas de ce qu'on s'obstine à juxtaposer dans l'espace les phénomènes qui n'occupent point d'espace, et si, en faisant abstraction de grossières images autour desquelles le combat se livre, on n'y mettrait pas parfois un terme. »
(*Données immédiates* 1888, Avant-propos, p. VIII)

à une « faculté » pas davantage à une fonction psychologique aux contours bien définis, comme la rétention des souvenirs, etc. Il vaudrait mieux dire que cette formule attire l'attention sur le fait que la conscience est histoire, mieux qu'elle est sa propre histoire, si l'on entend par là qu'elle totalise tout son passé, donc que dans le moment présent, elle est tout ce qu'elle a été, sans que pour autant cette proposition signifie quelque chose comme le poids d'un destin. En effet, parce qu'elle est tout ce qu'elle a été, la conscience est aussi absolument elle même, absolument, c'est-à-dire sans aucune relation avec autre chose. Plus exactement, il en est ainsi (ou il en serait ainsi) si le psychisme existait à l'état pur, libéré des exigences pratiques de l'existence, celles-ci voilant le plus souvent cette réalité qui peut nous rester inconnue : le langage et l'action habituelle, c'est-à-dire l'ordinaire de la vie quotidienne, s'y entendent pour nous faire oublier notre réalité psychologique profonde, et donc propre, et nous proposer une image spatialisée et donc aliénée de nous-mêmes.

Ce que Bergson, en fait, a en vue, c'est la question de la liberté. L'acte libre peut-être représenté de manière symbolique sous la forme d'un trajet qui m'a amené en A, alors qu'il eût pu me conduire en B. Rétrospectivement en effet, le choix A peut m'apparaître comme la réalisation d'un possible que j'ai souverainement élu parmi d'autres, et, en particulier en le préférant à B, le « mobile », comme dit très bien le langage du mouvement, le plus proche de mes aspirations. En fait ce choix entre A et B est une sorte de rationalisation après coup : B n'a jamais existé comme contemporain de A, ainsi que deux plaideurs en face d'un juge qui trancherait entre deux parties (la conscience étant un tribunal intime : d'où l'expression de *for intérieur*). Il n'y a même pas eu A : un choix a sans doute été fait, sinon je ne serais pas libre, mais ce mouvement, son mouvement, n'est pas celui, suspendu, d'un mobile qui hésiterait avec indifférence et souveraineté entre tous les possibles, mais au contraire, celui d'une liberté qui est libre parce que c'est son histoire qui la détermine à partir d'elle-même absolument. Après, encore une fois, on pourra toujours se rassurer en interprétant cette liberté par rapport à ce qu'elle ne fut pas, mais cette vue rétrospective qui étale dans l'espace d'un schéma ce qui échappe par nature à la représentation, ne doit point faire illusion : elle était imprévisible, parce qu'on ne peut prévoir que ce qui peut se recomposer dans l'espace, que ce qui est réversible, et c'est seulement son fantôme représenté dans l'étendue, et donc en ce sens sa caricature mécanisée, qui se prête à ce genre de schéma. Personne n'eût pu en fait, auparavant, la prévoir. Autant de manières de dire que l'acte libre est tel non en raison d'une indifférence à se déterminer (d'une gratuité), mais parce qu'il naît de la détermination du sens d'une histoire qui se ramasse en lui à un moment donné, si rare soit-il (et Bergson aime à en rappeler la rareté).

Il en est de la durée comme de la liberté. Elle se constitue polémiquement contre le temps scientifique mesuré, auquel elle ne prétend pas se substituer et qu'elle ne veut pas évincer. Schématisé spatialement en trace

ou en trajet, il perd l'originalité propre à un mouvement absolu pour devenir relatif (pris dans un système de relations). C'est d'ailleurs ce caractère de relation qui permet la mesure, mais au prix de la disparition de la durée rendue aux oubliettes. Il « suffit » d'inverser le mouvement qui porte notre pensée à obéir aux mécanismes tout faits du langage et de l'ordinaire social, pour redécouvrir ce moment privilégié constitué par le surgissement de l'acte libre et prendre conscience à l'instant même de la présence oubliée de la durée; au risque, l'instant d'après de la voir se transformer en temps d'un trajet mesurable, c'est-à-dire assignable sur une trace spatiale par l'opération d'une réflexion rétrospective, qui lui ôte ce qu'elle avait d'inquiétant ou de dérangeant : son caractère absolu.
Ici se pose une nouvelle question. En la distinguant du temps encroûté dans l'espace (c'est la condition de son caractère mesurable), Bergson fait apparaître avec la durée un aspect du temps, jusque là peu reconnu par les philosophes ; il n'accepterait pas pourtant de prêter au temps un double visage. Au temps lié à l'espace, parce que se faisant espace, il oppose en fin de compte un temps qui est à lui-même son propre référent, c'est ce qui lui confère précisément l'existence. Car la durée n'est pas une modalité de l'existence, mais l'existence elle-même rencontrée, mieux (le mot est de Bergson) constatée. Et de fait Bergson n'hésite pas à faire de la durée un être qu'il retrouve aussi bien dans les « données immédiates de sa conscience » que dans le Tout lui-même. Il l'« ontologise », c'est-à-dire la réalise sous la forme d'un être. Descartes, à la fin de la II° *Méditation,* révélait, au delà des propriétés contradictoires d'un morceau de cire, l'essence de la matière comme étendue modifiée par la figure et le mouvement ; il n'osait pourtant en conclure immédiatement à l'existence de la matière (elle sera établie dans la VI° *Méditation*). Bergson est plus audacieux dans la célèbre page du « morceau de sucre » :

> « Si je veux me préparer un verre d'eau sucrée, j'ai beau faire, je dois attendre que le sucre fonde. Ce petit fait est gros d'enseignements. Car le temps que j'ai à attendre n'est plus ce temps mathématique qui s'appliquerait aussi bien le long de l'histoire entière du monde matériel, lors même qu'elle serait étalée tout d'un coup dans l'espace. Il coïncide avec mon impatience, c'est à dire avec une certaine portion de ma durée à moi, qui n'est pas allongeable ou rétrécissable à volonté. Ce n'est plus du pensé, c'est du vécu. *Ce n'est plus une relation, c'est de l'absolu.* Qu'est-ce à dire, sinon que le verre d'eau, le sucre, et le processus de dissolution du sucre dans l'eau sont sans doute des abstractions, et que le Tout dans lequel ils ont été découpés par mes sens et mon entendement progresse peut-être à la manière d'une conscience ? »
> (*L'Évolution créatrice* 1907, pp. 9-10)

Ainsi la durée, ma durée est un absolu, mais par une extrapolation que tempèrent et le point d'interrogation et la restriction « peut-être à la manière de », cette durée proprement psychologique se voit étendue aux dimensions du Tout lui-même.

Par là la durée n'est pas seulement existence, mais être tout court, plus techniquement substance : elle est connue par elle-même.
Bergson a su montrer de manière critique les limites de l'approche du temps par la mesure et le nombre, mais curieusement, alors que cette critique reposait sur la découverte de l'intériorité et, si l'on peut dire, de la subjectivité, au lieu de poursuivre dans cette voie, et donc d'explorer la conscience du temps, il a préféré ontologiser la durée qu'il venait de découvrir, en l'opposant comme un être à l'être spatialisé que mesure la science physique, lorsqu'elle donne des expressions mathématiques des trajets. Bien entendu, Bergson n'accepterait pas ce point de vue : il dirait en particulier que le lexique de l'ontologie (=être, existence, essence, substance) est le fait de l'ordinaire du langage, et il ajouterait que rien n'est moins substantiel que la durée précisément parce qu'elle... dure et donc en ce sens n'est point ! Il n'empêche, psychologique, puis cosmologique la durée devient comme un être si l'on peut dire, effaçant la conscience au lieu de la restaurer, voire de l'instaurer.

Conclusion

D'une manière plus générale, il faudrait remarquer en poursuivant l'effort bergsonien dans son sens critique, plutôt qu'ontologique, que, si la mesure du temps le naturalise et pour cette raison le masque, le temps ne peut être de l'être, ne peut être nature : c'est la raison pour laquelle il est essentiel à la conscience humaine qui est effectivement histoire. Ceci ne signifie pas que le temps n'existe pas objectivement, indépendamment de la conscience humaine, par exemple avant l'apparition de l'homme. En ce dernier cas, il existe en soi, ou pour les Martiens ou les anges s'ils ont une conscience analogue à la nôtre. Mais avant l'apparition d'une telle conscience, ce temps n'est pas pour soi, car il n'est pas intériorisé dans une histoire qui le recueille et l'arrache à ce que Hegel appelait l'extériorité. Cette histoire ne peut exister sans la conscience humaine, dont elle est l'œuvre spécifique ou tout au moins l'une des œuvres propres. En un mot, le temps introduit à la vie intérieure de la conscience. Quant à la mesure du temps, elle est le facteur mécanique essentiel à la maîtrise et à la possession de la nature. Il ne s'agit pas cependant de les opposer substantiellement ou ontologiquement : ce serait céder à un dogmatisme métaphysique : qu'il nous suffise de constater (c'est le mot !) l'existence d'une nature et le fait de la conscience ; à chacune répond un temps propre, dont la spécificité est qu'il ne peut être approché sans une lecture implicite ou explicite de son autre.

TEXTE

H. Bergson
Essai sur les données immédiates de la conscience, p. 81

« Bref, il faudrait admettre deux espèces de multiplicité, deux sens possibles du mot distinguer, deux conceptions, l'une qualitative et l'autre quantitative, de la différence entre le *même* et l'*autre.* Tantôt cette multiplicité, cette distinction, cette hétérogénéité ne contiennent le nombre qu'en puissance, comme dirait Aristote ; c'est que la conscience opère une discrimination qualitative sans aucune arrière-pensée de compter les qualités ou même d'en faire *plusieurs ;* il y a bien alors multiplicité sans quantité. Tantôt, au contraire, il s'agit d'une multiplicité de termes qui se comptent ou que l'on conçoit comme pouvant se compter ; mais on pense alors à la possibilité de les extérioriser les uns par rapport aux autres ; on les développe dans l'espace. Malheureusement, nous sommes si habitués à éclaircir l'un par l'autre ces deux sens du même mot, à les apercevoir même l'un dans l'autre, que nous éprouvons une incroyable difficulté à les distinguer, ou tout au moins à exprimer cette distinction par le langage. Ainsi, nous disions que plusieurs états de conscience s'organisent entre eux, se pénètrent, s'enrichissent de plus en plus, et pourraient donner ainsi, à un moi ignorant de l'espace, le sentiment de la durée pure ; mais déjà, pour employer le mot « plusieurs », nous avions isolé ces états les uns des autres, nous les avions extériorisés les uns par rapport aux autres, nous les avions juxtaposés, en un mot ; et nous trahissions ainsi, par l'expression même à laquelle nous étions obligés de recourir, l'habitude profondément enracinée de développer le temps dans l'espace. C'est à l'image de ce développement une fois effectué que nous empruntons nécessairement les termes destinés à rendre l'état d'une âme qui ne l'aurait point effectué encore : ces termes sont donc entachés d'un vice originel, et la représentation d'une multiplicité sans rapport avec le nombre ou l'espace, quoique claire pour une pensée qui rentre en elle-même et s'abstrait, ne saurait se traduire dans la langue du sens commun. »

6

AUTRUI

Introduction : l'existence d'autrui pose-t-elle un problème philosophique ?

1. Pour la philosophie moderne, un problème de connaissance :
   Descartes juge des chapeaux ambulants.
   Sciences humaines et philosophie :
   un exemple, le racisme.

2. La reconnaissance d'autrui :
   a. l'approche affective : Rousseau et la pitié.
   b. l'approche polémique : Hobbes.
   c. du sujet de droit à la personne universelle : la dialectique hégélienne et la personne universelle.

Conclusion : par-delà droit et morale, vers le concret.

Pourquoi un problème philosophique?

Autrui s'impose à moi : je l'aime, je le hais, je le néglige, je m'en souviens, je l'oublie, le l'envie, je l'imite, etc, il n'est point, semble-t-il de vie affective, pratique, morale, voire intellectuelle où il ne soit présent d'une certaine manière. La vérité elle-même, celle des sciences, appelle par son exigence d'universalité la présence idéale des autres : elle exige d'être reconnue. Impossible de prendre conscience de moi-même, impossible de produire science d'autre chose sans cette référence implicite ou explicite à autrui. Au commencement était l'être-avec-autrui...

La solitude est un état second, jamais premier, elle résulte d'un « choix vis-à-vis de la société », puisqu'elle exclut celle-ci et se nourrit de cette exclusion. D'ailleurs même en ce cas, il faudrait distinguer : il y a la solitude en l'absence d'autrui (il n'est pas là physiquement) ce qui n'exclut nullement sa présence sous la forme d'une représentation dans ma conscience ; il y a la solitude, produit de la « désolation[1] » : même en présence d'autres (par exemple lorsqu'on est aux mains de gens qui en veulent à votre vie, les pirates d'Épictète, ou encore, les geôliers tortionnaires des camps) je me sens tellement dénué de tout secours et tout recours que même la représentation de l'autre disparaît, comme si ma conscience avait été désertée. En ce sens Robinson Crusoë apparaît plus seul que « désolé » : il ne connaît de dénuement qu'un instant de désespoir ; rapidement il retrouve, grâce au travail et à la lecture de la Bible, une représentation de son rapport à autrui (jusqu'à la rencontre avec Vendredi, ce sera Dieu, les cannibales attendus dans la terreur, les Anglais espérés avec ferveur) et son esseulement ne sera plus jamais désolation. Même chose pour Jean-Jacques Rousseau : sa solitude résulte d'un choix, le refus de s'intégrer à une société qui implique de paraître ce que l'on n'est pas et, par conséquent de n'être pas ce que l'on paraît[2]. Voulue ou forcée, la solitude, comme la désolation, confirment la primauté de l'être-avec puisque l'être-sans est une privation, donc un état chronologiquement et logiquement postérieur à la vie en société.

1. « L'état de désolement caractérise une situation où le secours fait défaut. Qui est seul n'est pas du même coup désolé, pas plus qu'il n'échappe à la désolation parce qu'il est au milieu de la foule... C'est pourquoi, en voyage nous nous appliquons principalement l'expression de désolés lorsque nous tombons aux mains des pirates : nous délivre de la désolation non la vue d'un homme mais d'un homme digne de foi, honnête et de quelque aide. » Épictète : *Entretiens* III, 1,79 1/3.

2. Après le succès de son opéra, le *Devin de village* (1752), Rousseau se voit proposer une pension, on veut le présenter au roi. Il refuse et explique son choix dans les *Confessions* (L. VIII) :

« Je perdais, il est vrai, la pension qui m'était offerte en quelque sorte; mais je m'exemptais aussi du joug qu'elle m'eût imposé. Adieu la vérité, la liberté, le courage. Comment oser désormais parler d'indépendance et de désintéressement. Il ne fallait plus que flatter ou me taire en recevant cette pension... Je crus donc en y renonçant prendre un parti très conséquent à mes principes et sacrifier l'apparence à la réalité. »

Rien de bien étonnant à cela. Il suffit de se rappeler que « nous avons été enfants avant que d'êtres hommes » (Descartes).
Né immature, le petit enfant ne vit que nourri, langé, soigné par un autre, son semblable qu'il ne connaît ni ne reconnaît immédiatement pour tel : mais aussi bien ne se connaît-il pas comme étant lui-même. Conscience, conscience de soi et conscience d'autrui vont, semble-t-il, de pair : le premier objet de la conscience n'est sans doute pas une « chose », pas même le corps, mais un autre chéri, craint, voire détesté, parfois le tout ensemble, la mère selon la nature ou la situation, c'est à dire biologique ou adoptive. En ce sens on pourrait dire que le premier objet de la conscience de l'homme, c'est l'homme lui-même : il faut préciser que cet homme-objet n'est pas une généralité comme lorsqu'on parle du genre humain, c'est à dire de tous les hommes, un universel anonyme, mais un individu unique et sexué : la mère. Il n'est pas certain que cette relation primitive à deux suffise à constituer la conscience d'autrui : à un certain stade du développement de la conscience infantile, la dualité est peut-être même un obstacle à surmonter au profit de l'intégration d'une relation triangulaire permettant la reconnaissance d'autrui en général. Ainsi renoncer à l'amour exclusif de sa mère et pour sa mère, intérioriser sa situation de fils du père, et par là se voir contraint d'abandonner la quiétude du bonheur tout imaginaire d'être entre-soi, tel est pour le petit garçon le sens de la crise « oedipienne » analysée par S. Freud : faut-il ajouter qu'aussi bien mythes, contes, romans mettent en scène la même nécessité, celle d'en finir avec l'enfance ? Pourtant un fait essentiel paraît acquis : la co-présence d'autrui à la conscience du sujet qui sans lui n'est pas vraiment une conscience de soi. Comme si Je n'était que par un autre Je, celui d'autrui.
Simplement vécue, cette relation semble poser peu de problèmes, à ceci près qu'elle n'est jamais simplement vécue. En effet autrui, qui apparaît d'abord sous des espèces familières car familiales, est tout aussi bien un sujet d'inquiétude et d'angoisse. Perçu par la conscience, il lui est aussi extérieur car autre ou différent. La conscience sait bien qu'il est le même, c'est à dire une autre conscience de soi, mais précisément il n'est pas elle-même, puisqu'il est autre. En ce sens autrui est ce qui empêche la conscience de soi – moi c'est moi – de se sentir chez elle puisqu'elle loge en elle-même un double, un étranger ; l'aspect rassurant du chez soi s'en trouve deux fois troublé : 1) par la découverte que l'autre est différent, même si c'est un autre Je, l'autre est un « moi »; 2) par la saisie simultanée que le Je propre est affecté de la même étrangeté pour l'autre Je et donc pour lui-même, puisque ce dernier est lui-même. En d'autres termes, le fait que le Je soit Je par l'autre implique la découverte contradictoire et de la familiarité et de l'étrangeté, au sens propre des termes du Je et de l'autre. C'est ce couple contradictoire qui met fin aux évidences rassurantes énoncées ci-dessus et fait apparaître la nécessité de poser le problème philosophique de l'Autre.

1. Sciences humaines et philosophie: un exemple, le racisme.

La précision est d'importance puisque les « sciences humaines », psychologie, psychanalyse, histoire, mais aussi le droit, prétendent toutes à une expression rigoureuse, voire scientifique du problème d'autrui, et par là même mettent en question, sinon en cause, la légitimité d'un discours philosophique sur ce thème. La « concurrence » porte sur les abstractions dont nous venons de parler: les sciences humaines, le droit ne parviendraient-ils pas à énoncer des solutions théoriques et pratiques là où la philosophie doit se contenter modestement de formuler un problème? Un exemple concret permettra de cerner les contours de la difficulté. Le racisme est un fait de société tout comme l'antisémitisme: ils sont des figures exemplaires du jeu dialectique de la familiarité et de l'étrangeté propre à la conscience de soi dans ses rapports avec l'autre comme différent et comme étant elle-même. Les sciences humaines donnent des explications de ces phénomènes: on le rapportera qui à une conscience psychologique « faible », qui à une situation sociale fragilisée par la « crise », qui à une situation juridique privilégiant celui-ci aux dépens de celui-là. On aura raison: pourquoi les mêmes ouvriers des chantiers navals qui avaient fait de Kiel une forteresse rouge pendant les années tumultueuses qui suivirent la défaite de 1918, accueillent triomphalement le chancelier A. Hitler qu'ils ont élu en 1933? La réponse n'est pas à chercher seulement dans une violence qui imposerait cette faveur: ils ont voté massivement pour lui; est-elle à découvrir dans une « psychologie de masses » transformant les groupes sociaux structurés en « foules » moutonnières? La question est plus intéressante encore que les réponses qu'on lui a parfois données. On en dira autant des cols blancs: les « cols blancs » dans l'Allemagne hitlérienne répondent assez bien à ce syndrome que l'on trouve également chez les « petits blancs » de l'époque coloniale. On aboutit ainsi à une banalité, voire à une banalisation: les phénomènes raciste et antisémite révèlent les médiocres et ceux-ci se manifestent particulièrement lorsque leur médiocrité se trouve rabaissée plus bas que terre par des contextes économiques défavorables. Que ces explications soient insuffisantes saute aux yeux: le racisme et l'antisémitisme ne sont pas nécessairement le fait des médiocres, dans la mesure où ils ont pu et peuvent caractériser des sociétés entières, dont on aurait tort d'affirmer qu'elles étaient constituées de médiocres, ou alors ce dernier terme ne signifie rien. On n'a pas tort de se méfier de ce genre de schémas, qui particularise un phénomène tel que le racisme en le limitant à une catégorie sociale ou psychologique, procédure rassurante puisqu'elle donne facilement bonne conscience à tous ceux (ils sont légion !) qui ne se sentent pas médiocres.

Cette méfiance justifiée ne doit pas conduire pour autant à banaliser le phénomène sous prétexte qu'il est universel : le racisme et l'antisémitisme sont coextensifs à la conscience de soi, ou plus simplement : « tous racistes » ! Certes le racisme et l'antisémitisme seraient des phénomènes historiques : ils témoignent d'un souci de la « pureté de sang » aux justifications les plus diverses puisqu'elles vont de l'Écriture sainte (interdiction est faite aux Hébreux de procéder à des mariages mixtes, par exemple d'épouser des filles de Canaan (Genèse XXVIII, 6) aux mythologies de la « pureté » raciale étayées sur des considérations pseudo-scientifiques (cf. les « lois » formulées par les théoriciens national-socialistes). Quasi universel, le phénomène est parfois tempéré par des atténuations charitables de ses conséquences, qui n'entament en rien les principes qui le fondent : aux pires moments des croisades qui se traduisent souvent par des pillages et des violences exercés contre les Juifs rencontrés en route, il y aura des voix pour élever de fortes condamnations, ainsi Saint Bernard intervenant au milieu du XIIe siècle contre le moine pogromiste allemand Rodolphe, dont le chroniqueur juif Joseph Hacohen rapporte l'action en ces termes :

> « Le Seigneur envoya vers ces vauriens Saint Bernard de Clairvaux en France, qui les appela, lui aussi, selon leur coutume et leur dit : Allons et montons vers Sion, au tombeau de notre Sauveur, mais gardez-vous de toucher aux Juifs ni en bien ni en mal, car les toucher, c'est toucher à la prunelle de l'oeil de Jésus, car ils sont ses os et sa chair, et Rodolphe son disciple, n'a pas parlé justement, car c'est d'eux qu'il est dit dans les Psaumes : Ne les tue pas, de crainte que mon peuple ne les oublie. »
>
> (Joseph Hacohen *La vallée des pleurs,* Paris 1981 p. 33)

L'historien n'est sans doute pas tout à fait exact, puisque Saint Bernard écrit seulement (Lettre 322) après avoir rappelé qu'il ne faut ni persécuter les Juifs, ni les tuer, ni même les rejeter dans le bannissement :

> « Ils sont pour nous comme des caractères vivants, images de la passion du Seigneur. Aussi sont-ils dispersés dans tous les pays de manière à témoigner par le juste châtiment d'un tel forfait, de notre rédemption. »

Il faut donc les protéger, mais il n'est pas question de remettre en question le principe fondamental qui fait d'une humiliation certaine, et de violences presque assurées la conséquence d'une identité maligne... Et que d'exemples de ce même tempérament de la brutalité raciste pourraient être trouvés en d'autres lieux, en d'autres temps : qui n'a eu son Juif, son Arabe, son Noir, son X, Y, Z, dont la différence individuelle, objet attendrissant d'attentions, confirmait le principe général du racisme !

Racisme et antisémitisme doivent sans doute être considérés comme des formes spécifiées de réponses à la contradiction familiarité/étrangeté définie antérieurement, non comme la réponse, la <u>seule</u> réponse. En ce sens, il faudrait dire que tout le monde <u>peut</u> être raciste ou antisémite, cela dépend de la manière de réagir, dans des circonstances toujours imprévues et imprévisibles, quoique maîtrisables par l'éducation et l'exercice, à la familière étrangeté de l'autre. Pas plus qu'une hirondelle ne fait le printemps une réaction raciste isolée, et pour ainsi dire accidentelle (= ça m'a échappé et pourtant ça n'aurait pas dû m'échapper), ne fait pas le raciste : certes, elle est raciste, mais tout dépend de son avenir : commence-t-elle une « carrière » dans cette direction ou au contraire est-elle l'occasion de prendre conscience du fait que moi aussi, « même » moi, je recélais en moi ce schème de comportement ignoré jusque là et qui me surprend après coup. Seule l'habitude est ici déterminante, car elle fait apparaître un choix dans la manière de régir le rapport à l'autre. Et, ici il ne suffit pas de faire apparaître des motivations (la médiocrité, la crise, etc.), qui sont plutôt des rationalisations après ou avant coup. Les motivations inclinent sans nécessiter : je peux en effet chercher la voie courte du racisme ou de l'antisémitisme pour trouver une issue dans une situation qui m'est défavorable, mais précisément je le peux, donc je peux agir ou réagir autrement. Avec ce pouvoir apparaît quelque chose comme la liberté : on peut sans soute l'intégrer dans un dispositif scientifique, sous forme de marge d'indétermination dans les comportements individuels, voire la délimiter par règlementation juridique, mais elle échappe pourtant aux sciences comme au droit ; son apparition dans ces derniers ne saurait cacher ses implications philosophiques, c'est-à-dire son appartenance au domaine philosophique. Que le rapport à autrui fasse l'objet d'un choix et que celui-ci renvoie à la philosophie, voilà qui justifie les prétentions de cette dernière, et ce, sans exclure pour autant les fonctions des autres disciplines, mais sur d'autres terrains, les leurs.

Le problème est essentiellement de connaissance ou de reconnaissance et comme tel il est plutôt moderne au sens strict, c'est à dire contemporain des philosophies du sujet (à partir de Descartes). Il serait bien entendu ridicule d'affirmer qu'il ne s'est point posé auparavant, mais il faut le souligner, antérieurement il ne prend pas la forme de la connaissance d'autrui. Dans l'Antiquité, on se pose surtout la question des devoirs à rendre à l'autre, en fonction de son « degré » de différence : obligations d'hospitalité envers l'étranger, vertus de l'amitié, ce dernier terme ayant un sens très fort, intégration des « barbares » dans le genre humain à égalité avec les Grecs par exemple. Il s'agit donc avant tout de considérations éthiques concernant l'extension des liens de réciprocité : jusqu'où peut-on aller dans l'amitié ? On ne saurait être l'ami de son esclave, pensera Aristote, mais Épicure n'écartera pas cette éventualité. Ou encore : que faire de l'opposition Grecs, Barbares ? Platon ne sera pas toujours nuancé dans ses réponses, et Aristote, tout en proclamant l'unité des hommes, maintiendra cette « différence ». Inventeurs du cosmopolitisme, les Stoïciens feront de tout homme, esclave comme Épictète ou empereur comme Marc-Aurèle, grec ou « barbare », un citoyen du monde.

Le point commun à toutes ces réponses est leur fondement éthique au sens large du terme, c'est-à-dire comprenant aussi bien l'aspect politique que juridique. Comment faut-il se rapporter à autrui selon qu'il est esclave ou libre, grec ou barbare, jamais la question n'est formulée dans sa généralité à partir des questions : qui est autrui ? Qu'est-ce que connaître autrui ? Puis-je le connaître ? Toujours saisi à l'impératif, comme enjeu de maximes et de commandements philosophiques et religieux (l'amour du prochain dans la tradition biblique), autrui ne fait point problème de connaissance par discours théoriques : ne le saisit-on pas directement dans son immédiateté : il est familier, étranger, esclave, libre, grec, barbare, hébreu ou cananéen et, chaque fois, il y a une règle pour en désigner le bon usage. Pour qu'autrui soit enfin connu, c'est-à-dire reconnu comme un autre moi-même, il faut que moi-même je devienne, en quelque sorte, étranger également à moi-même. Il faut que je me découvre pour découvrir l'autre en moi et moi dans l'autre, et ceci est l'œuvre de la pensée moderne. Pour elle, l'autre n'est pas un autre soi seulement quand il est l'ami (« L'ami est un autre soi » répète Aristote - *Éthique à Nicomaque* IX, 4, 1166 a 32 ; 9, 1169 b 7), il est tel parce que sujet, donc indépendamment des relations familiales, sociales, nationales, politiques, religieuses, etc. Mais cette découverte n'est point immédiate, elle est vraiment un résultat dont l'intelligibilité requiert celle du processus qui y conduit.

Ici la philosophie, semble-t-il, va contre le bon sens. Il vaudrait mieux dire contre le sens commun, si l'on entend par ce dernier le magasin des réponses toutes faites, adaptées (?) aux urgences de l'action : pour lui effectivement autrui est connu immédiatement et il a des formules toutes prêtes pour le qualifier selon son identité : c'est un Barbare, un Noir, un Arabe, un ouvrier, un ecclésiastique, identifications suivies de comportements stéréotypés, traduisant de la part du sujet ses adhésions inconscientes à des clichés, plutôt que la reconnaissance du problème d'autrui. Il faut pourtant aller contre ce sens commun, sous peine de vivre de manière irréfléchie et donc de subir plutôt que d'agir son existence. Donc pas de voie courte qui épargnerait le détour par une réflexion théorique, dont certains aspects peuvent bien apparaître extraordinaires, car ils le sont : ils entraînent la pensée loin de l'ordinaire, et il le faut, sinon l'ordinaire ne deviendra pas un ordre consenti car reconnu, mais restera ce qu'il était avant examen, la prison d'habitudes acceptées passivement.

Curieusement bien que la découverte d'autrui soit, si l'on peut dire, sans date, l'approche réflexive de celle-ci marque une époque : elle est moderne. Par modernité, il faut entendre très sommairement la conjonction d'éléments divers et indépendants, dont l'apparition historique obéit elle-même à des causalités plus ou moins lointaines. Ainsi il faut souligner la transformation révolutionnaire de la représentation du monde par la découverte galiléenne : le monde n'est plus ce système de sphères emboîtées les unes dans les autres dont la terre est le centre, l'enfer le point infime de ce centre, les étoiles au firmament racontant la gloire d'un Dieu visible par ses effets sensibles (*Isaïe* XL - 26 et *Psaumes* XIX - 2) ;

la cosmographie poétiquement exposée par Dante dans la *Divine Comédie* fait place à un autre livre écrit en caractères géométriques :

> « La philosophie est écrite dans ce très grand livre qui est incessamment ouvert devant nos yeux (je veux dire l'univers) ; on ne peut le comprendre sans s'être d'abord préparé à en comprendre la langue et à connaître les lettres avec lesquelles il est écrit. Il est écrit en langage mathématique et les lettres sont des triangles, des cercles et autres figures géométriques sans l'intermédiaire desquelles il est impossible à l'homme d'en saisir un mot ; sans elles cela revient à tourner en rond dans un labyrinthe obscur. »
>
> (Galileo Galilei *L'essayiste* Rome 1623, Milan 1965 p. 38)

En déroulant le livre de l'univers jusque là *enveloppé* selon les métaphores bibliques (*Isaïe* XXXIV, 4 et *Apocalypse* de Jean VI, 14) à l'aide du modèle géométrique, Galilée ne découvre pas seulement qu'au delà des étoiles il y a encore des étoiles, donc que l'univers est sinon infini (G. Bruno fut brûlé en 1600 pour l'avoir affirmé) du moins indéfini : surtout , il n'y a désormais plus d'ordre ou de hiérarchie visibles car physiques. L'espace est vide et dépourvu d'un repère privilégié, du même coup l'homme se trouve physiquement décentré et désorienté, au sens fort du terme. En même temps, sans qu'il y ait lien de cause à effet, socialement et religieusement, l'ordre correspondant à l'imaginaire féodal se fissure : la Réforme porte ses fruits et substitue à la médiation de l'Église visible et de son chef romain, le pape, vicaire terrestre du Christ, le rapport immédiat du croyant avec Dieu tel qu'il se révèle dans l'Écriture. De même encore, le droit romain avec la catégorie de personne pousse des surgeons et l'on continue à se demander si un ordre religieux, un empire ou un royaume sont des réalités qui existent par soi ou simplement par la volonté contractuelle de ses membres : auquel cas ce ne serait plus le général qui ferait l'armée qu'il commande, mais plutôt l'inverse. Tous ces fils problématiques, encore une fois, inégalement développés, d'âges et de fortunes diverses se nouent ensemble pour proposer un nouveau dispositif, permettant de situer l'homme dans l'univers, et aussi, au sein de celui-ci, de le mettre en place par rapport à son semblable.
Ces précautions ne sont pas inutiles quant on lit Descartes, fondateur moderne de la philosophie du sujet :

> « D'où je voudrais presque conclure que l'on connaît la cire par la vision des yeux, et non par la seule inspection de l'esprit, si par hasard je ne regardais d'une fenêtre des hommes qui passent dans la rue, à la vue desquels je ne manque pas de dire que je vois des hommes tout de même que je dis que je vois de la cire ; et cependant que vois-je de cette fenêtre sinon des chapeaux et des manteaux qui peuvent couvrir des spectres ou des hommes feints qui ne se remuent que par ressorts ? Mais je juge que ce sont de vrais hommes et ainsi je comprends par la seule puissance de juger, qui réside en mon esprit, ce que je croyais de mes yeux. »
>
> (*Méditations Métaphysiques* 1641, II, Pléiade p. 281)

Ne faudrait-il pas plutôt inverser la formulation et dire : « je vois des hommes », et me ravisant, je juge que ce sont des chapeaux qui se promènent : à quoi bon ce renversement inattendu ? Tout s'éclaire si l'on prend en compte le caractère théorique de la démarche cartésienne ainsi que son aspect extraordinaire. Il s'agit de trouver un fondement à la démarche scientifique ; cette quête exige « un âge avancé », un désengagement aussi complet que rare à l'égard des choses de la vie. Entreprise hors du commun praticable « une fois dans la vie ». Toutes ces expressions empruntées au premier paragraphe de la I° Méditation ne sont pas des agréments rhétoriques dont on aurait pu faire l'économie. Si l'on veut connaître avec évidence, force est de ne préjuger en rien de ce qui est évident, force est de recommencer radicalement la quête de l'évident. Aussi face aux pseudo-évidences qu'imposent l'ordinaire et le sens commun, avec leurs réponses toutes faites, il faut recourber le bâton dans l'autre sens : c'est le moyen de le redresser, comme le rappelle Descartes à Gassendi dans les *Réponses aux V° Objections.* Après avoir lu les *Méditations,* Gassendi avait élevé contre la première l'objection suivante que résume Descartes en tête de ses *Cinquièmes Réponses :*

> « Il suffisait de tenir les connaissances seulement pour incertaines et de mettre ensuite à part celles qui seraient reconnues vraies ; au lieu de les regarder toutes comme fausses, ce qui est un nouveau préjugé et de supposer des sens toujours infidèles, un Dieu trompeur, un malin génie, un sommeil perpétuel, ce qui est une fiction insoutenable. »

Descartes répond vivement à cette insupportable réduction de son ordre des raisons, au rang d'une fiction en rappelant que le rhéteur ce n'est pas lui mais bien l'autre... :

> « Et un philosophe ne serait pas plus étonné de cette supposition que de voir quelquefois une personne qui, pour redresser un bâton qui est courbé, le recourbe de l'autre part ; car il n'ignore pas que souvent on prend ainsi des choses fausses pour véritables afin d'éclaircir davantage la vérité... et qui dit que cela est « indigne de la candeur d'un philosophe et du zèle de la vérité », montre bien qu'il ne se veut pas lui-même servir de cette candeur philosophique, ni mettre en usage les raisons, mais seulement donner aux choses le fard et les couleurs de la rhétorique. »

D'où la mise en doute du sensible et donc des corps, celui d'autrui, le mien, d'où la mise en doute hyperbolique des mathématiques elles-mêmes, d'où enfin la fiction d'un malin génie « qui a employé toute son industrie à me tromper » :

> « Puisqu'il n'est pas maintenant question d'agir, mais seulement de méditer et de connaître »
> (I° *Méditation*)

L'extraordinaire de la démarche se trouve justifié. Or cette dernière débouche sur la découverte du sujet comme identique au « Je pense » : dans le « Je pense, je suis », être à la première personne du singulier et penser sont réciproques, car leur connaissance ne suppose aucune cause extérieure tout le temps que s'effectue cette pensée ou *Cogito.* On peut appeler suffisance épistémologique et ontologique cette indépendance du sujet découverte dans le *Cogito.* Elle exclut le corps : Hobbes avait cru devoir objecter à Descartes :

> « Car ce raisonnement ne me semble pas bien déduit, de dire : *je suis pensant,* donc *je suis une pensée ;* ou bien *je suis intelligent,* donc *je suis un entendement,* car de la même façon je pourrais dire : *je suis promenant,* donc *je suis une promenade.* »
> *(III° Objections 2° Objection)*[3].

C'était là ne point prendre au sérieux la démarche cartésienne et en particulier la mise hors circuit des corps frappés de doute depuis la *Première Méditation.* Dans le *Cogito,* le sujet se découvre comme pensée pure, c'est à dire pensée qui n'est pas corps et n'en dépend point. A cette pensée, il appartient de juger et non point de voir, car pour voir il faut des yeux, donc un corps, donc l'union de l'âme et du corps qui est substantielle, mais dans la II° *Méditation* on est loin du compte. Aussi, Descartes qui veut montrer que l'esprit humain « est plus aisé à connaître que le corps » (c'est le sous-titre de la II° *Méditation*), disqualifie-t-il la perception sensible, en montrant que les qualités sensibles d'un morceau de cire échauffé sont si contradictoires qu'il ne lui reste d'unité que celle, jugée, d'un fragment d'étendue géométrique et de ses modifications (figure et mouvement). Le sens commun disait avec la sensation : la cire est dure, molle, inodore, odorante, etc. ; le jugement identifie la cire géométriquement du moins quant à son essence, puisque rien n'assure qu'il existe quelque chose comme de la cire. De la même façon, (la réflexion de Descartes sur les hommes-chapeaux est introduite à la faveur d'une comparaison avec la vue de la cire) si le sujet juge correctement qu'il s'agit, non d'automates à l'apparence d'hommes, mais d'hommes véritables, c'est précisément parce qu'il n'en croit pas ses yeux : ceux-ci sont incapables de faire la différence parce qu'ils n'en ont pas les fondements : ce n'est pas leur fonction ! L'identification d'autrui repose donc sur le jugement non, comme on pouvait l'attendre, sur la preuve de simple vue qui n'en est pas une.

Descartes ne donne guère de détails sur ce jugement qui me fait conclure aux hommes distincts de chapeaux ambulants. Mais l'essentiel n'était

3. Comme on sait, les *Méditations* furent à la demande de Descartes l'objet de discussions publiques et donnèrent lieu à la rédaction d'objections par des philosophes ou théologiens célèbres, tels que Gassendi, Hobbes ou Arnauld. Descartes y répondit séparément et ces *Réponses* constituent le meilleur commentaire du texte des *Méditations* qu'elles accompagnent presque toujours dans les bonnes éditions classiques et scolaires. Ici III° *Objections* signifie l'ensemble des objections adressées par Hobbes à Descartes, la 2° étant la seconde des 15 adressées par l'illustre philosophe anglais.

point là pour lui : il voulait simplement mettre en garde contre l'apparente facilité qu'il y a à identifier autrui au simple vu de son corps : en concurrence avec celui d'un automate coiffé d'un chapeau, il n'est pas de critère sensible de sa distinction ; seul le jugement peut distinguer, non la perception[4]. C'est que le corps d'autrui, en dépit de sa massivité qui s'impose à mes sens, est tout aussi douteux que mon propre corps, du moins quant à son existence envisagée théoriquement. Il n'y aura donc pas de connaissance immédiate d'autrui puisque le seul être que je puisse connaître immédiatement, c'est par intuition mon propre être comme substance pensée, donc indépendamment de mon propre corps. La rencontre avec autrui ne pourra se faire qu'analogiquement lorsqu'en possession des termes permettant d'établir une proportion, je trouverai que ce qu'est mon âme à mon corps visible, l'âme d'autrui doit l'être à son corps. L'enchaînement peut paraître long, voire inutile, lorsqu'il s'agit d'une « évidence » aussi massive, mais cette objection est sans force, car elle repose sur la négligence de l'ordre de la connaissance, et il s'agit d'elle lorsqu'on pose la question philosophique : qu'est-ce que connaître autrui ? Si c'est un sujet qui pose la question et y répond, il ne pourra le faire qu'en sujet, et autrui apparaîtra se retirer de la périphérie de son propre corps pour signifier sa différence par cette absence, son identité devenant le produit de l'identification d'un jugement qui distingue l'homme de l'automate porteur de chapeau. Conséquence : jamais autrui n'est apparu aussi éloigné, jamais le sujet n'a été aussi solitaire, voire solipsiste[5]. Conclusion qu'il faut assortir d'une restriction : du moins du point de vue de la connaissance.

Or le solipsisme n'est pas seulement insupportable pratiquement (ce ne serait pas un argument), il est incompatible avec la constitution de la vérité qui pour Descartes constitue la téléologie des *Méditations Métaphysiques.* La vérité implique (on l'a dit ci-dessus) la présence des autres : sinon elle ne serait pas universelle. Je puis bien être certain de mon existence, cette

---

4. Du moins dans l'ordre théorique propre aux *Méditations* et qui met le sujet découvert dans le *Cogito* dans une situation sans *alter ego.* Dans l'attitude pratique un critère d'identification apparaît immédiatement à qui examine, il est vrai : le langage. Ainsi Descartes écrit-il au marquis de Newcastle le 23 novembre 1646 :

« Enfin il n'y a aucune de nos actions extérieures, qui puisse assurer ceux qui les examinent, que notre corps n'est pas seulement une machine qui se remue de soi-même, mais qu'il y a aussi en lui une âme qui a des pensées, excepté les paroles ou autres signes faits à propos des sujets qui se présentent sans se rapporter à aucune passion. »

Mais pour parler ou écouter, il faut être sûr du corps, de l'union de l'âme et du corps, et ceux-ci ne sont point encore fondés dans la Seconde Méditation.

5. Le solipsisme caractérise, dans l'ordre théorique, l'attitude du sujet vis à vis de ses représentations : traitées comme des idées, elles ne peuvent jamais se transformer en réalités ; en ce sens les représentations que le sujet a des autres ne lui délivrent pas autrui mais seulement des idées, il se retrouve donc tout seul. Descartes n'est pas menacé par le solipsisme, parce que celui-ci n'apparaît qu'au cours de l'extraordinaire machine des *Méditations ;* pratiquement, le sujet a affaire à des sujets parlants, ce qui lui donne un critère d'identification parfaitement suffisant.

certitude peut même dans le cas unique du *Cogito* devenir évidence, dans tous les autres cas, il faut qu'un autre (chez Descartes, Dieu) garantisse la vérité de ce que l'esprit perçoit clairement et distinctement. On peut sortir du contexte cartésien et alors se passer de la garantie divine, la vérité n'en implique pas moins, ne serait-ce qu'à titre d'exigence idéale, un rapport intersubjectif : il faut que sa reconnaissance s'impose à tous les sujets, ou alors elle n'est qu'une certitude subjective, sans autre garantie que l'investissement du sujet. S'en tenir là, c'est seulement croire, jamais connaître. D'ailleurs le sujet le sait bien : il revendique auprès d'autrui la reconnaissance de sa croyance comme étant vraie, donc comme n'étant pas simplement croyance. Bref, même « cantonné » à l'intérieur de sa sphère propre, une fois dépouillé par le doute méthodique de tout ce qui l'aliène et donc le fait autre ou propriété des autres, le sujet qui s'est ainsi réapproprié lui-même, découvre en lui-même l'exigence de l'autre, ne serait-ce que pour échapper au solipsisme destructeur de toute vérité. Encore s'agit-il ici de l'*ego* méditant, donc de l'*ego* dans l'extraordinaire ; au niveau pratique, cette exigence apparaît comme une évidence. Mais, remarquons-le, une exigence n'est pas une connaissance : que le sujet théorique ne puisse exclure autrui sans mettre en cause l'universalité de la vérité, que le sujet pratique ne puisse se passer d'autrui simplement parce qu'il ne peut vivre seul, n'apprend rien sur autrui. La question : qui est autrui ? reste posée et attend toujours une réponse. Attente due au fait que la problématique philosophique de l'autre se pose, rappelons-le, à partir de celle, moderne, du sujet. N'était le cas, on pourrait découvrir le caractère premier ou originaire de la réciprocité et donc l'inutilité d'une mise en cause du fondement de celle-ci : ainsi chez Aristote par exemple l'analyse du politique réduit le tout politico-social (la cité) à des liaisons « élémentaires » comme celles de la famille, communauté de communautés conjugale, paternelle, économique, etc. ; on y chercherait en vain le sujet, on n'y trouverait que des relations. La perspective moderne implique au contraire la reconstruction de ces liaisons considérées par les anciens comme immédiates : le point de départ en est le sujet, et il doit rester tel, quelles que soient les relations dans lesquelles il s'engage avec autrui, son semblable, et il faut qu'il en aille de même pour autrui. En un sens, il s'agit bien de découvrir une structure réciproque entre les sujets, mais au lieu de la découvrir, ce qui suppose qu'elle est déjà là, qu'elle a toujours été là, il faut la constituer car elle est un résultat, la conséquence d'un procès, non une constatation immédiate. Donc le problème d'autrui pour le sujet est moins celui de sa connaissance que celui de sa reconnaissance.

2. La reconnaissance d'autrui

a. L'approche affective : Rousseau et la pitié

Les enjeux de celle-ci sont à la fois théoriques et pratiques : il s'agit d'assurer le passage de la certitude subjective à l'évidence objective, donc à la vérité et en même temps la réciprocité des consciences, cette double opération permettant à la conscience de soi de sortir de son solipsisme et de connaître autrui en se reconnaissant en lui. Mais il faut différencier la reconnaissance de toute approche affective d'autrui comme par exemple celle de la pitié telle que Rousseau la définit dans le *Discours sur l'Origine de l'inégalité* (1754) : cette identification de l'autre souffrant opère sans aucune espèce de réflexion ou de raisonnement ; elle en précède même l'apparition et l'usage, aussi qualifie-t-elle plutôt l'homme sauvage que l'homme civil :

> « Quand il serait vrai que la commisération ne serait qu'un sentiment qui nous met à la place de celui qui souffre, sentiment obscur et vif dans l'homme sauvage, développé mais faible dans l'homme Civil, qu'importerait cette idée à la vérité de ce que je dis sinon de lui donner plus de force. En vérité, la commisération sera d'autant plus énergique que l'animal Spectateur s'identifiera plus intimement avec l'animal souffrant : or il est évident que cette identification a dû être infiniment plus étroite dans l'état de nature que dans l'état de raisonnement... »
> (*Discours* 1° Partie)

Cette connaissance affective de l'autre ne mérite pas le nom de reconnaissance parce qu'elle ne saisit pas en l'autre un sujet, pas plus qu'elle ne suppose de la part de celui qui éprouve la pitié, la conscience de lui-même comme étant un sujet. Aucune contradiction sur ce point chez Rousseau : la pitié est « un sentiment naturel », elle précède donc la constitution de la société et l'apparition de sujets qui en est contemporaine. Il s'agit tout au plus d'une conscience d'autrui, non d'une connaissance au sens rigoureux du terme, en particulier philosophique. Rousseau le précise bien dans la suite du texte :

> « C'est la raison qui engendre l'amour-propre, et c'est la réflexion qui le fortifie. C'est elle qui replie l'homme sur lui-même ; c'est elle qui le sépare de tout ce qui le gêne et l'afflige : c'est la Philosophie qui l'isole. »

La pointe est dirigée contre Hobbes qui faisait de l'homme un loup pour l'homme, mais aussi bien contre toute approche philosophique de la connaissance d'autrui par la réflexion : celle-ci étouffe la voix de la nature, qui parle à la « canaille, aux femmes des halles, qui séparent les combattants et empêchent les honnêtes gens de s'entr'égorger ». Donc au regard de notre problématique réflexive, philosophique, faut-il installer l'un en face de l'autre des sujets réfléchissants. Avec la réflexion apparaît la médiation, là où l'homme « naturel » ou « sauvage » de Rousseau vivait le rapport à autrui de manière immédiate sous la forme d'un sentiment, « pur mouvement de la Nature antérieur à toute réflexion ». La réflexion est médiation en un double sens : elle n'est pas le seul retour sur soi du sujet, c'est-à-dire la conscience de soi solitaire saisie immédiatement dans une intuition dont le *Cogito* cartésien est l'exemple canonique ; le sujet revient bien sur lui-même ou à lui-même, mais parce qu'il réfléchit son rapport à autrui par le moyen de l'autre, dans une situation qui n'est point l'extraordinaire de la méditation cartésienne, mais l'urgence d'une expérience pratique : celle d'une confrontation et d'un affrontement.

b. L'approche polémique : Hobbes

On trouvera quelque chose de forcé dans la transformation du rapport intersubjectif en une situation polémique, au sens propre du terme, combattante : n'est-ce pas préjuger de cette rencontre initiale en l'interprétant dans le sens le plus pessimiste ? Pourquoi ne pas supposer le contraire et envisager des rapports d'abord bienveillants ? C'est le reproche que fait Montesquieu à Hobbes :

> « Le désir que Hobbes donne d'abord aux hommes de se subjuguer les uns les autres n'est pas raisonnable. L'idée de l'empire et de la domination est si composée et dépend de tant d'autres idées que ce ne serait pas celle qu'il aurait eue d'abord. »
> (*Esprit des Lois* 1748, L. LI., c.3.)

Pourquoi en effet supposer l'empire de la crainte et non pas de paisibles relations, parfois troublées mais pas toujours ? N'est-ce pas imposer partout le despotisme, dont le principe est la crainte, et l'instituer dans les commencements alors qu'il est un résultat déterminé ? Montesquieu a raison de son point de vue qui exclut une genèse des relations intersubjectives, puisqu'il y a toujours eu des rapports primitifs d'équité, fondements de la vie sociale ; le destin historique et géographique de celle-ci se matérialise dans l'un des trois régimes[6], le despotisme n'étant que l'un d'eux.

6. Montesquieu distingue dans l'*Esprit des Lois* (1748) trois gouvernements (la démocratie, la monarchie ou régime tempéré, le despotisme) fonction de trois principes, respectivement, la vertu, l'honneur et la crainte. A noter que le despotisme (généralement localisé en Orient et en Extrême-Orient) pèse sur le régime tempéré comme son destin. Le despotisme menace en effet le régime tempéré qui n'en est pas garanti par essence : même l'Angleterre, modèle par excellence aux yeux de Montesquieu, pourrait sombrer dans le despotisme, mais ce n'est pas une nécessité. Montesquieu veut seulement souligner le fait que le despotisme est comme l'ombre qui accompagne le régime tempéré : la Perse n'est pas aussi éloignée qu'on pourrait le croire de Paris, et le despotisme que révèle la correspondance des Persans à Paris pourrait bien un jour être le lot des Parisiens, s'ils n'y prennent garde et ne veillent point au maintien des corps intermédiaires, condition d'existence du caractère tempéré du système politique français, car il n'y a pas que le climat qui puisse arrêter le pouvoir, il faut que « le pouvoir arrête le pouvoir », ce que peut seul le régime tempéré, c'est à dire le pouvoir partagé.

Mais tel n'est pas le problème de Hobbes : il part non de rapports préconstitués, mais de l'état antérieur à l'établissement de tous rapports, de manière à faire apparaître à l'état de pureté ce qui se passe lorsque des sujets, non encore assujettis par des obligations, se rencontrent. On ne pourra même pas lui reprocher l'argument de la faiblesse de l'enfance, les soins qu'elle requiert et aussi, le sentiment de bienveillance naturelle : il a prévenu l'objection :

> « Afin que je prenne mon raisonnement du plus haut que je pourrai, il faut que nous rebroussions vers le premier état de nature et que nous considérions les hommes comme s'ils étaient sortis tout à coup de terre, ainsi que des potirons. De cette façon, ils n'auront aucune obligation les uns aux autres... »
> (*Le Citoyen* C. VIII, GF p 180)

Le « comme si » souligne le caractère hypothétique du dispositif hobbien : l'état de nature n'existe pas au commencement, comme dans ces mythologies où l'on voit naître des dents du dragon semées par Kadmos des hommes tout armés qui s'entredétruisent ; on le trouverait chez les « sauvages » d'Amérique :

> « On peut penser qu'il n'y eut jamais une telle époque ni un tel état de guerre ; et je crois qu'il ne fut jamais ainsi généralement par le monde entier : mais il y a nombre d'endroits où l'on vit de cette manière. Car les sauvages, en nombre d'endroits en Amérique, ne connaissent pas de gouvernement du tout, à l'exception de celui des familles restreintes où la concorde dépend de l'inclination naturelle. »
> (*Léviathan* P. I, c.13, Londres 1965 p. 65 ; trad. fr. Paris 1971 p. 125)

Comment dans ces conditions prêter foi à une fiction aussi exagérée ? Deux expériences effectives lui donnent consistance : l'ordinaire de la vie quotidienne dans l'état politique et l'extraordinaire de la guerre civile. Que dans cette dernière les obligations réciproques se dissolvent au profit de luttes fratricides est évident : observateur des événements de 1640 et de la décapitation légale de Charles I (= légitimation d'un régicide sous Cromwell), le philosophe anglais le constate. Mais il y a plus, certaines de nos habitudes quotidiennes obligent à réfléchir sur la véritable nature de nos rapports avec autrui, surtout quand il s'agit de nos proches, ceux pour lesquels nous devrions éprouver une bienveillance payée de retour :

> « Celui qui n'a pas bien pesé ces matières peut trouver bizarre que la Nature puisse ainsi dissocier les hommes, les pousser à s'attaquer et à se détruire réciproquement : aussi, défiant en cette inférence tirée de nos passions, peut-il désirer peut être sa confirmation par l'expérience. Qu'il y réfléchisse lui-même quand se mettant en route pour un voyage, il s'arme et cherche à être bien accompagné ; quand allant se coucher, il ferme ses portes ; quand même chez lui, il boucle ses coffres, et ceci alors qu'il connaît l'existence de lois, de fonctionnaires publics en armes qui vengeront tous les dommages qu'on lui causera. Quelle opinion a-t-il de ses compatrio-

> tes quand il chevauche en armes, de ses concitoyens en fermant ses portes, et de ses enfants et de ses serviteurs en bouclant ses coffres ? N'accuse-t-il pas beaucoup plus l'humanité que je ne le fais par mes paroles ? »
> *(Ibidem)*

L'exigence de sécurité qui apparaît dans le comportement quotidien de l'homme en société se traduit par la défiance envers l'autre, traité comme un ennemi potentiel qu'il s'agisse de l'étranger en voyage ou du proche familier ! Les bons sentiments n'y feront rien, le rapport avec autrui, ramené hypothétiquement à sa structure originaire, tourne nécessairement à la confrontation poussée jusqu'au bout : la guerre.
Cette dernière n'est pas, dans les limites de l'hypothèse, un accident malheureux, provisoire, mais un état permanent. Que si on le nie, on est obligé d'introduire des rapports primitifs d'équité (Montesquieu) ou une prédominance de la raison (Locke) : elles supposent que la loi naturelle a toujours existé et qu'elle a toujours réglé les rapports intersubjectifs, mais par là-même on contredit à l'expérience de la guerre civile, combinée avec les implications de la recherche de la sécurité. Rousseau a très bien saisi les termes du problème en combinant le dispositif hobbien et celui de la bienveillance naturelle : de celle-ci, sentiment immédiat et irréfléchi manifesté dans la pitié, il fait l'attribut d'un état de pure nature, moment initial, ou tout au moins originaire, d'un procès dont l'état de guerre est le dernier. Il n'oppose donc pas une nature bienveillante et raisonnable à l'empire de la crainte et de la violence comme deux images contradictoires de l'état de nature, mais introduisant la succession dans celui-ci, il les ordonne selon une temporalité irréversible qui trouve son terme naturel dans l'état de guerre généralisé. Comme Hobbes donc, mais d'une manière entièrement renouvelée, Rousseau met en valeur la signification polémique prise par le rapport réciproque des consciences de soi.
Pourquoi le fait d'être sujet conduit-il à la lutte à mort dès qu'il lui arrive d'être en présence d'autrui, son semblable ? Ou encore pourquoi la subjectivité dont on a reconnu avec Descartes, l'indépendance (elle est suffisante comme substance-pensée) ne peut-elle se rapporter à l'autre que de manière négative ? Sans doute par le fait que les consciences de soi, affrontées dans l'état de nature, sont en rapport d'émulation les unes avec les autres, chacune voulant se faire reconnaître de l'autre, non point comme son autre mais comme absolument indépendante par rapport à elle. Or cette revendication est aussi bien celle de la maîtrise sur l'autre ou la volonté d'asservir l'autre. Il s'agit là moins d'un projet conscient et historique que d'une manière de rendre compte des liens d'assujettissement et de servitude que nouent entre eux les sujets, saisis dans l'état de fait qui précède la fondation des rapports de droits. « L'homme est né libre, et partout il est dans les fers » écrit Rousseau dans le *Contrat social* (L.I., c.1). Ce fait de la servitude universalisée doit être expliqué. Il tient essentiellement à l'instabilité propre à l'état de nature : celui-ci n'est pas

fait pour durer, qu'il existe fictivement ou réellement, mais pour rendre nécessaire l'état de société. Les causes de son instabilité varient selon les auteurs : ici c'est une émulation psychologique poussée jusqu'à la violence généralisée, là celle-ci s'appuie, à un certain stade de développement, sur l'appropriation, donc sur la distinction du mien et du tien ; Hobbes ou Rousseau convergent dans la mise en évidence d'une situation d'antagonisme universel, sans issue, et dont la cause est la liberté naturellement sans limites. Sans issue, sinon la guerre de tous contre tous (Hobbes) ou encore le Despotisme avec lequel triomphe également la loi du plus fort (Rousseau). Cette mise en évidence d'une situation antagoniste généralisée, hypothétique ou historique, fait apparaître la nécessité de considérer, en autrui, comme en la conscience de soi qui se rapporte à lui, non seulement un sujet indépendant, ce qu'il est de nature (de manière instable et toujours fragile) mais un sujet de droit. Autrui n'est pas seulement celui dont je juge que c'est un homme et non un automate coiffé d'un chapeau, ce n'est pas le rival dont il faut me défaire dès que je m'abandonne à un état de nature, retrouvé dans la guerre civile ou toute autre situation de violence, autrui est « également » un sujet de droit et c'est par là seulement que peut s'établir la relation stable de réciprocité aussi indispensable à sa constitution qu'à la mienne.

c. Du sujet de droit à la personne universelle

L'expression de sujet de droit est équivoque en raison du double sens du mot sujet lui-même : il évoque aussi bien une sorte de servitude (celle de l'assujettissement) que l'indépendance totale (par exemple celle de la subjectivité cartésienne). Dans ces conditions « être sujet de droit » signifie aussi bien être assujetti au droit qu'être source de droit. Curieusement donc, la même expression peut donc désigner l'exclusion du deuxième sens au nom du droit lui-même : il s'agit non seulement des incapables juridiquement (les aliénés, les mineurs, etc.), mais des esclaves. Ceux-ci posent un véritable problème : on peut justifier facilement l'incapacité juridique comme un statut provisoire (l'enfant deviendra majeur ; l'aliéné peut retrouver la raison, etc) dû à une situation de fragilité ou de faiblesse ; mais que peut-on dire de l'esclave ? Son incapacité permanente (en dépit de la présence chez lui de tous les caractères permettant de définir la capacité) force à s'interroger sur les limites de la réciprocité dans les rapports de la conscience de soi avec une autre conscience de soi. Il ne s'agit pas de se demander si l'esclavage est possible, puisqu'il est réel, encore moins de lui trouver des justifications (on en trouve toujours même si elles sont, comme le constatait Aristote au Livre I de la *Politique,* contradictoires), il faut seulement tirer de ce fait de la servitude les leçons qui permettront de préciser le sens univoque à donner à l'expression sujet de droit dans la reconnaissance d'autrui comme tel.
Une telle problématique est, on s'en doute, moderne, car elle repose non

seulement sur la catégorie de sujet, mais aussi sur la thèse de l'universalisation du droit, étendu à tous les sujets. La critique de l'esclavage antique, ou de sa variante féodale, le servage, est ici essentielle à tous les philosophes, de Hobbes à Rousseau, et elle introduit une idée nouvelle inconnue des Anciens : l'égalité des sujets de droit entendue universellement. Il s'agit d'une égalité juridique, non d'une égalité physique ou matérielle : l'égalité physique n'a aucune espèce de sens, quant à l'égalité matérielle, elle renvoie à un type de distribution déterminé du rapport des personnes et des biens, qui n'a aucun rapport direct avec l'égalité des sujets de droit entre eux (l'égalité matérielle par l'abolition de la propriété privée peut très bien se conjuguer avec la négation de l'égalité juridique des sujets de droit). L'affirmation de l'égalité universalisée des sujets de droit signifie que la conscience de soi ne peut être elle-même que si elle l'est pour une autre conscience de soi, donc que si elle est reconnue, mais à la condition que cette relation ne soit point unilatérale, donc inégale, mais réciproque et donc égale.
Cette thèse n'est pas une revendication, même si elle a pu en prendre l'allure au cours de l'histoire. Elle ne saurait non plus s'appuyer sur la simple mise en évidence des contradictions que manifeste la légitimation « juridique » de la servitude : Rousseau a montré que l'aliénation de sa liberté par un homme ne peut ressortir au droit, puisque

> « Renoncer à sa liberté, c'est renoncer à sa qualité d'homme, aux droits de l'humanité et même à ses devoirs. Il n'y a nul dédommagement possible pour quiconque renonce à tout. Une telle renonciation est incompatible avec la nature de l'homme. »
> (*Contrat Social* L. I, C. 4)

Il est préférable de s'installer au cœur même de la relation d'inégalité des consciences de soi pour faire apparaître que le destin de ce rapport conduit à la reconnaissance réciproque par l'inversion ou le renversement de la situation originaire. Le maître est-il vraiment le maître, n'est-il pas aussi bien le serviteur de son serviteur tout comme celui-ci est le maître de son maître ? Le théâtre du XVIIIe siècle français, *Jacques le fataliste* de Diderot surtout, ont donné des images littéraires de cettte problématique, et Hegel en a produit le concept dans la *Phénoménologie de l'Esprit* (1807) : on y trouve un chapitre intitulé *Indépendance et dépendance, maîtrise et servitude.*
On est souvent tenté de l'appeler « dialectique du maître et de l'esclave ». Ce label est impropre parce qu'il donne à penser qu'Hegel ne saisit pas le problème de la réciprocité des consciences de soi dans toute son extension, mais sous les espèces historiques délimitées du seul esclavage antique : celui-ci est bien compris comme servitude, mais n'épuise pas la question. D'autre part l'exposé hégélien n'est pas historique : il prétend présenter de l'intérieur la relation de conscience de soi en rapport réciproque ; qu'il rencontre des situations historiques va de soi mais n'est pas essentiel.

> « La conscience de soi est *en* soi et *pour* soi, quand et parce qu'elle est en et pour soi pour une autre conscience de soi, c'est-à-dire elle n'est qu'en tant qu'être reconnu. »
> (*Op, cit.* Hambourg 1952 p. 141 ; trad. fr. T. 1, p. 155)

La conscience de soi ne peut en effet être telle pour elle-même du fait de sa propre auto-affirmation : elle serait certaine d'être ce qu'elle est, mais cette certitude, seulement subjective, ne pourrait se transformer en vérité, même pour elle, car la vérité implique l'universalité. Pour sortir de cet isolement, il faut donc une autre conscience de soi. Le véritable point de départ n'est donc pas le Soi singulier et solitaire, ou plutôt il n'est tel qu'abstraitement ; tout commence en fait par la relation des deux consciences de soi et leur exigence de reconnaissance réciproque :

> « L'autre est aussi une conscience de soi ; un individu se présente en face d'un individu ».
> (*ibid.* p. 143 ; trad. p. 158)

Comme dans l'état de nature de Hobbes, ce surgissement doit prendre une allure agonistique ou polémique : il y a bien exigence de reconnaissance réciproque, mais elle est formulée unilatéralement : l'un exige que l'autre le reconnaisse et ce dernier aussi, mais chacun ne fait que la moitié de l'opération, qui reste des deux côtés unilatérale et a la réciprocité du duel. Vouloir être reconnu, c'est vouloir être libre ou se maintenir comme libre (indépendance du sujet) tout en exigeant de l'autre qu'il reconnaisse cette indépendance, ce qu'il ne peut faire qu'en risquant la sienne propre, donc en mettant sa vie en jeu : la vie en effet est plutôt la dépendance comme le montre l'existence des animaux; ils vivent mais leur vie n'est pas pour eux. La mise en jeu de sa propre vie par l'individu, c'est-à-dire le risque de la mort, l'arrache à l'animalité et à la sphère des besoins purement biologiques pour l'exalter comme liberté pure. La liberté ou la mort, tel est le « choix » imposé par la reconnaissance. Plus exactement, la liberté ou la vie, qui est simple vie biologique, vie naturelle, choix de la vie aux dépens de la liberté.
Il n'est pas d'autre issue en effet. Si les deux consciences de soi s'affrontaient dans une lutte à mort, alors ou bien elles succomberaient toutes les deux ou bien une seule survivrait. Mais dans un cas comme dans l'autre, la liberté serait éphémère, aussitôt perdue dès que trouvée : anéanties les deux consciences de soi, ou survivante l'une d'elles seulement, quelle place pour la reconnaissance ? D'un autre côté, il n'est pas question d'introduire un règlement juridique par accord des deux parties, puisque celui-ci suppose résolu le problème au lieu de l'expliquer.
L'accord juridique suppose en effet l'existence du droit ; or, par définition la dialectique de la lutte pour la reconnaissance a pour présupposition l'inexistence des rapports juridiques, c'est même son mouvement, dû à l'impossibilité de se maintenir dans une lutte perpétuelle, qui conduit à l'établissement de ces rapports. D'où la nécessité de définir une sorte de relation instable, dont le caractère abstrait et inégalitaire conduira à

une situation favorable à la constitution d'une sphère authentiquement juridique et fondée sur la reconnaissance universelle. Aussi Hegel donne-t-il cette précision capitale :

> « L'individu qui n'a pas osé mettre en jeu sa vie peut bien être reconnu à titre de *personne*, il n'a pourtant pas atteint la vérité de cet être reconnu comme conscience de soi indépendante. »
>
> (*ibid.* p. 144 ; trad. p. 159)

Le droit, et, en particulier, le droit romain, ne mettent pas en scène la liberté effective, c'est-à-dire l'indépendance par rapport à la vie, ou l'existence pour soi, mais la volonté abstraite du propriétaire par rapport aux choses (celle de la personne et des biens dans le *Contrat social* de Rousseau). Ici, au contraire, la pensée n'est pas dans le « pré-droit » ni dans le droit, mais dans le mouvement réel de la constitution du rapport de la conscience de soi à l'autre conscience de soi : il pourra bien prendre telle ou telle forme juridique, mais il en est indépendant. Écarté le règlement juridique du pacte ou de la convention, reste une seule solution : les deux consciences de soi doivent continuer de vivre, mais l'une le fait comme conscience de soi, l'autre comme conscience de soi annulée dans sa prétention à l'indépendance absolue ; l'une est et reste au-dessus de la vie, l'autre renonce à cette supériorité pour se maintenir en vie. L'une domine, l'autre sert, car l'une s'est soumis sa propre vie et celle de l'autre, mais ce dernier, lui, s'est soumis à sa vie.
La servitude et la maîtrise n'est pas une relation à deux termes mais à trois : il y a le maître, le serviteur et ce que Hegel appelle la choséité *(Die Dingheit).* Pour s'être élevée au dessus de la vie naturelle (sphère des besoins), la conscience de soi dominante (= le Maître) n'en continue pas moins à vivre, mais la satisfaction des exigences vitales n'est plus immédiate, mais médiate : elle consomme les produits spécifiques de l'activité servile, les œuvres du travail du serviteur et par là maintient sa situation exaltée au dessus de la vie simplement naturelle. Du même coup elle se rapporte au serviteur mais médiatement, car par l'intermédiaire de la chose travaillée qu'elle consomme. De son côté, la conscience servile (on ne peut dire la conscience de soi, puisque sa servilité est le signe de l'annulation de son soi) se rapporte elle aussi négativement à la chose, puisqu'elle est obligée de travailler en accomplissant le service : travailler, c'est pour elle ne pas consommer la chose, inhiber la satisfaction immédiate de son désir dans la consommation pour transformer l'aspect naturel de la chose (c'est une œuvre) et par là même se transformer elle-même ; dans les termes de Hegel :

> « Le travail est au contraire désir *inhibé*, disparition différée, ou encore il cultive. »
>
> (*Ibidem* p. 149 ; trad. p. 165)

C'est la différence dans le rapport à la chose qui est ici décisive : de lui dépend le destin ou le devenir du rapport des consciences de soi dans la reconnaissance.

Du côté de la conscience dominante, on pourrait aussi bien dire du non-rapport, car le maître est bien conscience de soi en tant qu'il est reconnu par la conscience servile, mais comme il ne reconnaît point en celle-ci la conscience de soi, qu'elle n'est d'ailleurs pas, puisqu'elle en est la forme supprimée et conservée, la reconnaissance est unilatérale et, en ce sens, la conscience de soi dominante reste certaine d'elle-même sans parvenir à la vérité escomptée, faute de réciprocité : le serviteur n'est pas son autre, il est chose parmi les choses, puisqu'il s'est mis du côté de la chose et de la vie ; il offre au maître les produits de son travail pour que celui-ci en jouisse, dans une oisiveté qui le condamne à l'immobilité de l'acte contemplatif. Pourtant, la situation n'est pas symétrique : le rapport de la conscience servile à la chose est en effet la clef qui ouvre un avenir à la relation sans cela figée. Le travail en effet, en formant la chose, donne à la conscience servile les moyens d'objectiver ce qu'elle est, et donc, de se faire reconnaître par tous, l'œuvre témoignant objectivement de l'ouvrier. En ce sens le travail, signe de la servilité, se renverse en devenant le moyen de la reconnaissance universelle, puisque chacun peut lire, dans ses œuvres, ce qu'est l'autre et lui peut en faire autant.
Par là, Hegel peut fonder la réciprocité de moi et autrui comme sujets de droit, en donnant au sujet un autre sens que celui d'assujetti au droit. Ce dernier peut bien exister avant l'universalisation du travail et donc tant qu'il y a effectivement des esclaves ou des serfs : la personne du droit romain en est un bon exemple, mais, on le sait, la personne n'est pas une conscience de soi, elle est seulement la volonté abstraite du propriétaire *(dominus)* dont la *domus* comprend, entre autres *res,* les esclaves. En ce sens le droit romain est bien un droit, mais seulement abstrait, car il exclut le point de vue de l'universalisation des sujets de droit, fondement de la société moderne. Un droit dans lequel des consciences de soi ne sont pas saisies comme telles, donc dans lequel il y a seulement réciprocité restreinte, distingue les sujets de droit en assujettis incapables et subjectivités indépendantes : aux unes le droit, aux autres en un certain sens le non-droit. En ce cas le droit ne fait que sanctionner la relation unilatérale et donc instable des consciences de soi : il fait droit à certains, mais violence à d'autres, portant la contradiction en son propre sein. Pour que cette situation prenne fin, il faut que le sujet, tout sujet, soit reconnu comme personne universelle, l'adjectif corrigeant l'abstraction du substantif et renvoyant à cette forme objective que la conscience de soi s'assure par son travail : les œuvres de la culture. Hegel écrit en effet

> « Il appartient à la culture, à la *pensée* comme conscience que l'individu prend sous la forme de l'universel, que je sois saisi comme personne *universelle :* en celle-ci *tous* sont identiques. *L'homme a cette valeur parce qu'il est homme,* non parce qu'il est juif, catholique, protestant, allemand, italien, etc. »
>
> (*Principes fondamentaux de la philosophie du droit* (1821), § 209. Francfort 1972, p. 185 ; trad. fr. Paris 1975, p. 230)

Comme personne universelle autrui est enfin reconnu dans ce qui permet à la conscience de soi de l'identifier à elle-même comme étant son autre, par delà les différences religieuses (juif, catholique, protestant) ou nationales (allemand, italien), (ce qui ne manque pas de piquant sous la plume d'un philosophe allemand réfléchissant la situation de son pays au lendemain du Congrès de Vienne).

Hors le retour régressif à la situation d'unilatéralité antérieure au triomphe de la personne universelle, donc à la violence juridiquement consacrée de l'inégalité des personnes, il n'est pas d'autre approche d'autrui que la réciprocité dans la reconnaissance.

Un danger se présente immédiatement, et qui semble menacer les conditions mêmes de la solution proposée : affirmer que la conscience de soi ne trouve vérité et consistance que dans la reconnaissance de l'autre conscience de soi comme personne universelle, n'est-ce pas aussi bien soumettre l'autre et moi-même, dans le même mouvement, à la domination universelle ? Valoir comme personne, c'est-à-dire comme homme, ne se paye-t-il pas de l'effacement de toutes les différences (religieuses, nationales) etc. ? Or la conscience de soi se voulait reconnue comme étant elle-même, tout comme l'autre conscience de soi : à présent ce n'est plus elles qui se reconnaissent réciproquement, mais une espèce d'universel (« la pensée comme conscience que l'individu prend sous la forme de l'universel » disait-on) prend en elles leur place et assure leur identité. Ne faudrait-il pas plutôt dire exactement le contraire et démasquer dans l'universalité de la personne abstraite la perte de l'identité ? Être personne universelle, c'est en effet autant de fois ne pas être soi que le soi a de différences. Le rejet de celles-ci est en fait de l'assimilation pure et simple, et donc le triomphe de l'abstraction : vouloir ramener, mieux, réduire, à un dénominateur commun, des différences n'est possible qu'arithmétiquement, précisément parce que les nombres ne qualifient pas des choses concrètes, chacun devant connaître l'absurdité qu'il y a à additionner deux chèvres et un aubépin verdissant, même si on les trouve côte à côte dans une pâture. Cesser d'être juif, catholique, protestant, allemand ou italien, n'est-ce pas devenir « personne »... mais cette fois en un sens qui n'a rien de juridique ? Il n'existe point de personne universelle, mais tout au contraire des Juifs, des catholiques, des protestants, des Italiens, des Allemands qui n'ont, semble-t-il, rien à gagner dans l'assimilation, si ce n'est la perte de leur nom.

Ce procès mérite d'être fait à ceux qui veulent effectivement effacer les différences au profit d'une identité abstraite : l'homme, le sujet, la classe, la race, etc. C'est le cas des totalitarismes fascistes ou marxistes : la société « sans classes », le « peuple » ou « l'empire » reposent sur une violence assimilatrice dont l'effet est l'uniformisation des pensées et de la culture, par la promotion d'orthodoxies pseudo-scientifiques auxquelles État et police donnent vigueur de science. Mais ce n'est point là reproches que l'on puisse faire à Hegel : il terminait ainsi le texte cité :

« Cette conscience pour laquelle la *pensée* a une valeur, est d'une importance infinie; elle ne présente des défauts que si elle se fige en cosmopolitisme pour s'opposer à la vie politique concrète. »
(Ibidem)

L'idée de cosmopolitisme remonte aux Stoïciens, mais les philosophes du XVIIIe et en particulier Kant (cf. *Idée d'une histoire universelle considérée d'un point de vue cosmopolite,* 1784) en faisaient un grand usage : l'histoire se voit assigner la tâche de réalisation d'une société civile administrant le droit de façon universelle ; ce problème de la réalisation d'une constitution parfaite est certes traité de manière programmatique, mais la possibilité de son effectuation finale n'est pas écartée. Hegel n'ignore pas bien sûr la distinction du possible et du réel, il l'enrichit même en remarquant qu'il y a possibilité réelle et possibilité irréelle. Tout possible peut se réaliser et même peut avoir fait l'objet d'une telle réalisation. Mais le réel à ses yeux, c'est ce qui est historiquement concret. Ce dernier terme, si galvaudé aujourd'hui, a le sens du rassemblement en une constellation, individualisée par le temps tout autant que par ses facteurs de déterminations diverses, qui exprime le caractère dominant de tel ou tel « facteur » par rapport aux autres et confère ainsi à cet assemblage une coloration particulière. Ainsi l'empire romain est-il concrètement marqué par la domination des rapports juridiques de personne à personne qui investissent tous les autres aspects de sa réalité (religieuse, politique, économique, etc.) : l'empereur n'est que le premier terme d'un rapport de personnes, et entre celles-ci se nouent des relations privées, là où, au contraire, la cité grecque manifestait la domination du caractère public des rapports inter-humains par ses assemblées, son organisation, etc. La cité grecque, l'empire romain sont concrets en ce sens qu'ils rassemblent (dans concret il y a *cum* = avec) des déterminations politiques, sociales, etc. de manière originale (la comparaison fait apparaître des différences), mais aussi de cet autre point de vue : le concret a été à un moment effectivement réel avant de se trouver, du fait du développement historique, périmé et donc en un langage plus savant, abstrait par rapport à la nouveauté du nouveau concret. N'en déplaise aux poètes, la cité grecque et sa mise-au-milieu de tous les problèmes politiques est disparue à jamais, et elle ne peut survivre que dans l'abstraction de la mémoire des hommes, tout comme l'Ancien Régime avec le privilège féodal, rendus, eux aussi, abstraits par le triomphe de l'universalisation des rapports juridiques introduits par la Révolution française. Il faut donc distinguer entre ce qui est ou semble être, mais en fait se trouve en train de périr, et ce qui n'est pas encore, mais tel la feuille, est sur le point de s'épanouir à partir du bourgeon éclaté : en dépit de son être, le premier est abstrait, malgré son être au futur, le second est concret.
La dure loi du devenir, unité toujours en mouvement du non-être et de l'être, s'applique au concret : celui-ci n'est pas, comme on le croit volontiers, de l'ordre de la chose par opposition à l'abstraction de la pensée,

car la chose est sans devenir, déjà morte; la pensée peut bien devenir réelle et donc perdre sa prétendue abstraction dans la réalisation (telles étaient les pensées de Napoléon Bonaparte : concrètes avant que d'être) ; le concret est un moment du devenir, celui où la possibilité devient réalité avant que cette dernière, à son tour emportée par le développement historique, n'advienne à la forme abstraite d'un souvenir historique, objet de regrets, d'admiration ou de tout autre sentiment que l'on voudra, mais en tous cas déréalisée pour l'éternité.
Philosophe du concret

> (« Saisir par le concept *ce qui est,* voilà la tâche de la philosophie, car *ce qui est,* c'est la raison ; pour l'individu, il est absolument *le fils de son temps,* de même la philosophie est également *son* temps *saisi en pensées.* »
> (Préface de la *Philosophie du droit* p. 12 ; p. 57)

Hegel rejette le cosmopolitisme comme manifestation d'une abstraction programmatique : la philosophie ne peut ni ne doit *(Ibidem)* « enjamber l'époque contemporaine », et la *République,* de Platon n'est ni une utopie, comme on le croit parfois, ni l'Idée d'une cité juste, comme l'affirme Kant dans la *Critique de la Raison pure,* mais

> « la présentation de la moralité objective *(die Sittlichkeit)* substantielle dans sa *beauté et vérité* idéales ».
> (*Ibidem* § 185).

Or ce qui est, ce sont des États ou, plus exactement, puisque le mot français comporte une certaine restriction (il évoque l'appareil d'État), des organisations politiques individualisées et par le temps et par l'espace, qui sont les manifestations spécifiques de la vie des peuples. Il faut donc prendre en charge l'organisation politique individualisée, si l'on veut comprendre la critique de l'abstraction du cosmopolitisme, mais aussi celle que l'on avait cru un moment pouvoir déceler, sous l'affirmation de la personne universelle comme valeur humaine transcendant les particularismes religieux et nationaux, et permettant la reconnaissance réciproque. La situation de ce concept de personne universelle dans le contexte hégélien permet d'ailleurs de lever le fameux reproche d'abstraction et d'assimilation. Il apparaît en effet dans une section d'un exposé consacré à la *Société civile,* c'est à dire à la sphère de la satisfaction des besoins par la médiation du travail. Or l'examen de cette sphère, au lieu de rendre possible le triomphe de l'abstraction par l'identification (par exemple, tous sont des travailleurs) fonde la nécessité d'une stratification sociale, au niveau même de l'activité économique. Par suite, reconnaître juridiquement dans cette sphère la personne universelle, ce n'est pas faire abstraction de toutes ses particularités, et donc de son identité, c'est au contraire ajouter une particularité supplémentaire : par sa culture, et « le travail cultive », l'homme s'assure une identité propre, non celle du travailleur en général (c'est une abstraction), mais la sienne si l'on peut dire, puisqu'il voit son individualité reconnue ; les catégories plus générales comme celles de la religion ou des nations apparaissent, à leur tour, comme des généralités par rapport à cette identification qui reconnaît l'individu selon sa culture propre. Ceci ne signifie pas qu'Hegel rejette les déterminations religieuses ou nationales, mais qu'il les situe à un autre niveau : elles ont leur valeur au niveau de l'État, qui est toujours la manifestation individualisée de la liberté d'un peuple : politiquement, la personne universelle appartient à une communauté où ces catégories retrouvent leur efficace et leur légitimité. Mais l'essentiel est ailleurs : la réciprocité des consciences de soi est assurée par la reconnaissance multilatérale de la personne universelle, c'est-à-dire de la culture et de la pensée universelle propre à chacun, c'est-à-dire aussi bien individualisées. C'est son faire, non son être, qui fait d'autrui l'autre soi reconnu par la conscience de soi, car le faire est aussi bien la manifestation extérieure, objective et donc vraie de ce qu'il est, pour lui comme pour les autres.

Conclusion : par-delà droit et morale, vers le concret

Autrui n'est pas ce chapeau ambulant dont je juge que c'est un homme; il n'est pas non plus celui qui me contraint de souffrir analogiquement et métaphoriquement (!) lorsque je verse des larmes au propre ou au figuré sur lui : dans un cas comme dans l'autre, je ne sors guère de moi-même, le jugement tranche et l'affectivité me révèle plus mon rapport à autrui qu'autrui lui-même. Dans son faire qui renvoie au mien, autrui se dévoile objectivement tout comme je me démasque par mon propre faire. A l'œuvre on connaît l'ouvrier ; à son faire, autrui, au mien, moi-même. Au-delà commencent les paroles, mais elles ne sauraient abolir cet appel à la manifestation que constitue l'action d'autrui. Comme si le visage de l'homme n'était pas sa face comme on le dit souvent, mais beaucoup plus ses actions : le visage peut « se fermer » et dissimuler, la parole mentir, etc., mais l'action reste objective quelle que soit l'intention qui l'anime, c'est elle qui permet de rencontrer autrui, non dans un regard mais dans un faire ensemble, qui renvoie à la morale.
A la morale, plutôt à la moralité objective *(Sittlichkeit)* faudrait-il préciser. Et ce, par opposition conjuguée à l'abstraction juridique, qui transforme le sujet en personne, et à l'abstraction morale, qui fait d'autrui un être respectable, parce que soumis comme moi à la loi morale. Autrui n'est pas seulement la personne dont je ne viole pas les propriétés ou avec laquelle je passe des transactions, de même il n'est pas seulement cette présence métonymique de la loi morale que je reconnais en moi. Dans

la perspective hégélienne, ces refus ne signifient nullement le rejet du droit ou de la morale subjective. Tout au contraire : Hegel tient à les mettre en place par rapport à des ensembles concrets où ils jouent un rôle essentiel, quoiqu'ils soient incapables à eux tout seuls de permettre la constitution de ces ensembles concrets.

1. Appliquer les catégories juridiques (celles de la personne en particulier) à la formation de l'État pris au sens large de l'organisation politique, c'est le traiter comme une personne. Entre les personnes, il est possible de passer des conventions ou des contrats. La pensée politique épicurienne mise à part, les Anciens, de Platon aux Stoïciens, se sont gardés de procéder à des genèses contractuelles de la cité restreinte ou étendue, si ce n'est sous la forme de récits mythiques ou d'hypothèses ; pour eux, le point de départ reste toujours la totalité, qui intègre non des individus mais des liaisons : ainsi, chez Aristote, la cité réunit des bourgs, eux-mêmes constitutés de maisonnées ou familles, communautés économiques, conjugales, paternelles, etc. Avec la catégorie de sujet, la philosophie politique moderne se voit contrainte de renoncer au caractère immédiat de la totalité : on s'était déjà demandé au moyen Age, si un ordre religieux, l'Église, voire le Saint-Empire lui-même, étaient l'œuvre de ses membres ou s'ils existaient à part et indépendamment de ceux-ci, qui n'existeraient pas en dehors de lui. A présent le point de départ est le sujet, celui d'arrivée, les relations qu'il consentira par nécessité ou par raison à contracter. Le pacte conjugue les sens de la notion romaine de contrat et le sens biblique de l'Alliance : des personnes s'engagent réciproquement en fonction d'un accord dûment stipulé. L'État naît d'un contrat et les divergences entre philosophes concernent seulement la nature de ce contrat. Hobbes par exemple produit l'État *(Commonwealth)* à partir d'une renonciation de tous les sujets à leur droit naturel à tout, donc à l'exercice de la violence, au profit d'un tiers, qui lui ne contracte pas et peut donc monopoliser la violence sans avoir à rendre de comptes ; la crainte que tous éprouvent les rend politiquement égaux, dans une sécurité qu'il n'est plus possible de troubler. L'État n'est donc pas un tout antérieur à ses parties, mais un ensemble artificiel produit par la création verbale des paroles du pacte : l'homme, le seul être qui parle, se montre en cela l'égal ou l'analogue de Dieu, comme lui, d'une parole, il crée. Rousseau conteste non l'idée de pacte, mais son caractère de pacte de soumission : si le pacte est constitutif de l'organisation politique (tout le monde est d'accord là dessus) alors il faut

> « examiner l'acte par lequel un peuple est un peuple. Car cet acte, étant nécessairement antérieur à l'autre, est le vrai fondement de la société ». (*Contrat social* I, c. 5).

Le pacte d'association rendra inutile la recherche d'un pacte de soumission, car le second contredit le premier qui résout la difficulté suivante :

> « Trouver une forme d'association qui défende et protège de toute la force commune la personne et les biens de chaque associé et par laquelle chacun s'unissant à tous n'obéisse pourtant qu'à lui-même et reste aussi libre qu'auparavant. »
> (*Contrat social* (1762) L. I., C.6)

Le pacte social s'énonce :

> « Chacun de nous met en commun sa personne et toute sa puissance sous la suprême direction de la volonté générale et nous recevons en corps chaque membre comme partie indivisible du tout. »
> *(Ibidem)*

Ainsi se constitue la personne publique :

> « Cette personne publique qui se forme ainsi par l'union de toutes les autres prenait autrefois le nom de *cité* et prend maintenant celui de *République* ou de *corps politique...* »
> *(Ibidem)*

L'État naît donc d'un contrat et comme les personnes entre lesquelles le contrat a lieu, il est lui-même une personne.
Hegel refuse la pensée classique, lorsqu'elle prétend engendrer contractuellement la politique. Pour lui, il s'agit du triomphe de l'abstraction dans la pensée comme dans la réalité, auquel cas il vise la révolution française. On ne saurait en effet recommencer entièrement la constitution de l'État, pas davantage on ne saurait la commencer. Ce qui existe ce sont des peuples, jamais des atomes à la recherche d'une unité constituable par un pacte. C'est le tout qui donne son empreinte aux parties et il ne résulte pas d'elles, et ici il faudrait suivre Montesquieu plutôt que Rousseau : le droit des personnes reçoit son caractère du tout politique dont il est l'expression. Ainsi le droit romain exprime-t-il l'universalisation des rapports privés à l'époque de l'empire et n'est donc pas un modèle universel transférable à toute époque, indépendamment des contextes historiques particuliers. Dans ces conditions il ne faut pas demander au droit ce qu'il ne saurait donner : expression d'une totalité donnée à un moment donné, il ne fournit pas de règle universelle, mais seulement celles qui concernent son contexte historique précis. Et celui-ci ressort à la vie de l'État soumis lui-même à celle de l'histoire mondiale. L'approche d'autrui ne saurait donc être seulement juridique : le droit renvoie ici à la loi et celle-ci à la vie de l'État, en un mot, autrui dans son rapport avec moi relève du politique en général ; même si ce politique trouve sa sanction dans des stipulations juridiques précises, il n'en reste pas moins la source.

2. Avec la morale du respect de la personne d'autrui, on rencontre un autre genre d'abstraction. Autrui est personne, mais non plus comme volonté abstraite en rapport avec d'autres volontés abstraites à l'occasion des relations de propriété. Il est devenu sujet moral parce que sa volonté est devenue liberté pour soi, détachée de tous rapports avec les choses : être sujet moral ce n'est pas être propriétaire. Or ce détachement, ou cette séparation, revient aussi à mettre entre parenthèses la réalité concrète et à l'opposer comme un contenu par rapport à la forme. On le voit assez dans les morales qui font de l'intention un critère de moralité : elles traitent l'acte comme indifférent, pour ne retenir que l'intention qui l'anime. Le sujet moral fait donc apparaître, au delà de la réalité effective, une deuxième réalité exigée mais non réelle, celle d'un devoir-être idéal visé par l'intention morale, mais qui ne saurait être atteint effectivement, ou ne peut l'être que dans une sorte de progrès indéfini. Au niveau de cette idéalité gouvernée par la loi morale, les rapports avec autrui peuvent bien être ceux qu'ordonne le respect. Il n'empêche, ce respect s'adresse non à autrui en chair et en os, l'autre concret, mais à la loi morale qui l'assujettit également : autrui, porteur de cette humanité qu'il faut toujours traiter comme une fin jamais comme un moyen, devient une abstraction vide de contenu, il n'est pas lui, mais un autre sujet moral avec lequel on peut construire une République des fins, du moins idéalement.

On comprend dans ces conditions pourquoi Hegel refuse d'enfermer le problème de la reconnaissance d'autrui dans la sphère de la moralité subjective : il y perd son contenu pour devenir une pure forme abstraite. Cette critique ne signifie pas que l'approche d'autrui comme sujet moral soit inutile, voire fausse. Elle n'est pas inutile, puisque par son refus de prendre en charge les contenus, elle révèle les limites de la personne juridique, c'est à dire du propriétaire, pour faire apparaître autrui comme liberté absolue, puisque déliée des rapports avec les choses. Elle n'est pas fausse : en elle autrui se découvre comme subjectivité, et donc comme intériorité inaliénable, puisque toujours inassimilable à tel ou tel contenu. Mais en même temps, cette capacité de la subjectivité morale à se tenir au delà de toute détermination concrète, la condamne, à ses dépens, à vivre contradictoirement son non rapport avec le concret : retirée de celuici elle y est aussi bien immergée, puisqu'elle se trouve définie par ce qu'elle refuse. Dans ces conditions, au lieu de faire du sujet moral un absolu respectable, il faut le réintégrer dans le concret, c'est-à-dire dans la vie économique et politique, au niveau de ce que Hegel appelle *Sittlichkeit* et que l'on pourrait rendre par Éthique ou moralité objective. Il suffit de comprendre que, par là, Hegel ne signifie pas un au-delà transcendant la vie morale elle-même, mais au contraire la redécouverte réfléchie de l'incarnation de la subjectivité morale dans l'action économique et politique.

Connaître autrui, mieux le reconnaître, condition de la conscience de soi, n'est donc ni un problème épistémologique, ni une tâche morale, pas davantage l'objet d'un règlement juridique. Ces trois aspects sont pourtant engagés mais dans un tout qui les dépasse, puisqu'il fait découvrir au sujet la multiplicité des contextes historiques où il se trouve engagé et qui sollicitent, pour le meilleur et le pire, sa propre liberté.

7

NATURE ET OBLIGATION MORALE

1. Nature et obligation : les limites de la morale antique.
   a. Nature et vertu chez Aristote.
   b. Nature et progrès moral : Stoïciens et Épicuriens.
2. L'apport de la religion biblique : le dépassement de la nature.
3. Le problème philosophique du devoir :
   a. La connaissance théorique de la liberté humaine : une impasse ?
   b. La raison pratique et la découverte de l'obligation morale.

1. Les limites de la morale antique

Il y a bien de la différence entre le devoir et la nécessité bien que la langue ne la marque guère, ou du moins avec autant de précision que l'anglais ou l'allemand par exemple : *I must* et *müssen* marquent la nécessité et s'entendent aussi bien des nécessités naturelles que du comportement humain lorsqu'il est astreint aux contraintes de nature ; *sollen* et *I ought to* connotent au contraire la seule obligation morale. En français, dire « je dois travailler » renvoie aussi bien à l'obligation, au devoir, qu'à la contrainte : affaire de lieu et de temps, selon qu'en vacances, je me mette à ma table de travail, ou que dans l'ordinaire, je le fasse pour vivre, comme on dit. De la nécessité à l'obligation, on passe de la nature à la morale : celle-là m'oblige et je ne saurais m'y dérober, celle-ci oblige, comme on disait en vieille langue : « Je suis votre obligé, parce que je peux faire autrement ».

a. Nature et vertu chez Aristote

Pourtant ce passage n'est nullement évident : ne peut-on en effet remarquer que de la nature à la morale, on passe en fait de la nature à la nature humaine, d'une nécessité généralisée à une nécessité restreinte. Avec l'homme apparaît quelque chose de différent, il n'est pas seulement animal ; mais cette différence n'en est pas moins naturelle : il est politique. Or cette différence n'ajoute rien à la nature, elle en précise au contraire les contours, puisqu'elle en fixe le point d'aboutissement, le sommet hiérarchique. Il en est ainsi chez Aristote : pour lui, le domaine de la nature ou des êtres naturels est ordonné par rapport à l'homme, et au-dessus de lui (c'est-à-dire, dans sa cosmologie, dans le monde supralunaire) on n'a plus affaire à des êtres naturels mais à des Intelligences séparées, ou aux planètes, etc, dont les caractères (en particulier le mouvement circulaire continu) sont inconnus des êtres naturels. Dans le monde sublunaire, en revanche, rien qui ne soit naturel, c'est-à-dire qui ne s'explique par le principe et la cause de mouvement et de repos inhérent au sujet par essence et non par accident. Rien, donc pas même les comportements éthiques ou moraux. Mais dira-t-on, que peuvent-ils en ce cas avoir de moral ? Si l'obligation n'est pas la nécessité, n'est-ce-pas jouer sur les mots que de découvrir des « obligations » naturelles ? Ne sont-elles pas en fait des nécessités déguisées ?
Réponse positive si, et seulement si, l'on identifie nécessité et nécessité logique. On connaît le terrible argument dominateur :

> « Pour poser l'argument dominateur, on part, semble-t-il, de certaines bases que voici : les trois propositions qui suivent se trouvent entretenir une communauté de contradiction réciproque :

> Tout ce qui est passé est nécessairement vrai ;
> L'impossible n'est pas la conséquence logique du possible ;
> Est possible ce qui n'est pas vrai ni ne le sera.
> Conscient de cette contradiction, Diodore utilisait la probabilité des deux premières propositions pour appuyer celle que voici : rien n'est possible qui n'est ni vrai ni ne le sera » (est possible ce qui est vrai et le sera).
> (Épictète, *Entretiens,* II, 19, 1-2)

Diodore (mort entre 305 et 295 avant J.-C.) part de la nécessité du vrai comme éliminant de la réalité les possibles non susceptibles de se réaliser, et les établissant comme faux. Contrairement à l'apparence, le possible ne résulte pas d'un choix, puisque celui qui est choisi l'était nécessairement, étant vrai, les autres, ceux qui n'ont pas été ni ne seront élus, étant faux. La vérité future peut bien être ignorée de nous, elle n'en est pas moins déjà vraie, sauf à se contredire. Il n'y a donc rien de contingent, rien qui puisse être autrement, si ce n'est illusoirement. Les conséquences sur le plan moral sont effroyables. Aristote en fait le bilan à partir d'un exposé des prémisses logiques assez proche de l'argument précédent :

> « Point ne serait besoin ni de délibérer ni de se tracasser, parce que, croirait-on, si nous faisons ceci, cela arrivera, et dans le cas contraire, non : rien n'empêche en effet que dix mille ans auparavant l'un affirme que ceci sera, l'autre le niant, de telle sorte que nécessairement sera celle des deux qui était vraie au moment où elle fut dite. »
> (Aristote, *De l'interprétation,* IX, 18 b 31 et sq.)

De fait, l'argument dominateur engendre sur le plan moral la paresse, c'est pourquoi on en tirera un argument paresseux[1] *(argos logos)* dont il se distingue pourtant. Il ne suffit pourtant pas de se révolter devant les conséquences absurdes *(atopa)* qu'entraîne l'adoption du nécessitarisme logique, il faut le battre sur son propre terrain en révélant une faille dans le raisonnement lui-même. Pour ce faire, il faut justifier ce que l'on appellera plus tard les futurs contingents.

---

1. « Et il ne nous créera point d'embarras, ce raisonnement qu'on dit paresseux *(ignata ratio) :* les philosophes donnent le nom d'*argos logos* à un raisonnement tel que si on lui obéit, on ne fera plus rien dans l'existence. Ils posent l'argument *(interrogatio)* en ces termes. « Si ton destin *(fatum)* est de guérir de cette maladie, que tu recoures ou non aux services d'un médecin, tu guériras ; de même, si c'est ton destin de n'en point réchapper, que tu fasses appel ou non au médecin, tu ne guériras pas ; l'un des deux termes de l'alternative est ton destin, donc il ne sert de rien d'appeler le médecin. » Il est juste d'appeler ce genre d'argument paresseux et amollissant *(inertem) ;* ne supprime-t-il pas toute activité dans la vie ? ». (Cicéron *Du destin* XII-28-29)
« Pour agir conformément à l'amour de Dieu, il ne suffit pas d'avoir patience par force, mais il faut être véritablement satisfait de tout ce qui nous est arrivé suivant sa volonté. J'entends cet acquiescement quant au passé. Car, quant à l'avenir, il ne faut pas être quiétiste ni attendre ridiculement à bras croisés ce que Dieu fera, selon ce sophisme que les anciens appelaient *logos aergos, la raison paresseuse...* » (Leibnitz *Discours de métaphysique* (§ 4, 1686) et *Théodicée* (préface GF)

La vérité n'est vraie que du rapport qu'elle entretient avec les choses :

> « Les propositions sont vraies comme les choses. »
> (ibid. 19 a).

Il faut distinguer entre nécessité absolue et nécessité hypothétique, et c'est à confondre celle-ci et celle-là que l'on tombe sous la coupe d'une version du destin encore plus asservissante que les Moires ou les Parques de la mythologie. Lorsqu'on dit : de deux choses l'une, ou la bataille navale aura lieu demain, ou elle n'aura pas lieu, l'exclusion de l'une des deux propositions comme fausse n'a de sens qu'à l'intérieur de l'alternative logique, non absolument, car aujourd'hui l'alternative est indéterminée du point de vue de la réalité. Autrement dit la bataille navale est un événement contingent. Aristote n'a pas pris son exemple au hasard : la bataille navale révélatrice de la contingence est un acte humain, produit d'une délibération et qui donne du tracas, car elle est du domaine pratique. Avec celui-ci en effet, sans quitter la nature, mais pas davantage en succombant au déterminisme absolu d'une nécessité logique, il est possible d'introduire une détermination relativement autonome en ce qu'elle ajoute quelque chose à la nature, mais « naturellement ».
Le grec distingue, là où le français emploie indifféremment le verbe faire, et Aristote, toujours attentif à la manière dont se dit une chose (*pôs legetai ?* = comment se dit ?), tire des conséquences importantes de la distinction *poïein/pratteïn* avec les substantifs correspondants *poïèsis-poïéma/praxis-pragma.* La *poïèsis* est production et son produit est extérieur à l'agent qui le produit : tel est le cas de l'artiste et de l'artisan qui reproduisent (ou imitent) des formes naturelles ; la cause de leurs œuvres est différente de l'œuvre elle-même ; exception : la nature elle-même qui, suivant la formule célèbre « ne produit rien en vain » et est elle-même l'œuvre et l'artiste car elle est « principe en elle-même ». La *praxis* que l'on peut rendre par action unit la causalité de l'agent qui « fait » et le résultat de son action de manière indissociable : aussi, en toute rigueur, la *praxis* ne s'entend que de l'homme ; seul, il fait, puisque la nature produit mais il ne fait pas, du moins en toute rigueur, et lorsque l'art produit, il imite, par exemple, telle la tragédie, une action *(praxis)* relevée et accomplie (*Poétique,* 6, 1449 b 24). Aristote résume d'une formule cette distinction capitale :

> « La fin poursuivie par la production *(poïèsis)* est autre, celle de l'action *(praxis)* ne saurait différer. C'est l'action bien faite (*eupraxia,* de *eu* = bien + *praxis*) qui est elle-même sa fin. »
> (*Éthique à Nicomaque,* L. VI, C. 5, 1140 b 6 ; GF p. 158)

On aura remarqué le glissement qui n'en est pas un, donc plutôt la précision : c'est *l'eupraxia,* « bonheur ou réussite dans l'action » qui est la fin de l'action comme *praxis.* N'a-t-on pas avec ce petit mot *eu* insensiblement glissé de la nature à la valeur ?

Le reproche serait rigoureux si Aristote opposait, comme nous, fait et valeur, l'un comme « étant » l'autre comme devoir-être. Mais le fait de la nature et c'en est un (la nature existe) est aussi bien la manifestation d'une finalité, et la distinction proposée est non celle entre la brutalité du fait et l'idéalité de la norme, mais de deux finalités, dont l'une est moins étendue que l'autre mais s'inscrit à l'intérieur de la première - ce qu'Aristote avait souligné dès la première phrase de *L'Éthique à Nicomaque.*

> « Tout art et toute quête *(méthodos)* de même que toute action et choix délibéré visent, semble-t-il, un bien. »
> (I ; 1, 1094 a 1 ; GF p. 19)

On aura remarqué le distributif : tout. Mais ce qui distingue la *poïèsis* c'est sa liaison, dès cette première phrase avec le choix délibéré ou *prohairèsis,* car on aurait pu traduire aussi bien : toute action soumise à choix délibéré. De fait, l'action n'acquiert cette qualité bonne, constatée dans l'eupraxie, qu'à la condition de répondre à un choix heureux dans sa détermination. Il en est ainsi parce que dans ce système des fins, constitué par la nature, il y a place pour une certaine indétermination soumise à délibération. Une « certaine » parce qu'elle ne saurait être totale ou absolue, sans que la nature cesse d'être système de fins. En effet, comme agent de ses actions, l'homme vise toujours un bien apparent. Il n'y a donc pas de choix entre le bien et le mal, ni d'indifférence possible : l'action est toujours greffée sur une fin qui est bonne. Le choix délibéré a pourtant une place : il porte sur les moyens destinés à la réalisation de la fin visée. Il s'agit à chaque fois, car le pratique porte non sur le nécessaire mais sur ce qui peut être autrement (le contingent) de trouver dans la situation individualisée par les circonstances, les moyens, ou la combinaison de moyens, permettant la réussite dans la réalisation de l'action visant le bien. Or cette combinaison est unique, car elle ne vaut que pour l'individu considéré et que pour les circonstances en question, alors qu'il y a une infinité ou presque... d'autres combinaisons, dont la variété correspond par excès ou défaut à la solution du problème à résoudre. En présence du problème du meilleur régime alimentaire, qui est posé par la réalisation de la valeur « biologique », santé, adopter les moyens mis en œuvre par Milon de Crotone, l'athlète renommé, si l'on n'en a pas la carrure exacte, c'est manquer la bonne combinaison, de même que se livrer à une diète excessive. Le choix qui porte sur les moyens n'est couronné de réussite *(eupraxia)* que s'il correspond à cette formule unique, fonction et de l'individu et du contexte de l'action. C'est ce choix ou plus exactement ses caractères excessifs, déficients, adapté (on remarquera les pluriels et le singulier) qui permettent à une évaluation morale d'intervenir dans ce système entièrement naturel sans l'altérer.

A l'idée d'évaluation morale correspond celle de vertu en ce sens que le choix délibéré est vertueux ou ne l'est pas selon qu'il est l'œuvre d'un esprit avisé ou prudent *(phronimos,* la *phronèsis* étant la sagesse pratique que les Latins appelleront *prudentia ;* cf. *prudence* chez Montaigne et encore en français moderne *prud'homme*). Aristote donne la définition suivante :

> « La vertu *(aretè)* est une habitude *(hexis)* obtenue par choix délibéré *(prohairetikè)*, résidant dans le milieu relatif à nous, délimitée par un calcul rationnel *(logô)*, celui qu'opérerait l'homme avisé *(ho phronimos)*. »
> (*Éthique à Nicomaque*, II, 6 . 1106 b 35 ; GF p. 54)

Habitude parce que l'on n'est pas vertueux une fois, en passant, par hasard : l'action n'aurait en ce cas aucun mérite moral ; et aussi parce que l'habitude se contracte, elle n'est pas naturelle, si l'on veut dire par là spontanée : dans habitude il y a *habere,* avoir, ce qui suppose une acquisition ; elle est en nous une seconde nature, une nature ajoutée à la nature, puisque c'est elle qui nous donne la capacité de former des habitudes. Le choix délibéré spécifie cette habitude (terme générique) en lui conférant une caractère moral (on ne saurait juger moralement celui en est dépourvu et qui agit contre son gré). Le milieu relatif à nous que l'on rend parfois par « juste milieu », n'est pas le juste milieu d'un confort sans risques : le juste milieu est pour chaque individu le terme, moyen, unique, entre les deux extrêmes, tous deux défectueux moralement ; rien à voir avec la médiocrité à laquelle on serait tenté de la ramener. C'est la raison calculatrice (*logos* a les deux sens) qui la détermine car seul un animal rationnel est susceptible de moralité : il s'agit donc de l'homme exclusivement, de l'homme dont la parole *(logos)* permet de manifester le juste et l'injuste, là où l'animal ne sait que crier son plaisir ou sa douleur. La prudence enfin, dont il faut rappeler qu'elle n'est pas une science : la science a pour objet le nécessaire et l'action porte sur le contingent ; elle n'est pas non plus un art, car les arts sont de production, non d'action, en raison de l'extériorité de leur effet, alors que l'action a son effet immanent à l'agent. Par là se trouve déterminé naturellement le champ éthique, c'est-à-dire le champ des habitudes morales.

Aristote aime à faire ce rapprochement que l'on trouve déjà chez Platon (Lois VII, 792 e) entre *èthos* et *éthos : èthos* qui qualifie l'ensemble des vertus morales par rapport aux vertus intellectuelles, signifie le « caractère », et *éthos,* l'habitude. De l'un à l'autre la différence est donc d'un accent et l'on comprend que l'on ait dérivé le premier du second par un jeu de mots pertinent :

> « Si la vertu intellectuelle tire pour la plus grande part naissance et accroissement d'un enseignement (aussi demande-t-elle temps et expérience) la vertu morale *(èthikè)* est le produit de l'habitude *(éthos), d'où son nom (éthique)* suite à une petite modification du mot *éthos* (=habitude). »
> (*Éthique à Nicomaque*, II-1, 1103 a 15 ; GF p. 46)

Le domaine moral est donc, mis à part les vertus intellectuelles, entièrement naturel, puisque les habitudes éthiques ne sont pas naturelles ni contraires à la nature : elles ne sont pas naturelles, puisque l'on n'est pas courageux comme une pierre tombe vers le centre de la terre. Elles ne sont pas contre nature, puisque l'on ne saurait habituer une pierre à monter vers le haut, même en la lançant à reprises répétées. La morale, ou plus exactement le comportement moral de chaque homme susceptible d'exercer sa *prohairèsis* ou choix délibéré (les esclaves sont exclus de cette catégorie puisqu'ils agissent contre leur gré[2]), n'ajoutent rien à la nature, mais en manifestent une richesse supplémentaire : celle de la vie humaine, qui est pleinement ce qu'elle est est quand elle est bonheur *(eu zên)* au sein de son lieu tout aussi naturel : la cité.

De fait, les exigences d'une vie vertueuse sur le plan éthique n'ont de sens que dans la relation effective avec autrui : c'est moins le jugement que porte, sur son propre acte, l'agent moral, que celui des autres qui définit la vertu. Certes, l'agent moral juge son acte lorsqu'il détermine le juste milieu par rapport à lui, mais cette opération de calcul rationnel obéit à la représentation d'une norme extérieure : celle du *phronimos,* du « prudent ». Autrement dit, face à ses obligations, l'agent moral, vu par Aristote, ne se perçoit pas avec une conscience, c'est-à-dire un juge intériorisé et rigoureusement individuel, mais plutôt à la lumière d'un tribunal objectif, celui de ses proches et concitoyens qui lui imputera son acte à vertu ou à vice. La *prohairèsis* est bien intériorisée, mais son choix obéit à des normes objectives, comme si la vertu se nourrissait du regard d'autrui, donc de la vie sociale. Et cela peut étonner le lecteur moderne, mais non le contemporain d'Aristote : pour lui, la vie éthique est subordonnée à la vie politique, la science politique étant la clef de voûte du système des disciplines pratiques, tout comme la recherche des causes et principes premiers (= philosophie première, qu'on appellera après Aristote métaphysique) est également clef de voûte dans l'ordre théorique. C'est à dessein que l'on a employé le terme d'agent moral : chez Aristote, il n'y a pas de sujet moral si l'on entend par sujet un point de départ, en quelque sorte absolu, du moins quant à la détermination de ses actes. *Prohairèsis* n'est pas libre-arbitre : d'autre part, même si la délibération sur les moyens est intériorisée, ce for intérieur n'est pas une conscience morale au sens strict du terme, puisque, devant cette « instance », ce qui est en jeu, c'est moins l'agent que l'appréciation que porteraient les autres (les prudents) sur ce choix. Être vu courageux, tempérant etc, tel est le fondement de l'obligation éthique, être vu, non pas se voir. Il n'y a là pas même le soupçon d'une impossibilité de se voir soi-même, ou d'être vu par les autres, sans complaisance ni flatterie, parce que ce regard est

---

2. Il faut distinguer entre la *prohairèsis,* choix délibéré des moyens, essentiel à la définition de l'homme et l'*éleuthéria* (= liberté) qui caractérise un statut juridique et politique. Tous les hommes ont la *prohairèsis,* mais celle-ci peut être empêchée par l'enfance, le sexe (chez les femmes, l'intelligence n'est pas pleinement réalisée), ou encore la situation sociale (c'est le cas de l'esclave). La liberté ou *éleutheria* est restreinte : elle ne s'applique qu'aux citoyens sur le territoire de leur cité, à l'exclusion donc des étrangers, des femmes, des esclaves, etc. Aristote est l'un des premiers à s'être inquiété des apories posées par cet état de fait : l'esclave fait problème puisqu'on voit des hommes libres devenir par « droit » de conquête des esclaves ou encore, plus paradoxalement, on rencontre des âmes serviles dans des corps magistraux, et vice-versa.

impossible ou simplement trompeur. Mais de tels soupçons supposent la défiance à l'égard de la cité (lieu de flatteries et d'impostures) et plus encore la défiance à l'égard de soi-même, comme si l'agent moral ne disposait plus de cette norme que la représentation du prudent est toujours prête à lui fournir. Comment des soupçons pourraient-ils se former dans un univers de relations sociales altruistes où l'amitié (*philia*[3]) est une vertu privée et publique si l'on peut dire, l'ami recherchant notre bien là où le flatteur ne vise que le sien propre (*E.N.* X, 2, 1173 b 30), distinction facile qui repose sur la transparence des desseins toujours bien visibles, ou sinon tels, du moins susceptibles d'une connaissance expérimentale, inférieure en exactitude *(akribeïa)* à celle des mathématiques : mais pourquoi exiger de l'éthique la rigueur géométrique ; ici, il s'agit de faits, là d'essences ; ici, il s'agit de ce qui est naturel, là de ce qui est abstrait de la nature.

b. Nature et progrès moral : Stoïciens et Épicuriens

L'approche naturaliste de l'obligation morale selon Aristote ne saurait épuiser ce que l'on appelle morale antique. Il faut évoquer les penseurs stoïciens et épicuriens. Remarquons que chez les uns comme chez les autres, la vie éthique consiste à vivre en accord avec la nature et n'introduit donc pas un élément nouveau, au point que la morale paraisse comme le passage ou le dépassement des exigences de la nature. Les prémisses diffèrent complètement (chez les Stoïciens : la nature est un tout finalisé et providentiel ; chez les Épicuriens, le produit hasardeux d'atomes conjoints par le jeu de la déclinaison *(clinamen)*), mais le résultat ou plutôt la formule qui condense leurs doctrines respectives reste identique, en dépit de la différence du modèle de nature proposé. On peut étudier sur un thème précis cette convergence naturaliste, et aussi la distinction de leurs formulations, de manière à montrer l'absence chez les Anciens d'une pensée du devoir, créatrice d'un monde nouveau idéal ou réel.

---

3. Dans les sociétés antiques et particulièrement chez les Grecs, l'amitié n'a pas ce caractère de banalité qu'elle prend chez nous : un ami pour nous n'est qu'une relation, à moins qu'on en précise la nature, la force et le degré; entre Patrocle et Achille le lien n'est pas seulement celui de l'affectivité privée, mais il se déploie au grand jour et l'un ne se permettrait pas ce que l'autre s'interdirait ou, si c'est le cas, comme lorsque Patrocle revêt les armes d'Achille pour semer la terreur chez les Troyens, les conséquences (la mort de Patrocle et la vengeance d'Achille) seront et privées et publiques : Achille suspendra sa colère initiale pour reprendre le combat, et son deuil manifestera aussi par sa violence la force de son amitié. Ce type de liens ne caractérise pas seulement l'époque héroïque, chantée par les épopées, il est aussi exalté par les orateurs classiques qui font de la cité un tout que l'amitié réunit, contre les forces centrifuges des factions. C'est la raison pour laquelle chez Aristote l'amitié fournit une sorte de « transition » de la vertu individuelle à la vertu politique ; affirmation qu'il faudrait nuancer en rappelant que la distinction privé/public a plus d'importance à nos yeux qu'à ceux du philosophe antique pour lequel l'élément éthique est subordonné au politique.

Il s'agit du problème du progrès moral. Marche en avant selon l'étymologie, le progrès moral implique-t-il une changement de registre ou le maintien dans l'ordre naturel ? On ne saurait dire que cette problématique soit absolument absente des pensées d'Aristote et de Platon : à partir du moment où l'on se demande si la vertu est une science et si donc elle peut s'enseigner, on est confronté à la question du changement de mode de vie et à l'option entre la voie facile du vice et le chemin épineux de la vertu, Héraklès et ses peines illustrant de manière allégorique le « bon » choix. Pourtant, on ne saurait dire qu'il s'agit là vraiment du progrès moral : Socrate, qui est philosophe et non sage, ne prétend pas que l'on puisse changer de registre bien qu'il exhorte au changement, et pour Aristote la vie vertueuse n'est pas une marche en avant.
En revanche, les Stoïciens ont un mot précis pour désigner ce qui chez eux se présente sous la forme d'un paradoxe, et même d'une contradiction, aux yeux de Plutarque rapportant leur opinion. Pour ce dernier, en effet, il faudrait une sorte de transition entre l'état qui précède la sagesse et celle-ci ; il devrait y avoir un moment où l'on est moins insensé et presque sage quoique pas tout à fait. Le bon sens y trouverait son compte, il n'aime pas le vide et pas davantage les sauts. Or, ou bien on est sage, ou bien on est insensé, l'alternative impose au passage d'un terme à l'autre une allure paradoxale, qui reçoit chez les Stoïciens un nom spécifique et se voit décrite en des termes destinés à ne pas masquer la difficulté, en ménageant le cours confortable des pensées du lecteur. Le passage est un progrès brutal ou soudain qui n'est pas sans rappeler, du moins dans ses formes et ses expressions, la manière d'entrer en sagesse propre aux philosophies orientales (on a souvent rapproché les vies des fondateurs du stoïcisme rapportées par Diogène Laërce (édition GF. L. VII), des biographies hagiographiques des sages du bouddhisme zen). On ne s'étonnera donc pas du caractère abrupt de ce texte où apparaît la notion de progrès ; citons :

> « Et puisqu'ils passent du point le plus haut du progrès *(prokopè)* au bonheur et à la vertu, une alternative se pose nécessairement : ou bien le progrès n'est pas méchanceté *(kakia)* ou malheur *(kakodaimonia),* ou bien la vertu ne l'emporte pas de beaucoup sur la méchanceté, le bonheur sur le malheur, mais la différence des biens par rapport aux maux est de peu et imperceptible...
> Oui, affirment-ils : de même que celui qui dans la mer est à une coudée de la surface n'en suffoque pas moins que celui qui y est plongé par cinq cent brasses, de même ceux qui approchent la vertu n'en sont pas moins dans le vice que ceux qui sont loin de la vertu. De même que les aveugles sont aveugles, même s'ils doivent recouvrer peu après la vue, de même ceux qui progressent *(Hoi prokoptontes)* tant qu'ils n'ont pas gagné la vertu, demeurent insensés et vicieux. ».
> (*De communibus notitiis,* Leipzig 1959, 1062 d 10 ; 1063 b 4 et *Les Stoïciens,* Paris 1964, pp. 141-142)

Prokopè, progrès, caractérisent la marche ou la démarche de ceux qui vont acquérir la sagesse et avec elle la vertu et le bonheur qu'ils ne possèdent pas. Le paradoxe réside dans le fait que ce progrès ne semble pas moral, mais au contraire progrès dans l'immoralité, le malheur et le vice. Que serait en effet une vertu et un bonheur, ou une sagesse, qui connaîtraient le progrès : leur incomplétude marquerait q'ils ne sont que des faux semblants, ce qui est contradictoire. Pour les Stoïciens, le progrès moral existe et se manifeste immédiatement dans l'effort moral comme tel, non dans une accumulation extérieure et préparatrice à cet effort. Ainsi, Épictète déclare :

> « Toi, montre-moi donc ton progrès *(prokopè).* C'est comme si j'avais dit à un athlète : montre-moi tes épaules ! et qu'il me réponde : vois mes haltères ! Toi et tes haltères, voyez entre vous mais moi ce que je veux voir, c'est l'œuvre de tes haltères ! »
> (Épictète, *Entretiens,* 1-IV- 13 sq.)

Le progrès moral ne consiste pas à lire les œuvres de Chrysippe, le fondateur de l'École, ce ne sont là que des haltères, le progrès moral se manifeste dans le présent, figuré métaphoriquement par les épaules de l'athlète ; il n'est donc pas dans le passé encore moins dans l'avenir, mais réside dans l'accord immédiat avec la nature, qui dépend de l'agent moral. C'est en ce sens qu'il faut dire d'une part qu'il n'y a pas de progrès moral, puisque si l'on se conduit en accord avec la nature *(sumphonôs tè phusei),* on ne saurait avancer, d'autre part qu'il y en a un, puisque renoncer aux désirs, aux regrets du passé et aux anticipations de l'avenir (crainte et espérance), c'est progresser par rapport à l'attitude antérieure. Paradoxe qui se résout si l'on s'avise que le progrès met en scène deux temps : celui, imaginaire et puissance d'illusion que domine l'attente (« quand j'aurai lu Chrysippe, je deviendrai sage, si tu en doutes, regarde mes livres = voici mes haltères, quand je serai exercé, je serai enfin un athlète... ») ; celui réel, car présent de la tension morale instantanée, dans lequel il y a coïncidence entre la nature universelle et cette partie de la nature constituée par l'agent moral. Loin donc que le progrès moral institue une rupture dans le naturalisme stoïcien, c'est tout le contraire qui a lieu : la rupture, c'est-à-dire l'illusion d'avancer ou de changer est seulement une illusion, celle de la vie en désaccord avec la nature, parce que nourrie de l'attente du bonheur imaginaire.

C'est bien de rupture et de différence qu'il faut parler, semble-t-il, lorsqu'on poursuit cette enquête sur le sens du progrès moral chez les Épicuriens. A vrai dire, il s'agit moins du fondateur de l'École, (il ne lui consacre que quelques lignes), que de Lucrèce (58/55 avant J.-C.).

Le livre V de son *De la Nature* (925 sq.) contient toute une histoire de l'humanité qui a pu soulever l'enthousiasme de ceux qui l'interprètent comme une théorie du progrès moral, fonction de la découverte de multiples inventions (l'agriculture, le feu, le langage, etc.). D'un côté, on a le spectacle d'une humanité rude, plus rude qu'aujourd'hui, solide physiquement et pour cause, vivant sans lois selon les brutales impulsions de la nature, des espèces d'enfants robustes, mais terrorisés par les bêtes féroces ; de l'autre, en apparence du moins, non une idylle champêtre, mais une vie plus raffinée, produit du développement des arts. Deux remarques : il s'agit en ce cas non du progrès moral, mais du progrès technique, dont Lucrèce reconnaît les effets sur la moralité; de plus, il y a plutôt régression morale que progrès, à supposer même que le progrès technique soit lui-même une indice de marche en avant, ce qui aux yeux de Lucrèce est loin d'être sûr. Les raisons de cette appréciation sont faciles à deviner : de la vie des premiers hommes à celle des « civilisés », on ne cesse de s'éloigner de la nature et des ses exigences. Si vivre moralement, c'est vivre conformément à la nature, c'est-à-dire ne satisfaire que les désirs naturels et nécessaires ou naturels et non nécessaires, la civilisation, avec en particulier l'institution de la cité et des lois, donc d'une sphère de la reconnaissance sociale, privilégie la satisfaction des désirs ni naturels ni nécessaires, donc immoraux, et marque une régression de la moralité. Boire de l'eau et manger des fruits, c'est vivre en accord avec la nature, exiger le raffinement en ces matières, c'est déjà quitter un peu la nature ; vouloir des statues ou des décorations, c'est lui tourner le dos tout à fait. Certes, pas plus que Rousseau, Lucrèce ne propose le retour à la vie plus rude et plus morale des premiers hommes, mais exige la vie morale limitée à la satisfaction des deux premières sortes de désirs, c'est-à-dire la doctrine d'Épicure. Le progrès, en effet, offre en plus de son aspect superflu, une fonction de compensation : le raffinement s'accompagne de la science et le Livre V conclut par elle, le Livre VI s'ouvrant par l'éloge d'Athènes et... d'Épicure. Ainsi, le progrès technique produit une régression morale par rapport à la morale, spontanée, mais inconsciente des premiers hommes, tout en rendant possible la doctrine véridique, celle qui permet de vivre consciemment, conformément à la nature. Là encore, point de rupture qualitative : le progrès, de l'ignorance et de l'insouciance morales, à la science et aux soucis moraux, s'appuie sur la seule nature qui compense d'une main ce qu'elle défait de l'autre, entraînant notre monde présent vers son inéluctable fin. Pas question donc de sortir de la nature : la morale ne lui ajoute rien, elle n'est que la manière naturelle qu'adopte l'homme de vivre au milieu des dénaturations enfantées par ses désirs imaginaires.

Il n'y a guère de place dans tout ceci pour l'obligation : partout, au contraire, on trouve non des choix absolus, témoignant qu'avec l'homme moral quelque chose finit (la nature) et autre chose commence (l'éthique) ; mais une détermination naturelle dont s'écartent les comportements dominés par l'imaginaire. Ils sont pour cette raison, sinon contre nature, du moins en désaccord avec elle : c'est le cas des vices par rapport à la vertu chez Aristote (l'excès dans le choix provient d'un manque de prudence) ; c'est le cas des passions, véritables maladies de l'âme chez les Stoïciens ; c'est enfin ce qui se produit avec la domination des désirs artificiels chez les Épicuriens. Que chacun vive selon la nature, la différence résidant dans les définitions de celle-ci, semble être le dernier mot de la morale antique. C'est aussi sa limite. On ne s'étonnera donc pas de la voir confondre obligation et conformité à la nécessité naturelle.

2. L'apport de la religion biblique : le dépassement de la nature

L'idée que la morale ajoute quelque chose à l'ordre naturel et à ses nécessités biologiques et sociales, pour être inconnue de la morale de l'Antiquité classique, n'est pourtant pas moderne. Cette thèse suppose simplement qu'il y a quelque chose de spécifique à attendre de l'homme, faute de quoi manquera ou manquerait au système des êtres quelque chose d'essentiel. Ce manque lui-même définissant la possibilité d'une marche en avant ou d'un état stationnaire, voire régressif, par rapport à ce que l'on était en droit d'attendre ou d'espérer. Dans cette optique, les choses (pour ne pas dire le monde) seraient un ensemble de moyens qui, par la médiation spécifique de l'homme, pourraient (il s'agit d'une éventualité) servir à une fin transcendante par rapport à elles-mêmes et par rapport à lui, par exemple manifester la gloire de Dieu.
C'est en effet sur le plan religieux et plus proprement dans la foulée de la tradition abrahamique (judaïsme, christianisme, islam), qu'apparaît ce type de problématique. La création des choses par un dieu unique a pour fin de les mettre à la disposition de l'homme (« il les domine et en est le Seigneur », *Genèse* I, 26) mais celui-ci doit user de sa domination de manière à rendre, c'est-à-dire à « re-donner », par le culte, à Dieu, une gloire qui ne manquerait sans doute pas sans cela à ce dernier, mais qui s'en trouve pourtant augmentée. La contradiction apparente d'un tel projet est levée si l'on ajoute que, dans cette perspective, l'homme est un être libre, qui peut aussi bien accorder que refuser son consentement ou sa « collaboration » au dessein divin. Cette liberté (*Deutéronome* XXX, 15) est libre-arbitre[4] : Dieu peut interdire un acte mais non l'empêcher. Il en est ainsi du péché « originel » (selon les chrétiens) ou de la première faute (elle n'est pas transmissible, selon le judaïsme) : la transgression n'était pas nécessaire, mais seulement possible[5]. Par là, le « monde » devient quelque chose d'inachevé que peut parfaire, c'est le mot, l'action humaine, lorsqu'elle est conforme à la volonté divine, exprimée avec plus ou moins de clarté dans les diverses révélations (Moïse, Jésus, Mahomet). Cet inachèvement et ce perfectionnement assignent à l'homme une tâche morale : celle de sanctification[6] de sa vie « naturelle ». L'homme est un être naturel comme les autres créatures, en particulier les animaux, aux-

quels il lui arrive, dans la transgression, de ressembler : la première faute fut d'obéir à un serpent.
Mais l'homme n'est pas un être naturel en ce sens que sa vie obéit à un choix : faire la bête, choix auquel il n'est nullement contraint. Il lui appartient, en effet, de manière à introduire dans sa nature une modification essentielle, celle d'une imitation de la volonté divine révélée. C'est que l'homme n'est pas davantage capable de vivre spontanément, c'est-à-dire

---

4. Rappelons les formulations juive et chrétienne du problème :
« Regarde, j'ai placé aujourd'hui devant toi, la vie et le bien, la mort et le mal... Et tu choisiras la vie afin que tu vives, etc. »
(*Deutéronome* XXX,15-19)
Ce verset implique, dans l'interprétation juive traditionnelle, la liberté humaine réservée à chaque individu à sa naissance. Dès l'âge de raison, c'est-à-dire où l'enfant est capable de distinguer le bien du mal, il lui incombe de choisir librement les valeurs que lui propose sous une forme antagoniste l'enseignement de la « loi » (*Torah* signifie doctrine et loi). Si l'homme pèche, il pèche donc librement, car il transgresse une loi dont il connaît les prescriptions : Dieu ne nourrit pas de desseins obscurs ou cachés puisqu'il définit ses commandements par voie de révélation. Ainsi le premier homme ne pèche-t-il dans cette perspective que par rapport au premier commandement « ne pas manger du fruit » (Genèse II,17) et son châtiment lui est propre : une mort corporelle qui n'est d'ailleurs pas immédiate « Adam ne meurt pas le jour de son péché », ni transmissible comme une sorte de pleine suite à ce péché particulier ; selon l'exégèse juive qui suit en cela l'Écriture :
« Les pères ne doivent pas être mis à mort pour les enfants ni les enfants pour les pères. » (*Deutéronome* XXIV,16).
Dans le contexte chrétien, et plus particulièrement dans l'interprétation que donne Saint Paul des suites du péché d'Adam (*Épître aux Romains* V.), cette faute a introduit la mort dans le monde, mort corporelle et spirituelle qui a régné sur le monde jusqu'à la révélation mosaïque « même sur ceux qui n'avaient pas péché par une transgression semblable à celle d'Adam » (Romains V,14).
Pourtant, la Révélation de la « loi » mosaïque n'a pas libéré l'homme du péché, elle a plutôt fait connaître l'étendue du péché qu'elle a détaillée en ses prescriptions : la loi n'est pas cause du péché, mais connaissance de celui-ci. Le schéma paulinien attribue à Jésus l'œuvre de justice d'un seul homme, nouvel Adam, la justification par la foi qui libère le monde de l'emprise de la loi et du péché. Mais celui-ci reste donc originel puisque nés fils d'Adam, c'est notre origine en tant qu'hommes, il faut renaître, fils du nouvel Adam, par un acte spécial qui efface le péché originel et que symbolise le sacrement du baptême. A l'état de nature corrompue, suite du péché originel, succède celui d'une nature régénérée, mais dont la régénération réclame pour continuer de la part de Dieu, sa grâce (c'est-à-dire un don gratuit), de la part de l'homme la foi (source principale de la justification selon Romains IV) et les œuvres. Le salut dans cette perspective implique donc la régénération d'une nature définie par sa corruption, ce qui ne peut se faire que par la foi aidée de la grâce, foi en un sauveur qui répand la grâce : Jésus.

5. « Car ce commandement *(mitzwah)* que je t'intime aujourd'hui, ne te dépasse point et n'est point éloigné. Il n'est point au ciel pour qu'on dise : qui montera au ciel pour nous le quérir, de telle sorte que nous l'apprenions et le pratiquions ? Il n'est pas outre-mer pour qu'on dise : qui traversera pour nous la mer, et le quérira de telle sorte que nous l'apprenions et le pratiquions. Mais il est tout proche de toi : dans ta bouche et ton cœur (siège de l'intelligence) pour le pratiquer. Regarde ! J'ai placé devant toi aujourd'hui la vie et le bien, la mort et le mal... Je prends à témoins contre vous aujourd'hui ciel et terre : devant toi j'ai placé la vie et la mort, la bénédiction et la malédiction et tu choisiras la vie afin de vivre toi et ta descendance... » *Deutéronome* (XXX, 11)

6. « L'Éternel parla à Moïse en ces termes : « Parle à toute la communauté des Israélites et dis-leur : soyez saints, car moi, l'Éternel votre Dieu, je suis saint ». *Lévitique* (XIX,1).
La tradition a interprété le terme saint comme la séparation par rapport aux profanations et aux transgressions de la Torah, en particulier dans la suite du texte, celles qui concernent les rapports sexuels interdits.

naturellement et sans révélation, en conformité avec cette volonté : il n'est pas bête, mais pas davantage, il n'est ange, et

> « Il n'est qu'homme, au bout du compte, c'est-à-dire capable de peu et de beaucoup, de tout et de rien : il n'est ni ange ni bête mais homme. » (Pascal, *Pensées,* édition Brunschvicg n° 140)

Cette situation médiane, entre la nature animale et une surnature spontanée angélique, rend possible la mise en place d'un espace moral, supplément que l'homme ajoute à la nature, ou dont il diminue l'étendue, en fonction de son observance de la loi ou de ses transgressions. Le commandement d'être « saints » (*Lévitique* XIX, 1 et sq) comme Dieu est saint n'a d'autre signification : l'homme est une espèce naturelle appelée à un destin moral qui l'exalte au-dessus de la nature ou la rabaisse en-dessous d'elle. Ici l'obligation n'est plus celle qu'impose la nécessité naturelle (vivre conformément à la nature, donc vertueusement), mais la loi, c'est-à-dire un ordre étranger à la nature et qui la dépasse parce que venue de plus haut qu'elle.

On n'a pas quitté pour autant le terrain de l'Antiquité, du moins à s'en tenir au christianisme et au judaïsme, ce dernier précédant l'épanouissement des grandes philosophies grecques, mais on a quitté celui de la philosophie : ce type de problématique n'est plus philosophique, en dépit des conséquences capitales qu'elle a pu avoir dans le champ de la morale. C'est un fait culturel, le problème moral change du tout au tout selon qu'on l'aborde à partir de la nature ou à partir de l'obéissance à la loi morale. La nature peut bien changer de définition : éclairée par la seule lumière naturelle, comme dit Descartes, elle ne donne point la loi, et, lorsqu'il s'agit de morale, le philosophe du doute radical n'hésite pas dans sa correspondance avec la princesse Élizabeth à revenir[7] aux grands thèmes proposés par l'Antiquité classique, sans s'inquiéter outre mesure des lumières de la religion qui sont surnaturelles, méritant avec d'autres ce reproche de Malebranche (1638-1715) :

> « L'ami que je prétends convertir l'entend (= Descartes) si parfaitement qu'on ne peut rien lui dire de cet auteur qu'il ne sache et que même il ne montre incontinent l'endroit d'où il est tiré. Cependant il ne songe depuis le matin jusqu'au soir qu'à se divertir : il ne médite jamais. Il lit un livre en trois jours et il le sait. La retraite n'est donc point nécessaire pour la science ?

---

7. « Je n'ai point d'autre sujet, pour vous entretenir, que de parler des moyens que la philosophie nous enseigne pour acquérir cette souveraine félicité, que les âmes vulgaires attendent en vain de la fortune, et que nous ne saurions avoir que de nous-mêmes.
L'un de ces moyens, qui me semble des plus utiles, est d'examiner ce que les Anciens en ont écrit, et tâcher à renchérir par-dessus eux en ajoutant quelque chose à leurs préceptes ; car ainsi on peut rendre ces préceptes parfaitement siens et se disposer à les mettre en pratique. C'est pourquoi... je me propose de remplir mes lettres dorénavant des considérations que je tirerai de la lecture de quelque livre à savoir celui que Sénèque a écrit *de vita beata*... » (Descartes à Élisabeth, 21 juillet 1645)

– Théodore : Non pour la science qui réside dans la mémoire et qui n'éclaire point l'esprit... Jésus-Christ n'est pas venu pour nous apprendre les Mathématiques, la Philosophie et les autres vérités qui par elles-mêmes sont assez inutiles pour le salut. »

(*Conversations chrétiennes* (1677) Paris, 1972, pp. 165-167)

On admirera la pointe : elle a l'avantage de souligner l'incapacité de la lumière naturelle à fonder l'obligation comme introduisant un supplément par-delà la nature. Est-on vraiment acculé à un dilemme : ou bien la nature et une morale fondée sur la reconnaissance de ses nécessités, ou bien l'obligation, mais seulement découverte dans une adhésion de type religieux, puisque la Loi ne nous serait connue que par révélation, donc surnaturellement. On pourra bien tenter d'éviter le dilemme, en naturalisant en quelque sorte la loi, par le concept de religion naturelle (voir *La Profession de foi du Vicaire savoyard* dans *L'Émile* de Rousseau, 1762), mais même s'il n'est pas révélé, le Dieu qui parle à la conscience « instinct divin, immortelle et céleste voix » qui assure la moralité des actions humaines a trop les caractères du Dieu révélé pour qu'on puisse prétendre être sorti du dilemme. Qui dit devoir moral, dit plus ou moins, et plutôt plus que moins, Décalogue[8] et donc croyance plutôt que lumière naturelle, ou encore religion plutôt que philosophie. Une philosophie de l'obligation morale n'est-elle qu'une théologie cachée ?

Oui, dit Schopenhauer :

« La saisie de l'éthique sous une forme *impérative* comme *théorie des devoirs*, la pensée de la valeur positive ou négative des actions humaines selon qu'elles remplissent ou lèsent les *devoirs (Pflichten)* a comme le devoir *(Sollen)* indéniablement pour origine unique la morale des théologiens et par suite le Décalogue. »

(*Fondement de la morale*, 1849, in S.W. Leipzig, 1881, T. III, p. 504)

Une fatalité pèse donc sur la morale de l'obligation : son origine religieuse. Pourtant un philosophe, Kant, a prétendu asseoir la morale sur l'obligation, sans pour autant sacrifier à la théologie ou à la religion naturelle ou pas, et c'est lui que vise Schopenhauer dans cette accusation qui met en évidence une filiation. Peut-on penser le devoir comme ajoutant quelque chose à la nature, sans pour autant renoncer à l'usage critique de la raison, mais tout au contraire en procédant à la critique de la raison ? C'est cette question que pose Kant. Il l'a formulée en des termes tels que pour y trouver à redire, il faut sortir de l'énoncé de la question et donc

8. Le Décalogue, c'est-à-dire les dix paroles et non pas les dix commandements, puisque la première parole est une affirmation non un ordre, se trouve dans l'*Exode* (XX.) : « Et Dieu dit toutes ces paroles : (1) je suis l'Éternel ton Dieu, qui t'ai fait sortir d'Égypte, de la maison des esclaves... (2) Tu n'auras point d'autres dieux devant moi... (3) Tu n'invoqueras point le nom de l'Éternel ton Dieu en vain... (4) Souviens-toi du jour du shabbath pour le sanctifier... (5) Honore ton père et ta mère... (6) Tu ne tueras point. (7) Tu ne commettras point d'adultère. (8) Tu ne voleras point. (9) Tu n'invoqueras point contre ton prochain de faux témoignage. (10) Tu ne convoiteras point la maison de ton prochain... »

se livrer à une argumentation extérieure. Qu'il rencontre la tradition du Décalogue, comme l'affirme Schopenhauer, ne change rien à l'affaire : il la rencontre effectivement, mais à titre de conséquence, jamais comme prémisse et c'est l'essentiel, puisque par là une éthique de l'obligation qui n'est point une morale naturaliste se trouve enfin philosophiquement fondée, car établie de manière autonome.

3. Le problème philosophique du devoir :

a. La connaissance théorique de la liberté humaine : une impasse ?

C'est encore de la nature qu'il faut partir, puisque c'est elle qui contraint, semble-t-il, la pensée à refuser l'idée d'obligation ou, sinon, à la refuser, du moins à ne l'accepter que sous la forme surnaturelle d'une révélation, objet de croyance. La reconnaissance critique de la nature permet-elle de poser le problème en sortant de ce dilemme ? Dans l'*Analytique des principes,* Kant a justifié, en la fondant sur ses conditions *a priori* de possibilité (= les principes *a priori* de la physique), la science de la nature à condition qu'on la définisse ainsi :

> « Par nature (empiriquement comprise) nous entendons la connexion des phénomènes quant à leur existence conformément à des règles nécessaires, c'est-à-dire des lois. »
>
> (*Critique de la raison pure,* Darmstadt, 1965, T. III, p. 246, GF p. 242)

Ces lois résultent du schématisme des catégories dans l'imagination qui dessine *a priori* en l'anticipant, l'horizon de la connaissance possible de la nature. C'est dans ces sortes d'esquisses *a priori* que peut se couler la matière de l'expérience, qui y trouve l'organisation sans laquelle elle ne serait qu'un chaos sans loi. Il ne s'agit là, et c'est la contrepartie de la fécondité du schématisme, que de la connaissance des phénomènes ; Kant précise cette restriction par une distinction :

> « En tant qu'elles sont pensées comme objets selon l'unité des catégories, les manifestations phénoménales *(Erscheinungen)* s'appellent des phénomènes *(Phänomena).* Mais si je suppose des choses qui soient seulement objets de l'entendement et qui pourtant peuvent être en tant que telles données à une intuition, quoique non sensible (donc, en latin, à une intuition intellectuelle) de telles choses devraient s'appeler Noumènes *(intelligibilia)* ».
>
> (*Critique de la raison pure,* édition cit. p. 278 ; GF p. 275)

Kant retrouve l'ancienne distinction platonicienne de l'intelligible *(noèton)* et du sensible *(aisthèton)* ou apparent *(phainomenon),* mais, alors que chez Platon elle permettait d'exalter l'intelligible, objet de la dialectique et des mathématiques dans le segment supérieur de la ligne (*République,*

VI, fin) au détriment des phénomènes sensibles, objet de l'opinion (pour Platon une physique est de l'ordre du mythe, donc du vraisemblable), Kant renverse le rapport. Le noumène c'est seulement ce qu'on peut penser ou ce que pourrait connaître une intuition intellectuelle qui nous est refusée, à nous autres hommes ; en revanche les phénomènes *(Erscheinungen)* ne sont plus ces ombres de la caverne, objets abusifs de prisonniers abusés, mais les objets d'une science rigoureuse, la physique, c'est-à-dire la science de la nature.

La nature, objet de la physique, correspond à un usage restreint voire restrictif du terme : c'est ce que nous pouvons connaître de la nature, non tout ce que nous pouvons en penser. La connaissance implique l'union de l'entendement et de la sensibilité dans le schématisme de l'imagination, c'est pourquoi elle ne peut connaître que les phénomènes, c'est-à-dire de manière conditionnée (les conditions de l'expérience). Il est également possible, et c'est même un besoin, Kant dit « une disposition naturelle », de dépasser ces limites en pensant de manière absolue l'unité inconditionnée des phénomènes internes (l'âme), externes (le monde), voire la condition des deux unités précédentes (Dieu). Ce faisant, la pensée ne se place plus sur le plan de l'entendement, faculté des concepts, mais sur celui de la raison, faculté des principes. A la raison ne correspondent pas des concepts, bien que l'on puisse parler de concepts rationnels, mais dans son usage spécifique, la raison produit des Idées :

> « Un concept tiré de notions *(ein Begriff aus Notionen)* qui dépasse la possibilité de l'expérience, est l'Idée *(die Idee)* ou le concept rationnel. Qui s'est habitué une fois à de telles distinctions, trouvera nécessairement insupportable d'entendre appeler « idée », la représentation de la couleur rouge. On ne doit même pas la nommer notion (concept d'entendement). »
>
> (*Critique de la raison pure*, T. IV, p. 326, GF p. 321)

Ce dépassement, essentiel à l'Idée, permet de distinguer deux usages de l'Idée : un usage objectif, qui consiste à poser qu'à l'Idée correspond un objet connaissable, c'est l'usage transcendant. Un usage transcendantal qui, prenant acte de la contradiction qu'il y a à vouloir dépasser les bornes de l'expérience, dans une expérience qui nous est constitutionnellement refusée (nous ne sommes que des hommes), s'en tient à des conclusions régulatrices, pénibles pour notre désir de savoir, mais efficaces dans la mesure où elles nous évitent de succomber à une apparence imposée par la structure de la raison en personne. Or, de même qu'il y a un concept de la nature se limitant à l'expérience possible, un concept d'entendement, il y a également une représentation rationnelle ou Idée de la nature, spécification de l'Idée de monde.

Celle-ci est la synthèse absolue de l'ensemble de tous les phénomènes, ou si l'on veut l'unité inconditionnée de tous les phénomènes conditionnés, considérés selon des déterminations spatiales ou temporelles (le temps et l'espace étant les conditions *a priori* de la réceptivité ou encore les formes pures de la sensibilité). Kant distingue l'Idée de nature de celle de monde en ces termes :

> « Ce même monde est appelé nature dès qu'on le considère en tant que tout dynamique et qu'on n'a plus d'égard à l'agrégation dans le temps ou l'espace pour la réaliser comme grandeur, mais qu'on en a pour l'unité dans l'existence des phénomènes. Or la condition de ce qui arrive s'appelle cause, tout comme la causalité inconditionnée de la cause dans le phénomène liberté, la causalité conditionnée s'appelant au contraire cause naturelle en un sens plus restreint. »
> (*Critique de la raison pure,* T. IV, pp. 408-409, GF p. 368)

La nature n'est donc plus l'ensemble des phénomènes, en tant qu'ils sont soumis à des lois quant à leur existence, définition de l'entendement législateur qui s'applique aux seuls phénomènes ; cette fois, Idée de la nature elle pose le problème de la causalité sous une forme tout à fait inédite : causalité par soi, donc inconditionnée, et causalité conditionnée. La physique ne connaissait que la dernière, elle était seulement science du concept de nature. A présent, au-delà de celle-ci, se pose le problème de la liberté, c'est-à-dire d'une cause par soi de ce qui arrive dans la nature. Bien entendu, puisque par définition les conditions de l'expérience possible sont dépassées (usage transcendant), il ne peut y avoir de connaissance, au sens rigoureux du terme, de la réalité d'une telle causalité inconditionnée ; en revanche, il est possible de la penser par rapport à la causalité conditionnée des causes naturelles. Comme aucune expérience ne peut, vu les conditions du problème, correspondre à l'Idée, celle-ci prête à un discours antithétique, c'est-à-dire mettant en scène le conflit de connaissances dogmatiques en apparence.
Pourquoi cette restriction ? Parce qu'en fait le conflit de la thèse et de l'antithèse est moins celui de deux dogmatismes que celui du dogmatisme et de l'empirisme, même si ce dernier devient le plus souvent dogmatique, lorsqu'il exagère son effet critique et se transforme en savoir. Voici comment se présente le troisième conflit des Idées transcendantales dont l'enjeu est l'affirmation ou la négation d'une causalité inconditionnée et donc libre :
Selon la thèse :

> « La causalité selon les lois de la nature n'est pas la seule dont on puisse dériver les phénomènes du monde pris dans son ensemble. Il faut encore supposer pour expliquer ces derniers une causalité par liberté. »

Selon l'antithèse :

> « Il n'y a pas de liberté, mais tout se produit dans le monde purement et simplement selon les lois de la nature ».
> (*Critique de la raison pure,* T. IV, p. 426, GF p. 386)

Ces affirmations, ne l'oublions pas, peuvent bien avoir des conséquences pratiques, là n'est pas la question, puisqu'il s'agit seulement de

connaissance. Or ces connaissances peuvent être également prouvées : selon la thèse en effet, on n'aura jamais affaire à un vrai commencement si l'on se refuse à admettre une liberté, puisque une cause est toujours simultanément effet d'une cause antérieure, la régression pouvant se faire à l'infini. De même, selon l'antithèse, une cause absolue est en quelque sorte une cause qui n'est pas cause avant de commencer de produire son effet. Certes, il y a intérêt à choisir plutôt la thèse que l'antithèse, mais l'intérêt n'est pas recevable comme critère de la vérité. Pourtant Kant énumère les formes de cet intérêt :
a) pratique : la morale et la religion trouvent leur compte dans la thèse ;
b) spéculatif : on peut saisir le début de la chaîne des événements ;
c) populaire *(Popularität) :* le sens commun ne voit là aucune difficulté et y trouve même un certain confort « intellectuel ».
Côté antithèse : l'empirisme abolit tout intérêt pratique puisqu'il ôte tout appui aux idées morales ; de même sur le plan spéculatif, il assure à l'entendement une domination sans partage, puisqu'il lui permet d'étendre à loisir ses connaissances; inutile de s'attarder sur le fait qu'il n'est pas populaire. Une fois encore, la nature, mieux, l'Idée de Nature, semble produire son sempiternel effet : abolir la condition d'existence d'un supplément moral, savoir la liberté.
Kant l'entend bien ainsi en illustrant la thèse et l'antithèse par deux références antiques : le platonisme et l'épicurisme. Les raisons de cette illustration sont évidentes : telle la « colombe légère » de *L'introduction de la Critique* (§ III), Platon a quitté les difficultés du monde sensible pour s'élancer dans l'intelligible pur, mais sans trouver où se poser, ce qui est sans doute bon pour la pratique mais cause un grave préjudice à la science de la nature. A ce philosophe intellectuel s'oppose Épicure, le sensualiste : aux yeux de Kant, il est moins dogmatique qu'on ne le croit volontiers, car on n'est pas sûr que la critique du dogmatisme intellectuel cesse d'être une critique pour se transformer en dogmatisme des sens. N'était le cas, c'est-à-dire si Épicure s'était contenté de maximes de l'usage spéculatif de la raison, il aurait été, selon Kant, exceptionnel parmi les philosophes de l'Antiquité ; de fait, il aurait été un pré-kantien. Quoiqu'il en soit une conclusion s'impose à les confronter :

> « Chacun d'eux dit plus qu'il ne sait... »
> (*Critique de la raison pure*, T. IV, p. 447, GF p. 403)

C'est d'ailleurs là la cause de leurs dogmatismes respectifs, l'empirisme devenant dogmatique, dès qu'il prétend en savoir plus que le dogmatisme qu'il critique, alors qu'il faudrait se limiter à la critique. Mais ces deux écoles en -isme ne font qu'illustrer le jeu de la raison s'essayant irrésistiblement à donner un contenu à l'Idée de Nature à laquelle ne correspond aucune expérience.
Ce conflit est exemplaire du dépassement des limites de l'expérience, c'est-à-dire de l'oubli du souci critique auquel il faut désormais revenir. En effet, malgré le portrait plutôt flatteur qu'il dresse d'Épicure, Kant sait

bien que le philosophe antique ne pouvait aller plus loin : si, selon la formule du dernier chapitre de la *Critique,* il ne dépassait jamais les limites de l'expérience, c'est parce qu'il n'admettait que des objets sensibles. Et tout est là : ne pas dépasser les limites de l'expérience est une maxime excellente du point de vue antidogmatique, mais c'est dogmatisme que d'affirmer que n'existe que ce qui est sensible et tombe donc dans les limites de la dite expérience. En effet, la connaissance scientifique, en l'occurence celle de la nature, n'a pas affaire aux choses en soi, pour en déterminer les rapports nécessaires et universels (= les lois), mais aux phénomènes anticipés par le sujet, selon des structures *a priori* qui leur confèrent l'objectivité. Dans ces conditions, les rapports de causalité établis au niveau de la physique s'entendent, non des choses telles qu'elles sont en soi, c'est-à-dire indépendamment de la forme objet que leur confère le sujet, mais des seuls phénomènes. Ou encore, ces rapports de causalité n'ont de valeur que sensible. Mais, et c'est le sens de cette restriction, si la causalité mise en œuvre par la physique n'est que sensible, il est possible de penser ce qui n'est pas sensible dans la même causalité, c'est-à-dire ce qui dans un phénomène n'est pas phénomène : de penser, non de connaître. La critique interdit en effet et l'affirmation dogmatique, qu'au-delà de l'expérience possible, donc du connaissable pour nous, il n'y a rien, et la thèse dogmatique qu'il y a quelque chose qu'on peut connaître : ni sensualisme (Épicure) ni « mysticisme » (Platon), pour employer les termes du dernier chapitre de la Critique.
La causalité d'un phénomène naturel peut donc être pensée simultanément comme sensible (elle est même connue) et comme intelligible : en ce dernier cas au lieu d'être rapporté, selon une règle, à l'état qui le précède immédiatement, un phénomène peut être rapporté à la causalité d'une chose en soi, qui donc ne saurait être elle-même effet d'une autre cause, ce qui est le cas de toute cause sensible. On voit les avantages d'une telle démarche : elle ne met nullement en cause le déterminisme propre à la physique, mais l'antithèse la transformait dogmatiquement en l'entendant des choses et non des phénomènes, tout en permettant de prendre en charge un autre type de causalité, qui s'inscrit au titre des effets dans la première, sans pourtant se confondre, au niveau de la cause, avec celle-ci. Deux lectures de l'expérience sont possibles : une lecture selon la causalité sensible, celle de la physique, une lecture selon la causalité intelligible, toujours indirecte ou médiate en raison du caractère non phénoménal de cette causalité.
Kant précise cette double causalité en distinguant dans la loi de sa causalité son caractère en caractère empirique et caractère intelligible. La notion de caractère s'entend des actions d'un sujet du monde sensible auquel on peut l'appliquer, à condition, naturellement, comme le fait Kant, d'employer toujours le conditionnel (T. IV p. 492, GF p. 441). Comme phénomène, ce sujet verrait ses actions s'ordonner, selon le caractère empirique de sa causalité, conformément aux lois de la nature, un état antérieur déterminant le suivant, selon une règle. Mais d'autre part, selon le

caractère intelligible, il pourrait être considéré comme étant la cause de ses actes, qui se manifesteraient phénoménalement dans,l'ordre du temps. Il lui faudrait donc être à la fois dans le temps (caractère empirique) et lui échapper (caractère intelligible). Cette possibilité peut être envisagée, puisque le temps n'est que la forme de l'intuition et non, comme le croyait Newton, une propriété des choses : forme de réceptivité des phénomènes, le temps ne s'applique qu'au sensible, non aux choses en soi.
D'où cette conclusion capitale, puisqu'elle distingue dans le sujet un aspect naturel et un aspect qui ne l'est pas :

> « Ce sujet agissant ne serait, selon son caractère intelligible, soumis à aucune condition de temps, car le temps n'est que la condition des phénomènes, non celle des choses en soi. En lui ne *naîtrait* ni ne *périrait* aucune action... »
> (*Critique de la raison pure*, T. IV, p. 493, GF p. 442)

Transcendant le temps, condition des phénomènes, le sujet, bien que sensible, serait, en quelque sorte, un noumène : ainsi il pourrait commencer absolument des effets dans la nature, sans que pour autant la légalité temporelle de celle-ci en soit altérée, mais d'un autre côté également, ce commencement n'impliquerait pas qu'il commence, puisqu'un commencement n'a de sens que dans le temps, et que lui, comme noumène, ne s'y trouve pas. Par là, la nature est maintenue, mais simultanément, sur un autre plan, quoique s'inscrivant en elle, la liberté devient possible. La thèse est donc sauvée, mais l'antithèse également : il suffisait de critiquer leur dogmatisme.
La distinction des deux caractères a un sens anthropologique, mais Kant ne pouvait introduire directement l'homme comme cause phénoménale et comme cause nouménale. En ce cas, en effet, il se serait donné ce qu'il recherchait et n'aurait pas réussi à montrer qu'en partant des prémisses imposées par la considération de la seule nature, il était possible de dédoubler la causalité et de rendre compte, théoriquement, du supplément moral éliminé comme supplément dans les morales naturalistes. En revanche, cette démarche anthropologique est désormais légitime : l'homme est l'exemple privilégié de la double causalité, pensée précédemment comme possible :

> « Appliquons ceci à l'expérience. L'homme ... l'homme est assurément pour lui-même pour une part phénomène *(Phänomen)* pour l'autre, je veux dire du point de vue de certaines facultés, un objet purement intelligible parce que son action ne peut pas du tout être mise au compte de la réceptivité de la sensibilité. »
> (*Critique de la raison pure*, T. IV, p. 498, GF p. 445)

L'homme est réceptif par sa sensibilité, mais spontané par l'entendement et la raison. Or, cette dernière nous représente des impératifs, c'est-à-dire des règles d'actions irréductibles à des déterminations naturelles : celles-ci, connues par l'entendement sont nécessaires, puisqu'il nous dit ce qui est, a été ou sera, non ce qui doit être. Ce qui doit être mieux, le devoir, s'impose à nous en tant que volonté qui n'est pas déterminée par les seuls mobiles sensibles, nécessairement phénoménaux et donc naturels. Le devoir que se représente la raison dans son usage pratique introduit le sujet nouménal à un autre ordre que celui de la nature phénoménale, même si d'ailleurs il ne résiste pas aux sollicitations sensibles de celle-ci : en effet, il oblige le sujet à se prendre comme cause de ses actions, car capable de produire des effets de lui-même, en les commençant. Non que la raison commence, car alors elle serait prise dans la série du temps et il y aurait une cause de la raison, mais les effets de la raison, qui se lisent dans l'ordre du temps, renvoient à une raison intemporelle qui a le pouvoir de commencer un état dans le temps, tout en étant en dehors de celui-ci. En ce sens la raison pratique de l'homme échappera à la nécessité logique qui lie le futur, le passé et le présent et sur laquelle s'appuyait Diodore-Cronos pour justifier son argument : cet argument n'intéresse que le caractère empirique des actions, mais celui-ci n'est que le signe, ou le schème sensible (expressions de Kant) du caractère intelligible qui ignore l'avant et l'après, n'étant pas dans le temps. Donc du point de vue théorique (c'est le champ exploré par la *Critique de la raison pure*) l'on peut comprendre comment, sans restreindre le déterminisme naturel, on peut faire place à un ordre de la responsabilité et de la liberté fondé sur l'obligation et irréductible aux mécanismes de la causalité naturelle. Une simple expérience, celle du jugement d'imputabilité, aurait suffi pour nous en convaincre. Lorsque l'on juge d'un mensonge pernicieux parce qu'il a entraîné des conséquences funestes dans la société, on procède à une double lecture : on peut l'attribuer à des mobiles naturels, c'est-à-dire l'insérer dans la série des états qui l'ont précédé, c'est une détermination du caractère empirique. En même temps et d'autre part, en l'attribuant à son auteur considéré comme tel (nous le blâmons), on admet implicitement qu'il a commencé absolument une série d'effets (caractère intelligible). N'aurait-il pas fallu commencer par là et s'épargner toute cette peine ? Répondre positivement, ce serait reconnaître l'inutilité d'une exploration de notre pouvoir de connaître la causalité d'un point de vue théorique : l'exemple introduit ne prouve pas la réalité du caractère intelligible, mais éclaire seulement les propositions théoriques possibles auxquelles on est conduit lorsqu'on envisage l'antinomie de la causalité d'un point de vue régulateur. Demander ici une preuve, ici, c'est-à-dire sur le plan théorique, ce serait demander une expérience de l'inconditionné, ce qui est contradictoire. Cependant, le détour n'était point inutile, il a permis de reconnaître à quelles conditions est pensable un supplément moral irréductible au naturalisme. Si l'obligation n'est pas la nécessité, elle le doit au caractère intelligible des actions du sujet sensible.

b. La raison pratique et la découverte de l'obligation morale

Le bilan paraît pourtant négatif. Kant ne constate-t-il pas lui-même qu'à la question Que dois-je faire ?, il n'est pas de réponse sur le terrain de la *Critique de la raison pure* parce que cette question est « simplement pratique » (*Théorie transcendantale de la méthode,* C. II, § 2, T. IV p. 677, GF p. 603)[9]. Il faut donc changer de terrain si l'on veut en savoir plus sur ce par-delà la nature, essentiel à la définition d'une morale de l'obligation. H. Heine (1797-1856) a tenté une explication mi-sérieuse mi-plaisante de la nécessité de ce changement dans son *De l'Allemagne* (1835) où il présentait aux Français son pays natal et en particulier les philosophes allemands.

A l'entendre, le valet de Kant, Lampe (aucune allusion au siècle des Lumières...) versait force larmes sur un ciel épuré de ses dieux, garants traditionnels des récompenses ou des châtiments futurs réservés à une âme, autrefois immortelle ; pris de pitié le philosophe réfléchit et dit d'un air moitié débonnaire, moitié malin :

> « Il faut que le vieux Lampe ait un Dieu, sans quoi point de bonheur pour le pauvre homme... Or l'homme doit être heureux en ce monde ; ... c'est ce que dit la *raison pratique...* Je le veux bien, moi... que la raison pratique garantisse donc l'existence de Dieu ». En conséquence de ce raisonnement, Kant distingue entre *la raison théorique* et *la raison pratique,* et, à l'aide de celle-ci, comme avec une baguette magique, il ressuscite le Dieu que la raison théorique avait tué. »
> (*Op. cit.* Le Livre de Poche, Paris 1981, p. 123)

L'anecdote, de pure fiction, est amusante, et a le mérite de poser nettement la question : s'agit-t-il d'un coup de baguette magique ? En apparence oui, puisque d'une *Critique* à l'autre, on a l'impression que Kant justifie sur le plan pratique tout ce qu'il avait récusé sur le plan théorique : Dieu, la liberté, l'immortalité de l'âme. Au fond, à s'en tenir à la seule lecture de la première *Critique,* c'en était fait de ces « croyances » et donc, puisqu'elles sont, paraît-il, essentielles à l'action morale (problème de la rétribution), c'en était fait aussi de cette dernière. Dans son roman *Les Déracinés* (1897), Barrès a mis en scène un professeur de lycée kantien qui

> « après une étape dans le scepticisme absolu, et sitôt les vacances du Nouvel An passées, croyait bien avec Kant et par l'appel au cœur reconstituer à ses élèves la catégorie de la moralité et un ensemble de certitudes. »

Il conclut tristement :

> « Ils ne le suivirent pas. ».
> (*Op. cit.* Le Livre de Poche, Paris, 1972, p. 24)

---

9. L'édition GF comprend une coquille (p. 602) et énonce la question Que puis-je faire ? Il faut rétablir Que dois-je faire ? *(was soll ich tun ?).*

Rien d'étonnant à cela si l'on peut dire : la méthode de Bouteiller, le héros de Barrès, est mauvaise, car il prétend emprunter une voie non kantienne, en dépit de son orthodoxie affirmée. Le cœur n'est pas la voie ni la voix de la raison pratique, même si Kant évoque en conclusion de la *Critique de la raison pratique* l'admiration respectueuse que provoquent en son esprit *(Gemüt)* le ciel étoilé au-dessus de lui, et la loi morale en lui. Or, Bouteiller commence par la conclusion, s'efforçant donc de faire l'économie des prémisses rationnelles de cette conclusion par un appel au cœur, parfaitement étranger à la pensée kantienne, d'autant plus étranger même qu'elle récuse l'idée d'un « sentiment moral », rencontrée chez certains penseurs anglais du siècle (par exemple Shaftesbury dont Diderot avait traduit en 1745 *L'essai sur le mérite et la vertu* ou encore Hutcheson cité dans la *Critique de la raison pratique*).

Il y a certes un changement de terrain à comprendre, mais ce n'est pas un passage de la raison à l'affectivité. Se maintenant dans la raison, Kant découvre, au niveau pratique, un fondement de la moralité, seulement pensable au niveau théorique. Les suppléments (Dieu, l'immortalité de l'âme, etc.) y auront leur place, mais subordonnée par rapport à ce fondement : conséquences, jamais principes.

C'est dans les *Fondements de la Métaphysique des moeurs* (1785) que Kant expose avec le plus de netteté la différence de problématique entre une critique de la raison pure théorique et une critique de la raison pure pratique. S'il n'est pas de point de départ populaire dans la première, autrement dit si la longue marche à travers une recherche aride des fondements est requise par l'objet même des trois questions relatives à la légitimité de la mathématique, de la physique et de la méthaphysique, il en va de autrement ici : l'évaluation morale dont est capable tout être raisonnable ne requiert point l'apprentissage d'une science ou d'un savoir ; tout au contraire, ceux qui prétendent qu'il est besoin de volumes entiers pour éclairer la conscience en présence de « cas » (les casuistes caricaturés avec plus de passion polémique que de discernement dans les *Provinciales* de Pascal (1656-1657), abusent le sujet pratique sur ses capacités réelles de détermination dans le jugement de valeur morale. L'évidence de la bonne volonté comme absolument bonne s'impose immédiatement, au point que Kant peut commencer par là sa recherche. Il en est ainsi parce qu'une volonté absolument bonne ne saurait l'être relativement, par rapport à des fins dont elle serait le moyen, ce que découvre non pas un enseignement *(Lehre)* mais une simple explication *(Aufklärung)*. Il suffit d'introduire ici le concept de Devoir *(Pflicht)* : il contient celui de bonne volonté, compte tenu de restrictions et entraves subjectives qui manifestent encore plus clairement ce qu'est la bonne volonté. En effet, l'action accomplie par devoir caractérise une volonté bonne par elle-même, quoiqu'extérieurement elle puisse revêtir la même apparence que d'autres actions intéressées ; ainsi, pour un commerçant, être honnête vis-à-vis de ses clients : ce comportement peut être le produit d'une bonne volonté ou d'un intérêt étranger à la moralité. S'il en est

ainsi, la détermination morale se fait non au niveau du but poursuivi, mais du principe qui anime la volonté : il ne s'agit plus de discuter s'il faut vouloir la richesse, les honneurs, etc. (topique de la morale prékantienne), mais de connaître la qualité de la maxime de la volonté qui peut être définie formellement et *a priori,* puisque toutes les autres déterminations feraient intervenir le contenu et donc le but — les principes pratiques sont « subjectifs ou sont des *maximes,* lorsque la condition est considérée par le sujet comme valable seulement pour sa volonté ; ils sont objectifs ou constituent des *lois* pratiques, lorsqu'ils sont reconnus comme objectifs, c'est-à-dire comme valables pour tout être raisonnable. »
(*Critique de la raison pratique,* L. I. 3C. I, §1.). Par là même, Kant place au fondement de la moralité de l'acte l'intention, illisible dans l'acte lui-même (il est extérieur) quoique parfaitement accessible à la raison pratique, qui se représente la règle de l'action à faire avant de la faire.
Sera morale l'intention d'agir, non point conformément à la loi morale, car cette conformité pourrait être un masque (conformisme hypocrite), mais par respect pour elle, puisqu'en ce cas seulement le sujet ne tient aucun compte de ses inclinations propres ni de ce que peut lui dicter sa « prudence » sur les conséquences de son acte ou ses buts. Il n'y a en effet que la loi qui soit respectable : elle ne peut être aimable, car le fait d'être astreint à une loi lèse notre sensibilité qui en souffre, bien que cette contrainte révèle au sujet pratique qu'il peut s'élever au-dessus de ses inclinations sensibles. Loi respectable donc, mais loi qui n'est pas un code, supposant des connaissances et un apprentissage (comme par exemple la loi religieuse révélée ou les lois civiles), car loi dépourvue de contenu : seule importe son universalité ou, plus exactement, pour qu'une maxime puisse être identifiée comme morale, il faut et il suffit qu'on puisse l'universaliser. Et de cette opération est capable la raison humaine ordinaire *(die gemeine Menschenvernunft)* expression qui n'a rien de méprisant, mais qui témoigne de la différence d'approche qui existe entre la raison pure théorique et la raison pure pratique. L'une essaie de savoir, mais la critique lui apprendra qu'il faut renoncer à cette prétention, si elle ne veut pas succomber aux prestiges du dogmatisme, l'autre au contraire manifeste au niveau le plus simple la parfaite accessibilité (il suffit d'avoir « l'âge de raison ! ») de la loi morale. Cette facilité n'interdit pas, au contraire, de rechercher à un niveau plus élevé, c'est-à-dire philosophique, leur unité profonde.
Il est possible dès ce niveau atteint, c'est-à-dire sitôt déterminée comme absolument bonne la volonté qui veut par respect pour la loi morale, d'exposer philosophiquement les implications d'une telle définition. Il faut le faire d'autant plus que se présentent immédiatement des pensées qui rivalisent de subtilité pour mettre en question cette détermination unique. Il faut dire à leur décharge qu'elles ont souvent, voire le plus souvent, pour elles l'expérience : qui pourrait dire, en effet, d'un point de vue extérieur, que telle action réputée morale et donc imputée au respect du devoir, ne dérive pas en fin de compte de l'amour de soi ou l'intérêt

(« Toutes les vertus des hommes se perdent dans l'intérêt, comme les fleuves se perdent dans la mer » avait déjà dit La Rochefoucauld, Maximes, N° 3) ? Toujours du même point de vue, la moralité démentie par l'expérience, ne peut-elle être considérée comme une élucubration *(Hirngespinst)* d'une imagination délirante par infatuation d'elle-même *(Eigendünkel)* ? Cherchez la moralité dans l'expérience, accumulez les exemples historiques, elle n'apparaît nulle part. Mais le Christ, objet d'imitation par sa vie (il est selon Kant « le saint de l'Évangile ») ? Il n'échappe pas au soupçon :

> « L'imitation n'a pas de place en matière morale »
> (T. VI p 36, édition Delbos, p 117),

sa vie peut bien encourager à la moralité, non l'exhiber dans l'expérience. Autant dire que ni l'histoire, ni l'anthropologie, ni la théologie, naturelle ou révélée ne seront convoquées pour établir les fondements d'une moralité déjà définie. La rupture est donc complète avec le naturalisme des prédécesseurs : s'il y a une expérience morale, il n'y a pas d'expérience de la morale, ce qui met fin aux prétentions de ceux qui arguant de la diversité des moeurs (Voltaire dans *l'Essai sur les moeurs,* Diderot dans le *Supplément au voyage de Bougainville*) contestent la même moralité des moeurs et, à travers celles-ci, la moralité elle-même.
Le point de départ est désormais la raison humaine et elle seule, qu'elle soit le fait du commun ou du philosophe : les concepts moraux n'ont pas d'autre origine, ils ne sont donc ni d'expérience, ni de sentiment. Le seraient-ils, ils ne sauraient être universels (les moeurs varient, le sentiment aussi), et qu'est-ce qu'une détermination morale qui l'est ici, mais non ailleurs ? La raison produit spontanément et *a priori* la représentation de principes qui obligent la volonté à se déterminer autrement que par des inclinations sensibles : si elle se détermine autrement, donc si elle suit les penchants sensibles, elle se fait désir, et la maxime du désir se reconnaît assez à sa particularité, ou sa singularité : le désir n'est jamais désir du bien, mais de l'agréable, ce qui exclut la moralité. Le sujet moral est donc, en fait, toujours confronté au choix entre vouloir (c'est-à-dire vouloir rationnellement) et désirer (c'est-à-dire « vouloir » selon la nature sensible). Ce partage se fait facilement et ne requiert pas de science particulière : le commandement rationnel se reconnaît à son caractère catégorique, car il commande (impératif) sans prendre en considération l'intérêt particulier du sujet, qu'il invite à vouloir universellement sans souci des circonstances ; c'est pourquoi il est toujours unique : en les multipliant, les maximes qui tiendraient compte des circonstances dans l'intérêt du sujet, seraient des impératifs hypothétiques.
Vouloir selon ces derniers, c'est en fait ne pas vouloir, mais seulement désirer, ce qui se reconnaît à la contradiction de leurs maximes : fondées sur des conditions (hypothèses) empruntées à la nature sensible, elles varient selon les sujets et sont donc contradictoires entre elles. Au contraire, la volonté qui se soumet à l'unicité de l'impératif catégorique s'engage

à vouloir comme le voudraient tous les sujets s'ils voulaient rationnellement. Cette universalité est l'un des critères de la rationalité de la détermination de l'acte moral, l'autre étant le formalisme : en effet, alors que l'impératif hypothétique prend en charge les circonstances matérielles de l'action dans l'élaboration de sa maxime, au contraire le caractère *a priori* de l'impératif catégorique les exclut toutes et ne garde que la forme. Tous les sujets moraux (universalité) doivent, sans qu'il y ait de contradiction, accomplir cette action, tel est le contenu de l'impératif catégorique.

C'est sa singularité, mieux son unicité, qui rejette de la moralité toutes les considérations relatives à une prétendue sagesse de la moralité. Celle-ci (la *phronèsis* d'Aristote, la prudence) déterminait le choix vertueux en fonction des circonstances, toujours contingentes, qu'il fallait donc connaître ou reconnaître pour s'engager. Désormais, une telle recherche est non seulement inutile mais immorale. Aucun compromis n'est possible ou alors c'en serait fait de la rationalité de la morale. Mais dira-t-on, il est des circonstances que l'on ne saurait exclure : à l'époque des persécutions n'est-il pas permis, moralement permis, de mentir par exemple pour ne pas dénoncer un proscrit recherché par la police ? Ou ne peut-on biaiser en procédant par omission : « oui, il n'est pas ici » (c'est-à-dire, il est bien dans ma maison où je le cache, mais il n'est pas ici en votre présence, etc) ? Kant n'élude pas le problème : la réponse est toujours négative, car il y aurait contradiction à parler d'un mensonge moral, le mensonge nuisant toujours à autrui, que celui-ci soit mon interlocuteur immédiat ou l'humanité en général.

On s'est étonné de ce rigorisme absolu. C'est s'étonner de la définition de la moralité par l'universalité et le formalisme, seuls critères de la loi morale. Que si l'on admet une seule exception, et l'on prétend donc que l'impératif catégorique peut cohabiter avec les impératifs hypothétiques, ceux-ci acquérant une moralité jusque là refusée, à quoi sert-il de les distinguer ? On en revient à une morale de la prudence ou, ce qui n'en est qu'une variété, à la casuistique et à la doctrine de l'éclairement de la conscience. La raison ne saurait y trouver son compte sauf à se confondre avec une justification ou rationalisation de la réalité, donc avec l'expérience toujours contradictoire. Mais où sera la morale ? C'est Diderot (*Le Neveu de Rameau* 1773, *Est-il bon, est-il méchant ?* 1781)[10] qui aura raison et Hegel avec lui. On ne se débarrasse pas aussi facilement

10. Est-il bon, est-il méchant ? C'est la question que se pose à lui-même Hardouin, le personnage central de la pièce dont les intrigues aux effets divers obéissent à des motivations morales parfaitement contradictoires quoique compatibles... A l'acte III scène 9, seul, donc non contraint par les autres à paraître, mais pourtant en compagnie de lui-même et donc obligé de s'apparaître, Hardouin exprime sa propre ambiguïté :
« Moi, un bon homme, comme on le dit ! Je ne le suis point. Je suis né foncièrement dur, méchant, pervers. Je suis presque touché jusques aux larmes de la tendresse de cette mère pour son enfant, de sa sensibilité, de sa reconnaissance ; j'aurais même du goût pour elle ; et malgré moi, je persiste dans le projet *peut-être* de la désoler... Hardouin, tu t'amuses de tout; il n'y a rien de sacré pour toi; tu es un fieffé monstre... Cela est mal, très mal... Il faut absolument que tu te défasses

de sa contribution : si la morale se définit par l'impératif catégorique, il est immoral et irrationnel d'invoquer les circonstances, un point c'est tout. D'ailleurs même si empiriquement, il n'y a aucun acte qui soit vraiment moral, cela ne change rien à l'affaire : partout violée, la morale n'en reste pas moins ce qu'elle est.

La singularité de l'impératif n'exclut pas la multiplicité de ses formulations. Kant en a donné au moins trois. La première rappelle l'obligation d'agir conformément à une maxime universalisable sans contradiction. En dérive la seconde, qui découvre l'humanité comme respectable en tant qu'assujettie à l'obligation morale : s'il faut en effet traiter toujours l'humanité, dans sa personne (devoir envers soi) et dans celle d'autrui, comme une fin, c'est parce que l'humanité n'est pas seulement une espèce sensible, objet d'une anthropologie empirique, mais une espèce appelée à dépasser la nature, comme le montre sa vocation morale (être obligé). La troisième formule précise l'effet moral de l'action : idéalement (ce ne peut être en effet empiriquement) l'action morale de chacun et de tous vise à la constitution d'une sorte de règne des fins, c'est-à-dire une liaison non naturelle des agents moraux entre eux, une sorte de république supra-sensible, dans laquelle on peut reconnaître la Jérusalem céleste de la Tradition, à condition de remarquer qu'elle n'a aucun fondement théologique, puisqu'elle est le produit idéal de la volonté des agents moraux, en tant qu'ils se soumettent à la loi morale. Par là même, le champ de l'obligation se trouve donc parfaitement distingué de celui de la nature : la raison pratique inscrit ses effets dans la nature, sous la forme d'actes empiriques (que l'on peut étudier empiriquement), mais cette inscription ne détruit point sa spécificité ; sur un autre plan, celui de la moralité, elle

de ce mauvais tour d'esprit. Et que je renonce à la malice que j'ai projetée ?... Ho non... Mais après cela, plus, plus. Ce sera la dernière de ma vie. » (Diderot, *Oeuvres complètes,* Paris, 1973, T. XIII, p. 210)

On aura remarqué le peut-être souligné par nous : le héros n'en sait rien pas plus qu'il ne connaît la fin de sa propre histoire, pas davantage les déterminations éthiques de cette résolution, si c'en est une.

Hegel n'évoque pas cette pièce de théâtre, mais mentionne en revanche à plusieurs reprises *Le Neveu de Rameau,* qu'il connaissait par la traduction allemande de Goethe (1805, l'original français ne sera publié qu'en 1823 !). Le texte suivant de la *Phénoménologie de l'esprit* commente assez bien cette impuissance dans laquelle se trouve l'esprit à trouver un pôle stable, lui permettant d'asseoir ses jugements pratiques, sans qu'ils se transforment en leurs contraires :

« Le contenu du discours que l'esprit *(der Geist)* tient sur et à propos de lui-même est donc le renversement de tous les concepts et de toutes les réalités, la tromperie universelle de soi-même et des autres, et l'impudeur qu'il y a à dire cette tromperie est la plus grande vérité... A la conscience tranquille qui pose honorablement dans l'égalité des tons, c'est-à-dire à l'unisson la mélodie du bien et du vrai, ce discours apparaît comme un fatras de sagesse et de folie, un mélange de sagacité et de bassesse, d'idées justes et alternativement fausses, d'une perversité générale de sentiments, d'une turpitude complète et d'une franchise peu commune ».
(*Phénoménologie de l'esprit,* Hambourg, 1952, pp. 372-373, trad. fr. T.II, pp. 80-81)

Comme Hardouin, le neveu de Rameau dans le dialogue de Diderot, illustre les difficultés de fonder une morale sur des contenus quels qu'ils soient : leurs échanges dialectiques aboutissent à un renversement et une perversion qui est aussi bien la négation de toute valeur. Aussi bien Kant avait-il refusé la prise en compte des contenus.

fait apparaître d'autres causalités, celle de la liberté, et une organisation des êtres qui dépasse le cadre de la nature. Elle convoque, en un mot, à une extension ou à un élargissement des connaissances, jusque là prohibés par la *Critique de la raison pure.*
Cette extension n'est point née du souci de consoler le vieux Lampe, pas davantage de celui de récupérer sur le plan pratique ce que l'on avait perdu sur le plan théorique, même si postuler à titre pratique, Dieu, l'immortalité de l'âme et la liberté peut prendre cette apparence aux yeux d'un lecteur malveillant ou négligent. En effet, l'élargissement de nos connaissances rationnelles naît de la raison pratique elle-même. Raison, celle-ci comme la raison théorique, exige la totalité Inconditionnée de son objet ; celui-ci comprend l'aspect obligatoire de la loi et s'appelle vertu, mais aussi satisfaction de nos penchants empiriques : le bonheur.
On voit immédiatement la contradiction entre les deux aspects : l'un est *a priori,* l'autre *a posteriori ;* l'un est moral, l'autre absolument immoral, ou tout au moins étranger à la moralité, comme le montre assez la pluralité des définitions du bonheur. Mais il n'en reste pas moins vrai qu'il est essentiel à l'homme de rechercher le bonheur. On ne saurait pourtant se contenter de rejeter cette exigence du bonheur au nom de la vertu, car l'objet de la raison pratique, c'est la totalité vertu/bonheur, non la vertu comme le croyaient les Stoïciens, ni le bonheur identifié au plaisir, comme l'affirmaient les Épicuriens. La raison pratique produit donc une antinomie :

> « Le désir de bonheur doit nécessairement être la cause motrice des maximes de la vertu ou bien la maxime de la vertu doit être la cause efficiente du bonheur. »
>
> (*Critique de la raison pratique* (1788) T.VI, p. 243, Quadriges, p. 122)

La thèse est évidemment inacceptable, car immorale, mais la seconde antithèse ne peut être reçue, puisqu'elle obligerait la nature à se conformer à la morale ce qui relève du délire. Ce conflit, qui est historiquement celui de l'épicurisme et du stoïcisme, prend cette forme parce qu'on ne tient pas compte de la double caractéristique de l'homme : phénomène et noumène, négligence propre aux dogmatiques de l'Antiquité. Qu'au contraire, on la prenne en considération et l'on peut tout en maintenant le déterminisme au niveau des phénomènes, poser, au niveau de la causalité intelligible, une connexion entre la moralité de l'intention comme cause et le bonheur comme effet sensible. Cette possibilité se trouve renforcée lorsqu'on s'avise du fait que les écoles antiques n'envisageaient la réalisation de cette connexion qu'en cette vie : évidence contredite le plus souvent, même si ces sages prétendaient que le sage est heureux (par plaisir ou vertu) dans le taureau de fer chauffé à blanc du tyran Phalaris. Parce que l'obligation morale découvre la réalité du suprasensible, la raison pratique trouve, elle aussi, dans ce domaine de nouvelles possibilités quant à la réalisation de son objet, le souverain bien. Il lui faut envisager l'immortalité de l'âme et l'existence de Dieu : en effet, la première autorise la pensée d'un progrès indéfini dans la recherche de la conformité de l'intention aux exigences de la moralité, tout comme la seconde permet de comprendre la possibilité du bonheur. Mais il s'agit là non de motifs de la moralité (seul le devoir est le mobile de l'action morale), mais de postulats de la raison pratique.

La raison se trouve ainsi étendue, quant à son pouvoir de connaître, mais seulement par des postulats et par suite le bilan de la *Critique de la raison pure* ne se trouve pas modifié, quoique l'usage régulateur des principes en faveur de la thèse s'en trouve conforté. Théoriquement, notre connaissance n'est pas étendue mais rationnelle, pratiquement il en va autrement : la moralité introduit une foi pratique, seulement problématique, dans la *Critique de la raison pure.* Je ne sais pas ce que je dois espérer, mais je sais ce que je dois faire, et pour ce qu'il m'est permis d'espérer, ma foi pratique me le délivre.

L'obligation morale ouvre donc à la découverte d'un champ inconnu du point de vue de la nature : celui de la liberté et de ses effets lisibles dans la nature quoiqu'irréductibles à elles. Quelque chose de nouveau s'y manifeste, quelque chose que l'on pourra toujours nier, il suffit pour cela de s'en tenir au point de vue de la seule nature, mais en ce cas, il faudra élaborer des éthiques sans morale. La morale de l'obligation pourrait bien introduire à quelque chose d'idéal dont on pourra toujours se moquer, mais ces moqueries seront sans effet, puisqu'elles s'appuieront sur des certitudes empiriques, laissant donc intacte la problématique morale telle que Kant l'a exposée. De la nature à la morale, il y a un progrès ; Kant a peut-être eu tort de vouloir en lire les signes prophétiques dans une histoire où la révolution française serait un tel signe. Mais il n'empêche, si la morale ne doit pas se confondre avec la médecine ou la psychologie, il faut qu'elle soit progrès au-delà de la simple nature, même si ce progrès n'est qu'une exigence en l'absence éventuelle d'un Dieu rétributeur et d'une âme immortelle. Ces deux postulats de la raison pratique resteraient-ils sans objet (mais rappelons-le, ils ne peuvent en avoir sinon la croyance pratique), l'exigence morale n'en resterait pas moins dépassement de la nature, qui lui ajoute un supplément ou un complément, problématique. C'est peut-être là le seul sens que puisse avoir le progrès moral.

8

LA RELIGION

Introduction : A la recherche d'une définition : la religion est-elle l'opium du peuple ?

La religion dans la philosophie :

1. La croyance et la foi ; le Livre ; le problème théologico-politique de la religion.

2. L'époque moderne, fondatrice du problème philosophique de la religion : traduire les images de la religion en concepts (Hegel).

TEXTE

Ibn Roshd (Averroès), *Démonstration et interprétation*

Introduction : à la recherche d'une définition

Les animaux n'ont pas de religion, seul l'homme en a, répète-t-on, sur le ton grave ou comique : ainsi Feuerbach rappelle, dès la première phrase de son livre le plus important, le caractère fabuleux d'une religion des éléphants pourtant attestée par les zoologistes anciens ; Cuvier (1769-1832) le célèbre naturaliste du XIXe siècle « situe, considérations spécifiques à l'appui, l'éléphant à un degré spirituel pas plus élevé que le chien »... (Feuerbach, *Essence du christianisme* C.1). Cette différence constatée ou attestée, on n'en reste pas moins sur sa faim : elle revient à dire que la religion distingue l'homme de l'animal, comme l'art, la technique, la science, le droit, le langage, etc. Elle sépare des genres ou tout au moins un genre (le genre humain) à l'intérieur d'un règne (le règne animal), tout en laissant indéterminé l'essentiel : la différence spécifique, celle qui délivre l'essence et permet une définition. En effet, a-t-on dit quelque chose lorsqu'on affirme de l'homme qu'il est *homo religiosus ?* Surgissent immédiatement les définitions jumelles : *homo politicus, loquax, faber, sapiens,* etc. qui prétendent chacune spécifier le genre de manière exclusive, comme si langage, *polis,* art et technique ou science avaient pouvoir de spécification exclusif. Il est vrai qu'on peut « raffiner » et subordonner ces différences les unes aux autres ou les coordonner : le parallèle du comportement instrumental et de la possession du langage articulé, la distinction du théorique et du pratique permettent tout un jeu de diversification des définitions de l'homme, en fonction des champs envisagés. Ainsi, dans le domaine théorique, la définition par la *sagesse* peut-elle apparaître comme clef de voûte, alors que la spécification politique prend la première place dans le domaine pratique : Aristote procède à cette distinction. Pourtant qui ne voit que ces séparations ou ces mises en parallèles, ces subordinations ou ces coordinations sont artificielles ? Elles manquent en effet de précision, si celle-ci implique l'adhésion à un objet dont la pensée suit le contour. Le langage est présent et dans la science de l'*homo sapiens* et dans la cité de l'homme politique ; est-il absent de la technique... ? de l'art ? Peut-on savoir hors la cité, sans langage, en ignorant arts et techniques ? Les termes spécificateurs s'échangent les uns les autres comme autant de « prétendants insolents » autour de Pénélope qui attend son Ulysse. Ajouter à la liste *homo religiosus* ne fera qu'accroître la confusion : un prétendant de plus.

De fait, où faut-il situer la religion : dans la « pratique et les fins » comme y invitent les programmes scolaires ? Bien sûr : rites, cérémonies, prières, appartiennent à la pratique (on dit « la pratique religieuse », avec justesse), mais cette pratique s'articule sur des savoirs traditionnels ou non, révélés ou non qui ont bien l'air d'appartenir au théorique, qu'il

s'agisse de dogmes savants élaborés au cours de traditions millénaires, ou de mythes. Rien ici qui spécifie l'homme de manière précise, et ce d'autant plus que la religion se trouve partout : dans le langage, dans l'art, dans la sagesse, dans la cité, à l'état mixte, dans une telle confusion qu'on ne peut guère la distinguer sans mutiler gravement le tout dont on la sépare. Leroi-Gourhan faisait remarquer, à propos d'une cuillère eskimo, l'imbrication des significations revêtues par elles et le réseau de référentiels permettant d'en définir les usages : non pas simplement un ustensile « pratique », mais un objet réservé à un sexe (renvoi à la division sociale du travail) ; des sculptures l'ornent (sphère de l'art), elles ont simultanément valeur magique et « donc » religieuse ; hérité enfin, cet objet familier « matérialise » d'invisibles règles de droit. La cuillère est tout cela ; isoler un aspect, c'est la briser et au lieu d'en désarticuler les significations, tel le bon dialecticien dont parle Platon (il opère « membre à membre ») c'est agir en mauvais dépeceur » (*Phèdre,* 265 e). Il en va de la religion comme de cet humble ustensile : aucune définition ne l'épuisera sans la mutiler. Aucune définition, *a fortiori* aucune formule.
A titre d'exemple, prenons la célèbre formulation, proposée par Marx, et qui dans la vulgate marxiste constitue suivant l'expression d'un de ses interprètes les plus illustres (rien moins que Lénine), la pierre angulaire de la théorie marxiste en matière de religion.
La voici :

> « La religion est l'opium du peuple. »
>
> (K. Marx : *Contribution à la critique de la philosophie du droit de Hegel* (1844) Berlin 1953 p. 10-11)

Dans sa brutalité d'abréviation (elle condense un dogme ou une pratique) cet énoncé est déjà sorti d'un contexte qui en tempère l'unilatéralité. Marx venait de dire :

> « Le combat contre la religion est donc médiatement le combat contre ce monde-ci dont l'arôme spirituel est la religion.
> La misère religieuse est partiellement l'expression de la misère réelle, partiellement la protestation contre la misère effective. La religion est le soupir que pousse la créature accablée, la cordialité d'un monde sans cœur tout comme elle est l'esprit de circonstances *(Zustände)* qui en sont dépourvues. Elle est l'opium du peuple. »

On l'a souvent remarqué : réinsérée dans son paragraphe, rapprochée de la conclusion du paragraphe précédent (on notera le mot « arôme »), la formule peut prendre un sens légèrement différent. La religion n'exprime-t-elle pas une réalité (aspect de vérité), ne proteste-t-elle pas contre elle (aspect politique pensé en termes polémiques) ? Mais en même temps elle n'est qu'un soupir, qu'un esprit, c'est-à-dire bons sentiments (*Gemüte* a ce sens) et irréalité. C'est pourquoi sa réalité est celle d'un parfum aux effets stupéfiants, une odeur tranquillisante. Kant avait déjà remarqué dans une note de sa *Religion dans les limites de la simple raison* que consoler un mourant au lieu d'aiguiser les reproches de sa conscience, c'est commettre une faute à son égard, puisque c'est « pour ainsi dire donner de l'opium à sa conscience morale » et l'idée d'associer religion et stupéfiants fera fortune (cf. Freud, l'*Avenir d'une illusion,* 1927). La « nouveauté » paraît être ici l'attribution de l'opium au peuple. On en aimerait bien une définition, mais le niveau de généralité du texte permet de s'en passer. Il est visible ici pourtant que Marx reste dans la ligne banale de certains philosophes du XVIIIe siècle français qui voyaient dans la religion un moyen de contenir les masses populaires, conformément à une tradition au reste fort ancienne : Voltaire se moquait du christianisme, mais le bon vieillard de Ferney assistait à la messe devant ses « gens ». Bref, la formule de Marx présente peu d'originalité et pourtant elle est pleine de force.

Celle-ci lui vient de l'effet de connaissance qu'elle produit. Il est certain qu'elle met à nu un aspect de la religion, voire un aspect d'une religion. Par rapport à une situation de détresse (le texte parle de « misère réelle », de « monde sans cœur », la religion a un effet balsamique, apaisant : mais elle ne soigne pas véritablement, ce que fait un remède; elle est seulement un analgésique. La réalité de la misère subsiste en dehors d'elle, qui ne peut que l'abolir l'instant d'un paradis artificiel. On remarquera le caractère moral voire moralisateur du langage employé par Marx pour qualifier la réalité : celle-ci est misérable, ce n'est pas la religion qui la fait sentir comme telle, elle l'est par elle-même ; la religion transforme cette misère réelle en l'exprimant dans un soupir, et ce soupir est « stupéfiant », ce qui étonne. Pourquoi en effet une expression de protestation devrait-elle produire cette torpeur artificielle ; pourquoi n'est-elle pas plutôt la prise de conscience d'une réalité ? Le monde n'y gagne-t-il pas ce qu'il ne posséderait pas sans elle : un cœur et un esprit illusoires. La religion est illusionniste, puisqu'elle donne cœur et esprit à la réalité qui est dépourvue de l'un comme de l'autre. Elle substitue une solution imaginaire à la solution des problèmes réels : par exemple, aux contradictions du tissu social, au problème de la justice distributive, le christianisme oppose la vie idéale de la communauté où tous sont frères, et cette vie idéale n'est pas nécessairement dépourvue d'efficacité dans le monde réel (revendication de la justice et pratique de la charité) ; le judaïsme ou l'Islam réalisent eux aussi des communautés idéales dont les effets sont réels. Personne ne nie que la religion opère un déplacement par rapport à la réalité. Mais l'effet produit par celui-ci est-il générateur d'illusion, voilà qui fait question. Y répondre affirmativement, c'est donner à la formule de Marx toute sa force, mais celle-ci provient de la thèse implicite selon laquelle l'identité illusion = opium est vérifiée. A ce moment-là seulement, l'on peut en appeler de la constatation de l'illusion religieuse à la revendication de la suppression pure et simple de « l'illusion » religieuse.

Marx l'entend bien ainsi puisqu'il écrit au paragraphe suivant :

« La suppression de la religion en tant que bonheur *illusoire* du peuple, voilà ce qu'exige son bonheur *effectif*. L'exigence de supprimer les illusions que l'on se fait sur son propre état, est *celle de la suppression d'un état qui a besoin d'illusions.* »

Le caractère moral du texte est précisé : l'opium religieux procure un bonheur illusoire. Il faut entendre, sans plus de critiques, qu'un bonheur effectif est possible dans la réalité : le bonheur du peuple, sans doute, dont on sait depuis la Grande Révolution que c'est une idée neuve en Europe. A aucun moment, l'on envisage la thèse selon laquelle le bonheur pourrait bien se conjuguer avec une illusion, son effectivité étant par conséquent aussi illusoire que sa forme religieuse... C'est que le texte repose sur l'affirmation de la possibilité de supprimer les illusions ou l'illusion : le besoin d'illusion est la suite d'un état particulier, non une nécessité, il est historique et contingent. La question est d'importance puisqu'elle revient à asseoir la possibilité d'en finir avec la religion, « la critique du ciel se transformant en critique de la terre », sur la possibilité de vivre sans illusions.
Que Marx, par sa formule ait rencontré quelque chose de réel : un usage conservateur, voire « réactionnaire[1] », de la religion, on ne saurait en douter, et il est inutile d'aligner les exemples, mais la transformation d'un usage en essence est autre chose. Comme analgésique, l'opium était d'un usage courant au dix-neuvième siècle ; ce serait un abus de langage que d'affirmer, l'opium étant une drogue, que tous ceux qui en usaient au siècle dernier étaient des drogués. Pas davantage la religion ne s'épuise dans cet usage conservateur. Est-elle illusoire ? Sans doute, mais à condition de préciser que l'illusion ne saurait, elle non plus, être travestie en un instrument que l'on manie à volonté, en raison de son irréalité inconsistante, ou de sa réalité seulement historique. Il faut en effet se demander ce que peut être une illusion instrumentalisée : comment peut-elle abuser ceux qui en sont les jouets et non point ceux qui la produisent ? Par quel miracle ? Le prestidigitateur abuse certes son public, mais bien parce que celui-ci est consentant à ses trucs, même s'il en ignore les mécanismes ; lui-même n'en est pas la victime. Il en va autrement d'une illusion qui ne le serait

1. Il faut remarquer toutefois que la plupart sinon la totalité des mouvements révolutionnaires jusqu'à la Révolution française (donc les soulèvements du Moyen Age, de la Réforme, voire la Révolution anglaise de 1640-1680) ont une motivation et une coloration religieuses. L'opium n'endort point, il soulève. A la décharge de Marx, il y a le fait que sa célèbre formule apparaisse dans un autre contexte, très précis, celui de l'Allemagne de 1843, où la religion n'était guère un ferment révolutionnaire. Cependant, la religion apparaît toujours comme incapable d'autonomie (elle peut recouvrir des réalités qu'elle exprime sans objectivité), d'autre part, elle ne peut que détourner de la connaissance effective de la réalité.
« Dans les prétendues guerres de religion du seizième siècle également, il s'agissait avant tout d'intérêts matériels de classe très positifs, ces guerres étaient des luttes de classes tout comme les conflits internes ultérieurs en Angleterre et en France. Si ces luttes de classes comportaient alors pour critères de distinction *(Shibboleth)* la religion, si les intérêts, besoins, et exigences des diverses classes se dissimulaient sous une couverture religieuse *(mystische Decke)* voilà qui ne change rien à l'affaire et trouve une explication facile dans les relations de l'époque. »
(F. Engels *La grande guerre des paysans allemands,* 1850)

que pour ceux qu'elle abuse sans leur consentement : l'adhésion est bien consentement, mais non à l'illusion comme illusoire. De même, il apparaît impossible de constituer les utilisateurs de l'illusion religieuse en trompeurs conscients : c'est réduire la religion à l'imposture ce dont on ne s'est guère privé, en particulier dans le monde chrétien jusqu'à la fin du XVIIIe chaque fois que l'on a abordé le problème posé par Mahomet, mais cette réduction ne tient pas. Elle suppose contre toute évidence que l'« imposteur » sait ce qu'il impose et qui en impose. Il y a tout lieu de croire, au contraire, que si la religion est illusion, cette dernière n'a rien d'un instrument que l'on manipule à son gré, elle n'est pas non plus un fantôme inconsistant qui disparaîtrait avec les premières lueurs de l'aube. Illusion certes, mais illusion qui a ses nécessités et sa réalité. Illusion qui pose le problème de sa nécessité et de la réalité, infiniment plus intéressant que celui d'une définition réductionniste du genre que celle proposée par la vulgate marxiste.

Il faut d'ailleurs être juste et reconnaître que les pensées de Marx relatives à la religion sont loin de trouver leur expression adéquate dans cette formule si célèbre : ce n'est pas de sa faute si Lénine y a vu une pierre angulaire.... Mais en dépit de cette restriction, il faut tirer la conclusion épistémologique qui s'impose : le phénomène religieux est si complexe qu'il ne faut guère espérer l'enfermer dans une définition, si longue soit-elle. La religion n'est pas l'opium du peuple, bien qu'elle ait rapport avec l'illusion : en lui baillant le titre de « forme idéologique de la conscience », on n'aura guère avancé : il faudra définir le terme d'idéologie, celui de conscience, et l'on trouvera autant de difficultés qu'avec l'illusion. Et il en sera ainsi de toute définition, même à prétention scientifique, comme celles qui fonctionnent chez les sociologues ou les historiens des religions : elles font intervenir le rite, le mythe, le profane, le sacré et donc toujours, au-delà des enquêtes empiriques, des catégories dont le caractère philosophique ne saurait être récusé.

De quoi il n'y a pas lieu d'avoir honte. Le problème religieux n'est pas celui des religions : chacune d'elles y répond à sa manière. Il n'est pas davantage celui de sciences, fussent-elles historiques ou humaines : celles-ci peuvent expliquer les croyances et les pratiques de la communauté juive d'Amsterdam au XVIIe ou les catégories de pensée des « chrétiens sans église » à la même époque. Ce n'est ni leur rôle ni leur fonction de prendre en charge les problèmes philosophiques posés par ces comportements et s'il est difficile de parler de Spinoza, d'Uriel da Costa ou de Pascal en évitant toute philosophie, donc en historien ou en sociologue « pur », c'est parce que l'attitude religieuse a partie liée avec la philosophie. Un point c'est tout. C'est donc de son côté qu'il faut se tourner pour trouver non les réponses à la question « Qu'est-ce que la religion ? », mais une délimitation des domaines de compétence de la religion par rapport à ceux des sciences, de la politique, de la morale. Il s'agira donc moins de la religion, ou des religions en général, que de la religion dans la philosophie, ce qui est plus modeste mais sans doute moins vague.

1. La croyance et la foi, le livre, le problème théologico-politique de la religion

Donc, la religion dans la philosophie, ce qui situe la problématique en la restreignant à l'aire d'existence de la philosophie et à son temps. Il faut même encore resserrer le domaine de mise en place. Certes, on peut très bien découvrir des éléments essentiels du problème philosophique de la religion chez Platon : par exemple une théorie du mythe, une critique de l'usage commercial de la pratique religieuse (dans l'*Euthyphron*), une théologie (le mot est employé dans la *République* II, 379 a). Pourtant ce n'est pas chez Platon ou chez Aristote que la religion reçoit un traitement philosophique digne d'un intérêt particulier. Gardiennes de la cité, les religions dont les deux grands philosophes antiques sont les contemporains, sont trop affectées par leur fonction idéologique pour prétendre concurrencer sur son terrain la philosophie. Anytos et d'autres peuvent bien accuser Socrate d'introduire de nouveaux dieux : ils parlent plus en conservateurs, défenseurs des traditions séculaires, qu'en théologiens descendant sur le terrain de la philosophie pour la contester au nom de la religion ; le procès de Socrate n'est pas celui de la vérité philosophique mené au nom de la religion. La situation en revanche change du tout au tout à partir du moment où la religion ne prétend plus seulement à la consécration des valeurs sociales solidement établies qu'elle sanctionne par mythes, rites et cérémonies familiaux et civiques, mais se constitue en vérité absolue sur le plan théorique comme sur le plan pratique, donc se situe, consciemment ou non, sur le même plan que la philosophie elle-même. C'est ce qui se produit avec la référence au Livre ou à la tradition du Livre dans les trois religions qui s'en réclament. Les cinq Livres bibliques de Moïse sont peut-être devenus pour la critique moderne (depuis R. Simon[2] et Spinoza) des textes rédigés à des époques diverses : on le savait déjà depuis longtemps et la tradition juive la plus ancienne se demandait déjà comment Moïse avait pu raconter sa propre mort ou comment interpré-

2. Richard Simon, prêtre de l'Oratoire (1638-1712) peut être considéré comme le père ou l'un des pères de l'exégèse moderne, qui en a eu beaucoup... Il attribue la rédaction de l'Ecriture à des scribes ou écrivains publics, retirant à Moïse la paternité du Pentateuque entier :
« Cela étant supposé, nous distinguerons dans les cinq Livres de la Loi ce qui a été écrit par Moïse d'avec ce qui a été écrit par ces Prophètes ou Ecrivains publics. On attribuera à Moïse les Commandements et Ordonnances qu'il donna au Peuple ; au lieu qu'on pourra faire auteurs de la plus grande partie de l'Histoire ces mêmes écrivains publics. »
(*Histoire critique de l'Ancien Testament* (1685) L.I ; C.2. p. 17.)

ter le verset : le Cananéen et le Périzien habitaient alors le pays (*Genèse* XIII, 7), cet alors semblant signifier qu'actuellement ce n'est plus le cas, donc que le texte a été écrit après la mort de Moïse, puisqu'il n'entra point en terre sainte, Dieu le lui ayant interdit (*Deutéronome* XXXIV, 4). A quoi la tradition trouve et trouvera toujours réponse. L'important est ailleurs. Ces cinq livres ne sont pas cinq livres pour ceux auxquels ils s'adressent, mais un enseignement que Dieu leur a révélé par l'intermédiaire d'un homme qui parlait avec lui face contre face (*Exode* XXXIII, 11) : aussi l'appelle-t-on Torah , c'est-à-dire doctrine , signifiant par là et une loi et un contenu spéculatif. Cet aspect est bien mis en valeur par exemple dans *Deutéronome* IV, 5 : Moïse y déclare :

> « Voici : je vous ai enseigné des préceptes et des ordonnances comme me l'a ordonné l'Éternel, mon Dieu, pour que vous vous conformiez en la terre où vous vous rendez pour en prendre possession. Observez-les et pratiquez-les : ce sera votre sagesse et votre intelligence aux yeux des nations qui, entendant parler de ces ordonnances, diront : il ne peut qu'être sage et intelligent ce grand peuple ! »

Sagesse et intelligence exclusives de toutes les autres qui ne peuvent être révélées, leur sont incomparables. Aucune spéculation profane, et *a fortiori* aucune philosophie ne pourra prétendre dépasser la Torah, voire l'approcher sur son terrain. On le voit bien en considérant les raisons qui qui ont fait admettre au nombre des livres canoniques l'*Ecclésiaste ;* son auteur, selon le texte, est Salomon, l'homme le plus sage qui soit (I *Rois* III, 6-12 ; V, 9-14 ; X,1-10) ; dans ce livre où l'on sent l'amertume de celui qui est proche de mourir, le roi d'Israël étale les raisons contradictoires qui lui font conclure que « tout est vanité et poursuite du vent » (*Ecclésiaste* II, 11) bien que ce constat ne soit pas la fin de l'expérience du vieux sage :

> « Fin de tout le discours entendu : crains Dieu et observe ses commandements ! car c'est là tout l'homme ! »
> (XII, 13)

Le scepticisme profane vient mourir sur le rivage d'une certitude inébranlable qu'il confirme douloureusement. La *Torah* n'est donc pas un livre parmi d'autres, le livre qu'aurait fait un peuple, comme l'*Odyssée* pour les Grecs, mais elle est le Livre : celui qui contient tout ce qu'il faut savoir sur un plan théorique comme pratique. Cette sorte de fermeture sur soi renvoie à une attitude intellectuelle inconnue des Grecs : la foi.
Chez Platon, on trouve bien le mot *pistis* et le schéma de la ligne du Livre VI de la *République* lui assignera une place, en lui donnant pour objet les images sensibles, distinguées de celles qui sont l'objet de la simulation ou *eikasia* (République VI-511 e). Une citation du Livre VII confirme cette situation de *« pistis » :*

« Ce qu'est l'être *(ousia)* au devenir, l'intelligence *(noèsis)* l'est à l'opinion *(doxa)* et ce qu'est l'intelligence à l'opinion, la science l'est à la croyance *(pistis)* et la pensée discursive *(dianoïa)* à la simulation *(eikasia)*. »
(Platon, *op. cit.* 534 a)

Une proportion *(analogia)* pour employer l'expression de Socrate (*Ibidem* 534 a) est formée :

être – intelligence ;	intelligence –	science –	discursion
devenir – opinion ;	opinion –	croyance –	simulation

Il est évident que jamais la croyance *(pistis)* ne saurait se confondre avec la science, ni même élever une prétention en ce sens. Une citation de Platon permet encore de préciser ce point :

« Socrate : si on te demandait : y-a-t-il, Gorgias, croyance fausse et croyance vraie ? Ta réponse serait, j'imagine, positive.
Gorgias : Oui.
Socrate : Et quoi ? Y a-t-il une science fausse et vraie ?
Gorgias : Pas du tout !
Socrate : De toute évidence, elles diffèrent.
Gorgias : C'est cela.
Socrate : Posons donc, avec ton accord, deux genres de persuasion : l'un produit la croyance sans le savoir, l'autre la science. »
(Platon, *Gorgias,* 454d-e).

On croit *(pistis)* parce qu'on ne sait point et quand on sait, on cesse de croire : croyance ou science. C'est que la croyance a partie liée avec l'opinion sans se confondre avec elle : si elle tombe juste, c'est sans preuve, par une sorte de divination qui lui ôte la stabilité propre à la science. C'est ce qu'on voit dans les tribunaux et les assemblées politiques : la croyance y est provoquée par les arguments d'une pseudo-science, la rhétorique, qui persuade sans jamais rien démontrer. Mais en aurait-on le temps dans ces lieux où la clepsydre mesure le temps (*Théétète* 172 e) ? La croyance est le substitut du savoir, obtenu non au terme de discussions menées à loisir, mais au contraire selon la voie abrégée de l'opinion majoritaire un jour, en tel lieu. Vraisemblable, jamais vraie sinon par hasard, la *pistis* est disqualifiée dès qu'il s'agit de connaître scientifiquement, *a fortiori* dès que l'on ne parle plus de science, mais de savoir.
De la croyance à la foi, c'est une véritable transformation épistémologique qui s'accomplit, introuvable chez les Grecs. Un personnage biblique illustre cette attitude aux yeux des trois religions du Livre : Abraham. Un verset de la Genèse en donne la caractéristique fondamentale :

« Abram crut en l'Éternel qui le lui imputa à justice. »
(Genèse, XV, 6)

Le problème est celui de l'interprétation de cette croyance, source de justification. Il ne s'agit pas d'une opinion, ni d'une adhésion due à la persuasion : Abram, qui deviendra Abraham (XVII, 5) après l'alliance et la circoncision, fait œuvre d'obéissance en répondant toujours positivement aux commandements de Dieu sans même demander de motif. Il en est ainsi dès le début de son histoire (Genèse XII) :

> « L'Éternel dit à Abram : « Va-t-en de ton pays... »... Abram s'en fut... »

Devenu Abraham, il manifestera la même confiance absolue, aveugle même, comme en témoigne le chapitre XXII du même texte où Dieu lui enjoint de tuer son fils Isaac. Aucune hésitation, aucun doute, aucune discussion, ou supplication, même pas d'atermoiements :

> « Abraham se leva de bon matin » (XXII,3)

Voilà qui choque la raison, mais qui mérite une nouveau nom : celui de foi. Il s'agit d'un engagement total et inconditionnel qui va à l'encontre de l'évidence sensible et rationnelle, aux yeux de laquelle la foi paraît paradoxale et plus encore scandaleuse. Dans les Évangiles canoniques chrétiens, l'*Épître aux Hébreux* cite longuement l'exemple d'Abraham (XI,8-20) à l'appui d'une définition de la foi qui souligne cette espèce de scandale de la raison :

> « La foi *(pistis/fides)* est le fondement *(hupostasis/substantia)* de ce qu'il y a à espérer, le moyen de prouver *(elenkhos/argumentum)* ce qu'on ne voit point. »
> (*Héb.* XI, 1)

Aucune évidence de vision ou discursive :

> « C'est par la foi, non par une vue *(dia eidous)* que nous cheminons. »

affirme la IIe *Épître aux Corinthiens* (V, 7) où Paul définit lui-même son attitude comme folie ou scandale vis-à-vis de la sagesse du monde. Qu'il s'agisse bien de la sagesse des Grecs, donc du savoir, tel que le définissaient les philosophes, de Platon aux Stoïciens, ne fait guère de doute au lecteur de ces lignes :

> « Alors que les Juifs demandent des signes et que les Grecs réclament la sagesse *(sophia/sapientia)*, nous annonçons le Christ crucifié, scandale pour les Juifs, folie *(môria/stultitia)* pour les nations... »
> (I. *Corinthiens,* I, 23)

Le mouvement de la foi requiert donc une conversion épistémologique totale, qui substitue aux évidences du monde visibles et intelligibles pour tous, une vérité invisible et inintelligible aux yeux de la chair et de l'esprit, quoique lisible dans le livre scellé qui la renferme.
Car le surgissement de la foi et du Livre ne conduit pas au silence ou au mépris dédaigneux de ce qu'on pourrait appeler la vérité rationnelle et philosophique. Tout au contraire : la foi se veut témoignage et revendique pour elle la vérité, toute la vérité. C'est pourquoi elle rencontre nécessairement la philosophie sur son propre terrain : si la foi ouvre à la vérité, et si la philosophie prétend y conduire aussi, il y a rivalité et concurrence au même niveau épistémologique. Bien entendu, les tenants de la foi pré-

tendent au monopole de la vérité, enfermée dans le Livre, qu'ils opposent à la sagesse « mondaine » des philosophes, mais ceux-ci ne manquent pas de riposter au nom de l'unité de la vérité et de son indépendance. D'où la spécificité du problème de la religion dans la philosophie. Que faire de la vérité religieuse ? S'y soumettre ? Composer avec elle en réservant à la philosophie une place subordonnée ou, tout au contraire, supérieure ? Combattre contre elle en la déboutant de ses prétentions à la connaissance ? Toutes ces questions ont l'air simplement épistémologiques (elles n'intéressent que le savoir, les savoirs), en fait, elles se redoublent en problèmes pratiques, voire tout simplement politiques.

La religion athénienne n'était pas, on l'a dit, sans effet sur la philosophie : le procès de Socrate en témoigne. Mais elle ne prétendait nullement à la possession de la vérité, elle avait pour seule mission de conserver les valeurs traditionnelles : il suffit de lire les *Nuées* d'Aristophane pour le constater. Avec les religions fondées sur la foi (judaïsme, christianisme, islam) le problème politique se pose autrement. La religion n'est pas seulement le système des croyances propre à une cité par rapport à d'autres, donc valable uniquement pour les citoyens d'une cité, voire les hôtes de passage : Athènes n'a jamais prétendu soumettre religieusement ses conquêtes et l'opposition aux barbares (en particulier les Perses) n'est pas de nature religieuse ; à Rome également, à l'époque de la République et surtout dans l'Empire, la tolérance règne, les Romains ne s'inquiétant de religion que dans la mesure où elle pouvait avoir un pouvoir politique (cf. les guerres juives). Au contraire, avec le Christianisme triomphant, ou l'Islam conquérant (le Judaïsme devant être mis à part, puisqu'il n'a plus de pouvoir politique après la chute du second Temple en 70 de notre calendrier), on voit naître des entreprises de soumission plus ou moins totale du système politique à la vérité religieuse. Le Christianisme se veut convertisseur : dans son *Évangile,* Luc (XIV-23) avait dit : « Contrains-les d'entrer. », ce *« Compelle intrare »* justifiera souvent des conversions forcées par le fer et le feu (Juifs, Germains, Indiens d'Amérique feront les frais de cette pratique missionnaire des siècles durant). Le *Qoran* interdit la contrainte en matière religieuse (II, 256-7), mais pratiquement, ceux qui croient autrement se voient frappés de taxes, voire de marques infamantes (en particulier les Juifs, sujets aux mêmes avanies dans la chrétienté) qui sont toutes autant d'incitations déguisées à la conversion. Politiquement en effet, la foi se traduit par l'exigence d'unité et celle-ci requiert à son tour l'identité de tous, donc le renoncement ou le refus de l'altérité. Il s'agit du phénomène de l'orthodoxie : la communauté religieuse définit ce qui est vrai et ce qui est droit et se réserve ainsi le droit d'exclure, plus précisément d'excommunier les hétérodoxes qualifiés d'hérétiques. L'orthodoxie se manifeste donc politiquement comme la volonté d'unification idéologique par tous les moyens, y compris violents (ceux du bras séculier), des croyants en un système qui est en fin de compte théologico-politique, c'est-à-dire tel qu'on ne peut séparer en lui qu'abstraitement pouvoir religieux et pouvoir politique. Par là même la question de la religion dans la philosophie est donc celle du théologico-politique dans la philosophie. L'essentiel est ici dans le trait d'union : théologico-politique.

En effet, la théologie des religions de la foi contient aussi bien des enseignements pratiques (ceux de la théologie morale) qu'une doctrine spéculative : celle-ci concerne la création du monde, de l'homme, etc., des thèses relatives à l'identité divine (monothéisme, dogme de la Trinité). Or, ces contenus spéculatifs sont le plus souvent en contradiction avec ce qu'affirment la raison naturelle et les sens ; le phénomène serait sans importance si la liaison du pouvoir religieux et du pouvoir politique n'était point organique, ou tout au moins ne tendait à l'être. En effet, les énoncés spéculatifs cessent du même coup d'être l'objet d'une adhésion gratuite et gracieuse (ce que l'on appellera ultérieurement le mouvement de la foi ou encore le pari) pour devenir des vérités obligatoires, si l'on peut oser cette expression, où se confondent l'extériorité de la contrainte politique et une notion qui est « elle-même à elle même son propre index » selon la formule de Spinoza. Il en est de même au niveau des commandements pratiques : certains peuvent bien converger avec les exigences d'une raison pratique naturelle, il n'en va pas de même de nombre d'entre eux (en particulier tout ce qui est d'ordre sacramentel ou rituel) et cela devient grave dès que le pouvoir théologique en impose l'exécution et l'impose par l'intermédiaire du pouvoir politique.

Cette problématique est historiquement celle du Moyen Age qui a imaginé tous les systèmes possibles de réponses : elles vont de la soumission pure et simple de la raison naturelle au discours de la foi, de la confusion des pouvoirs théologiques et politiques d'une part, à leur distinction et à la découverte d'un accord entre la raison naturelle et la vérité religieuse d'autre part. L'intolérance la plus complète peut se faire théorie aussi bien que la tolérance s'esquisser du moins idéalement ; de même sur le plan épistémologique, une pensée de la philosophie indépendante de la prophétie, quoiqu'en accord avec elle, peut s'exprimer. Pourtant les contraintes du contexte historique sont telles qu'on ne peut pas vraiment définir comme philosophique l'énonciation du problème qui reste plutôt théologique : comment accorder les données du Livre révélé et celles de la raison sur le plan épistémologique et politique ? C'est seulement l'époque moderne qui, pour des raisons historiques a pu formuler philosophiquement la même question ou plus exactement la transposer, puisqu'elle s'en trouve changée.

2. L'époque moderne fondatrice du problème philosophique de la religion : traduire les images en concepts (Hegel).

Il ne s'agit plus désormais de l'accord de l'Écriture et de la raison, encore que cette question demeure, mais elle devient située en son lieu (le domaine religieux), par rapport à un problème plus général qui est celui des rapports de l'imaginaire et de la connaissance par concepts, voire de la connaissance scientifique. Si en effet, et c'est l'un des grands apports de la modernité, l'autorité cède le pas à l'expérience, instruite par la raison, pour constituer la nouvelle rationalité (cf. Pascal et la Préface d'un fragment du *Traité du vide*), la connaissance scientifique devient indépendante de toute tradition, jusques et y compris de toute tradition religieuse : par suite, tout enseignement traditionnel, spéculatif ou pratique, tombe sous sa juridiction. Il n'est plus question de chercher à concilier, de trouver des accords, mais des explications sont requises. L'on pourra bien brûler G. Bruno, obliger Galilée à se rétracter : peines perdues. Désormais, la religion est confrontée à la connaissance scientifique, à l'intérieur de la philosophie qui mène la confrontation avec ses propres moyens, c'est-à-dire par lumière naturelle et concepts.
Bien entendu, la présentation historique du problème n'est pas sans inconvénients d'ordre épistémologique : elle implique en effet une sorte de périodisation (avant les religions du Livre / l'époque théologique du théologico-politique / l'époque philosophique enfin) qu'il serait aisé de battre en brèche, ne serait ce qu'en montrant la constitution d'une problématique théologique chez les Grecs eux-mêmes) ou encore des anticipations tout à fait modernes dès le Moyen Age : le cas d'Ibn Roshd (Averroès) en est l'exemple-type au XIIe siècle de notre ère. Pourtant, le problème de la religion n'est pas « éternel » comme problème philosophique, on l'aura compris, et si rétrospectivement on peut découvrir, dans l'histoire de la philosophie, des anticipations de la forme qu'il affecte à l'époque de la modernité, c'est en raison de l'existence de cette forme, conformément à un mouvement rétrograde qui refuse les discontinuités, parce qu'elles bousculent nos habitudes de penser : il est plus rassurant de retrouver ce qui apparaît que d'en saisir la nouveauté.
Telle est la préoccupation des philosophes qui veulent voir dans les religions une histoire sous la forme d'un développement parallèle à celui de la pensée. Il ne s'agit pas de faire de l'histoire des religions : c'est-à-dire d'étudier les conditions d'apparition, de développement, voire de disparition, de telle ou telle religion à telle ou telle époque dans tel ou tel empire

ou pays. En histoire des religions, on ne saurait constater de « progrès », sauf à l'introduire de l'extérieur, par exemple au nom de considérations religieuses : pour les chrétiens, Jésus est venu « accomplir » le judaïsme (Matthieu V, 17) et sa religion est comprise comme un « progrès » ; on retrouverait la même idée dans l'Islam qui entend la succession des envoyés (par exemple, entre autres, Moïse, Jésus et Mahomet) comme un progrès qui s'achève avec le dernier. Ces découpages ont un sens religieux et non donc pas historique. Les philosophies de l'histoire des religions ne sont donc pas histoire des religions, lorsqu'elles prétendent ordonner les religions selon une périodisation de leur cru, mais elles font œuvre spécifique.

L'exemple de Hegel mérite ici d'être étudié. Moderne, si l'on ose dire..., il pense que les contenus religieux sont de l'ordre de la représentation *(Vorstellung)* ou image, et que le travail propre de la philosophie est la traduction ou la transformation de ces images en concepts. En effet, parce qu'elle est représentation, l'image dédouble (elle re-présente) ce qu'elle présente : ainsi le dieu apparaît à la conscience de soi, non sous la forme plastique ou invisible (un dieu grec, l'Éternel de Moïse) qu'elle lui prête, mais comme un autre, objet de sa conscience. Représenté, Dieu n'est pas l'autre Soi du sujet religieux, son autre lui-même, mais un autre si différent qu'il lui apparaît comme l'objet vis-à-vis de la conscience. Transformer cette différence en réintégrant cet « objet » à la conscience de soi, le découvrant comme étant elle-même, et par là promouvoir le savoir de Dieu comme étant celui de la conscience de soi, telle est la tâche de la philosophie, transformant en concepts ce qui sans elle serait seulement représenté. L'exécution de cette tâche « prend du temps », celui de l'annulation d'une différence. Or ce temps est multiple : ce n'est pas seulement celui propre à l'histoire de la philosophie, ou à la philosophie s'appropriant historiquement les représentations religieuses pour les traduire en concepts, c'est aussi un temps propre à la religion elle-même qui se trouve ainsi avoir sa propre histoire. Pour Hegel en effet, si toute religion est re-présentation, il n'y a pourtant pas d'égalité des représentations, et il n'est pas question de se contenter d'une sorte de mise à plat des diverses représentations devant le concept qui les assimile ou les digère. D'une représentation à l'autre, il y a en effet un développement qui laisse place à une sorte d'histoire orientée, et dont le sens « vectoriel » est la proximité la plus grande du concept, l'approche du savoir lui-même. Hegel a donné plusieurs versions de cette trajectoire dont la précision tient au lieu d'exposition : plus de détails dans les *Conférences sur la philosophie* de la religion que dans l'*Encyclopédie,* mais le schéma n'évolue guère. A s'en tenir à la *Phénoménologie de l'Esprit* (1807) la religion parcourt trois moments : 1. religion naturelle ou mieux de la nature, 2. la religion de l'art, 3. la religion manifeste.

Ces trois moments, articulations majeures du Chapitre VII *(La religion)* précèdent de manière significative le dernier, intitulé *Le savoir absolu.* Le sens de cette évolution vers le savoir est précisé par Hegel en ces termes :

« La première réalité de l'esprit est le concept de la religion en personne : la religion comme religion immédiate et donc de la nature; en elle l'esprit se sait comme son objet sous une figure *(Gestalt)* naturelle ou immédiate. Deuxième réalité : nécessairement celle où l'esprit se sait sous la forme du caractère naturel relevé[3] *(aufgehobenen Natürlichkeit),* c'est-à-dire du Soi. Elle est donc la religion de l'art *(künstliche Religion)* car, par la production de la conscience, grâce à laquelle cette dernière saisit intuitivement son faire ou le Soi dans son objet, la figure s'élève à la forme *(Form)* du Soi. La troisième enfin relève *(aufhebt)* le caractère unique des deux : le Soi étant tout autant un *Soi immédiat* que l'immédiateté un Soi. Si, dans la première réalité, l'esprit en général est sous la forme de la conscience, dans la seconde sous celle de la conscience de soi, dans la troisième il est sous la forme de l'unité des deux ; il a la figure de *l'être en-et-pour soi.* Représenté *(vorgestellt)* tel qu'il est en et pour soi, voilà qui est religion manifeste. »

(*Phénoménologie de l'esprit,* Hambourg 1952, p. 480, trad. fr. t. 2 p. 211)

Il faut traduire en clair quelques concepts d'apparence mystérieuse de ce texte. Il s'agit du développement dans lequel l'esprit de la religion se révèle d'abord en Orient sous la figure naturelle (feu, plantes et animaux, dieux de compromis qui unissent de manière symbolique et énigmatique l'animalité et l'humanité) : on y reconnaîtra facilement les religions parsies, l'Inde et l'Égypte, et l'on sera attentif au fait que ces images progressent en direction de la figure du Soi, le visage humain que dissimule mal la face animale des dieux égyptiens. Il faut un homme pour faire progresser la représentation en en dévoilant l'énigmatique figure : Oedipe, en résolvant l'énigme, abolit le secret du sphinx... Désormais le Soi n'est plus mi-naturel, mi-humain, il s'épanouit au contraire sous la forme plastique du dieu grec, qui est aussi bien un homme. Mais son regard vide manque d'intériorité : les dieux grecs ne sont pas pour eux-mêmes ce qu'ils sont en soi. L'intériorité qui leur manque, cette déficience qui les voue à l'extériorité, objet de contemplation, apparaît avec le judaïsme et surtout le christianisme, dans lesquels, mieux dans lequel (c'est l'interprétation du Dieu-fait-homme) le Soi devient en soi ce qu'il est pour soi. Spéculative, cette histoire repose sur une téléologie cachée qui fait du christianisme le centre du développement de la religion : chaque religion converge vers lui, il suffit d'un relèvement *(Aufhebung)*[3] c'est-à-dire de la suppression de ce qu'il y a d'unilatéral dans une forme religieuse (ici trop d'immédiateté, là pas assez) pour que l'on passe d'une religion à l'autre, mais dans le sens d'un approfondissement en direction du savoir de soi. Il ne manquera au christianisme que le relèvement de sa forme de re-

3. Le terme d'*Aufhebung* est difficile à rendre et nous avons préféré la traduction par *relèvement* (elle est de J. Derrida) à celles de « sursomption » ou de « suppression dialectique » adoptées par d'autres. Laissons la parole à Hegel, commentant ce qu'il appelle « l'un des concepts les plus importants de la philosophie, une détermination fondamentale » :

présentation pour que le concept soit enfin pour lui tel qu'il est en en soi, donc pour qu'à la religion, à l'ultime forme de religion, se substitue, non la philosophie qui est recherche du savoir, mais le Savoir absolu !
La finalité d'une histoire dont le christocentrisme éclate aux yeux de tout un chacun ne doit pas faire oublier l'essentiel du nouveau, car moderne, dispositif de mise en place de la religion par rapport à la philosophie. Même si en fin de compte, semble-t-il, christianisme et philosophie se trouvent réconciliés, l'un dans la sphère des représentations, l'autre dans celle du concept, cette réconciliation n'est pas le but de l'entreprise, comme autrefois, au Moyen Age, le dispositif théologique qui les confrontait. En traduisant les représentations religieuses en concepts, Hegel ne hausse pas la religion au niveau de la philosophie, mais au contraire la maintient dans l'élément symbolique inférieur. Elle n'est qu'image de ce dont le concept est concept. En quoi Hegel est un bon témoin de l'attitude moderne : à la théorie du développement finalisé près, il entend traduire la religion comme si celle-ci était incapable de vérité par elle-même, ou en tous cas incapable de vérité spéculative.
Que le problème philosophique de la religion soit moderne et qu'il s'exprime par le déni de la valeur spéculative de ses dogmes et croyances, voilà dont témoignent non seulement des philosophies qui, à l'instar du spinozisme ou du kantisme, refusent à la religion la place de la raison pour ne lui accorder de valeur que pratique ou éthique, mais surtout (ou également) les pensées qui défendent la religion contre la réduction philosophique. On pourrait évoquer aussi bien Kierkegaard (1813-1835) face à Hegel que Pascal face à Descartes. Il faut rappeler à propos de ce dernier, que seule la création d'ordres distincts permet de sauver l'originalité et la spécificité de la religion et de la philosophie. Dans un monde agrandi dans le sens du petit comme du grand par les découvertes du microscope et du télescope, mais dont la présence divine s'est retirée (les cieux et la terre (ne) racontent (plus) la gloire de Dieu – *Psaumes* IX, 2) laissant derrière elle un vide et un silence angoissants, la spéculation philosophique n'est d'aucun secours : elle hésite entre l'excès d'humiliation d'un scepticisme qui ramène l'homme à l'animalité (Montaigne) et la superbe qui veut en vain l'égaler à Dieu (le Stoïcisme) passant d'un terme de la contradiction à l'autre, sans trêve ni repos ; aucune lumière naturelle ne pourra l'arracher à cette incertitude, dont elle peut bien essayer de se détourner en recourant aux jeux de puissances trompeu-

« Ce qui se relève *(aufhebt)* ne devient pas pour autant néant. Néant est l'*immédiat*, ce qui est relevé est au contraire du *médiatisé ;* c'est ce qui est néant, mais comme le *résultat* qui provient d'un être. Il possède donc encore en soi le caractère déterminé de ce dont il provient.
Dans la langue relever a ce double sens : aussi bien maintenir, conserver que faire cesser, mettre fin à. »
(*Science de la Logique*, 1812, Leipzig 1948, t. 1 p. 93-94)
Ainsi dans la relation de la maîtrise et de la servitude, le serviteur est celui qui est supprimé comme maître (il ne luttera point au risque de sa vie) mais conservé comme vivant de manière servile.

ses mais toujours vainement. Pas plus l'ordre des grandeurs d'esprit (la philosophie en est) que celui des grandeurs de chair (la politique et le monde) ne peuvent trouver les lumières et les pratiques qui permettraient à l'homme de mettre fin à son inquiétude et à son angoisse, découvertes sous la forme moderne de l'absence de Dieu. Reste donc la conversion : c'est-à-dire le changement d'ordre. Vue du côté des grandeurs de charité, révélées par Jésus-Christ, c'est-à-dire non démontrées rationnellement (même si Pascal avait achevé son projet, sa réalisation aurait été celle d'une apologie de la vie chrétienne, donc d'un plaidoyer, et plaider n'est pas démontrer), les contradictions philosophiques où l'homme se trouve empêtré depuis le péché d'Adam s'éclairent, mais non d'une lumière naturelle; il faut la lumière surnaturelle et gracieuse réservée aux seuls élus, refusée aux réprouvés. Ce n'est pas là retourner aux positions pré-modernes, bien au contraire, c'est tenir compte de l'existence d'une problématique philosophique de la religion qui interdit le retour au modèle théologique, dépassé par les développements scientifiques récents.

Il ne reste plus qu'une voie : celle de la distinction philosophique des genres de connaissance et de leurs corrélats réels. L'époque de la réconciliation, œuvre d'une théologie, est révolue ou en tous cas elle n'est plus du domaine philosophique. Il faut en dire autant sans doute de la prétention réductrice à traduire les représentations religieuses en concepts comme si elles étaient le symbole de ceux-ci : ce faisant, on présuppose dogmatiquement leur identité cachée que l'on prétend non seulement connaître, voire reconnaître, mais savoir, et du même coup on abolit la nécessaire distinction, ce qui est une autre manière de revenir à la réconciliation révolue. Il en est autrement si, maintenant la distinction jusqu'au bout, la philosophie exerce sur elle son travail critique, examinant en chaque cas, à chaque époque, la configuration dans laquelle s'inscrit désormais son rapport à la religion et à la diversité de ses formes. Repoussant l'impérialisme éventuel de celle-ci, mais consciente également de sa permanente tentation de transformer sa propre recherche du savoir en la prétendue possession du savoir, la philosophie se pose le problème de la traduction des images religieuses en concepts, mais en se gardant bien de le considérer comme résolu. Il lui suffit de le poser : au-delà commencent les empires illusoires des dogmatismes.

On s'étonnera sans doute de ne point avoir rencontré, dans ce chapitre, ni la théorie marxiste de la religion ni l'interprétation freudienne. Il ne s'agit point là d'un oubli mais d'un choix délibéré. Le matérialisme historique comme la psychanalyse se proposent de traiter scientifiquement la religion, en la ramenant à des définitions qui en font une illusion. En tant que tels, ils appartiennent l'un comme l'autre au domaine problématique des sciences dites humaines. On ne saurait utiliser leurs résultats sans exposer le corpus des axiomes et des croyances sur lesquels ils reposent. Ce serait donc dogmatisme que de les faire entrer sans cet exposé dans la philosophie, ce serait par là-même antiphilosophique. Il ne s'agit point de croire, ou pire, de faire croire, que la religion est une illusion stupéfiante

comme y invitent, à des titres divers, les thèses évoquées, mais plus modestement de saisir la liaison qui s'est faite entre la philosophie et la religion, ainsi que les diverses modalités historiques de cette liaison. On s'excusera donc, mais ce n'est qu'une clause de style, de ne pas avoir proposé de solution.
Dernière remarque enfin : l'exigence de symétrie impliquait pour la « beauté de la chose » un diptyque ; la problématique théologico-politique était telle parce que l'aspect épistémologique était impliqué/imbriqué dans le problème politique. En passant à la formulation philosophique, l'aspect politique a été, semble-t-il, passé sous silence. Or, on s'en doute, le programme de traduction des représentations en concepts n'est pas dépourvu chez un Hegel d'efficace politique. Tout au contraire. Mais il n'y a plus implication et imbrication comme au Moyen Age, mais au contraire distinction : la politique peut être pensée de manière autonome et indépendante par rapport à la religion. Le concept de tolérance qui exprime cette distinction est un concept qui appartient à la philosophie politique et mérite d'être examiné indépendamment de la religion, car c'est le politique qui impose ou refuse la tolérance, non la religion. Il n'était donc pas nécessaire d'en traiter ici, l'essentiel résidant, encore une fois, dans la mise en place de la religion dans l'espace philosophique.

TEXTE

Ibn Roshd-Averroès (1126-1198)
Démonstration et interprétation

« Si cette loi religieuse *(shari'ah)* est juste et si elle mène à la spéculation qui entraîne la connaissance du Véridique, nous, communauté des musulmans, nous savons absolument que la spéculation démonstrative ne conduit point à la contradiction en ce qui concerne les données de la loi religieuse : la vérité ne saurait s'opposer à la vérité, mais s'accorde avec elle et lui rend témoignage. Dans ces conditions, si la spéculation démonstrative conduit à la connaissance d'une existence, l'alternative qui concerne cette dernière est la suivante : ou bien la loi religieuse n'en a point soufflé mot ou bien elle en a eu connaissance. Dans le premier cas, point de contradiction ici, le cas revient à la situation où la loi religieuse est muette en matière de sentences judiciaires, le juriste *(faqih)* procédant déductivement à l'aide du syllogisme légal. Que si la loi se prononce dessus, de deux choses l'une : ou bien le sens extérieur de ce qu'elle dit est en accord avec les conclusions du raisonnement relatif à cette existence, ou bien il en diffère. En cas d'accord, rien à dire, en cas de désaccord, il faut recourir en l'espèce à son interprétation *(tawila-hu).* Ce terme signifie le passage d'une expression verbale de son sens propre à son sens figuré sans transgresser en l'occurrence les usages de la langue arabe, en dénommant métaphoriquement une chose à l'aide de sa semblable, ou de sa cause, ou de ce qui lui est conjoint ou parallèle, ou en outre à l'aide d'une chose usuelle dans les genres de langages figurés. Et si le juriste en a usé ainsi dans les sentences légales, *a fortiori* celui qui procède par science démonstrative : le juriste n'a que le raisonnement conjectural là où le spéculatif dispose d'un raisonnement certain. Nous tranchons : chaque fois que la démonstration conduit à un désaccord par rapport au sens extérieur de la loi religieuse, ce dernier doit recevoir l'interprétation selon la règle de l'interprétation arabe. »

(Ibn Roshd-Averroès) *Traité décisif sur l'accord de la religion et de la philosophie* Paris 1983 pp. 8 et 9)

9

LE TRAVAIL

1. Un *tool-making animal* qui travaille comme une bête : grandeurs et misères de la différence anthropologique.
2. Il faut travailler : travail, loisir, paresse.
3. Qu'est-ce que travailler ? La définition du procès de travail dans le *Capital* de Marx.
4. Le métier, la manufacture et le machinisme : la tête et les mains.
5. L'intérêt du travail : l'ennui, problème social ou individuel ?

TEXTE

Auguste Comte,
Affinités des travailleurs manuels et du véritable esprit philosophique

1. Un *tool-making animal* qui travaille comme une bête !

Benjamin Franklin (1706-1790) célèbre inventeur, philosophe à ses heures, etc, n'a pas seulement commenté, sinon inventé, le célèbre : *« Remember that time is money. »* Il est l'auteur d'un autre mot que Marx cite en son *Capital.* A vrai dire ce mot lui est prêté par Boswell (1740-1795) dans sa *Vie de S. Johnson,* où il est simplement rapporté sans plus de précision quant à l'occasion de sa naissance ou de ses conséquences immédiates. L'homme est un *tool-making animal :* autant dire un animal qui n'en est pas ou plus un, puisque si certains animaux ont des outils, précisément, ils les ont, ils ne les font point. Il y a pourtant des analogues de comportements instrumentaux chez les divers animaux : ainsi les pinsons des Galapagos *(Cactospizza),* déjà remarqués par Darwin (1839, *The Voyage of the Beagle*) pour la forme de leurs becs, « utilisent » un piquant de cactus pour extraire les larves nichées dans le bois des arbres. De même les chimpanzés étudiés par Jane Goodall « prennent » parfois un brin d'herbe pour extraire les termites de leurs termitières; on n'en finirait pas d'énumérer les autres exemples. Il faut cependant montrer de la prudence et rappeler que ces comportements mettent en évidence un seul usage instrumental, voire la possession d'un seul outil, même si le bâton tenu par le singe de laboratoire ou de brousse peut servir de manière polyvalente : aucun animal n'est capable de produire un milieu technique[1], c'est-à-dire un système d'outils divers, aux effets spécifiques variés, même si leur nombre est relativement bas. On peut donc retenir l'idée que la fabrication d'outils reste l'un des nombreux critères de distinction de l'homme, mais qu'il faut éviter les projections anthropomorphiques sur les comportement animaux : à humaniser l'animal, on n'apprendra pas grand chose sur lui et on obscurcira notre compréhension de l'homme. *Tool-making animal,* l'homme travaille. Nouvelle équivalence de la différence anthropologique ? On objectera peut-être ce que l'on appelait autrefois les bêtes de somme, que l'on retrouve aujourd'hui dans les pays non industrialisés. Voltaire n'écrit-il point des Indiens d'Amérique :

> « Des milliers d'Américains servaient aux Espagnols de bêtes de somme. »
> (*Essai sur les moeurs* 1756, Ch. CXLVIII)

1. Milieu technique. A. Leroi-Gourhan le définit ainsi par rapport au milieu intérieur dans son livre *Milieu et Techniques* (Paris 1973) :
« Sur le fond de l'unité politique la langue, la religion, la formation sociale sont généralement les premières ressources de la conscience ethnique et à ce titre elles forment le plus stable du milieu intérieur. Dans ce milieu fluide où tout est en contact constant avec la totalité du mélange, on peut isoler des éléments qui commandent la vie technique et étudier cette partie artificiellement détachée du tout comme le *milieu technique.* » pp. 341-2

Si l'homme peut être bête de somme, c'est-à-dire travailler comme les animaux qui portent un fardeau (c'est le sens de « somme »), les animaux ne travaillent-ils pas et ne dit-on pas un peu vulgairement, il est vrai, mais ce n'est ni un non-sens ni un contre-sens, « travailler comme une bête » ? Singulier retournement : la capacité de faire des outils distingue l'homme avantageusement de l'animal, le travail en fait une bête. Il faut nuancer : une bête non un animal, pire un animal domestique. L'adjectif vient, on le sait, de *domus* qui signifie la maison au sens ancien du terme, c'est à dire juridiquement : les personnes et les biens, réunis dans une famille conduite par son chef. La *domus* n'est donc pas un bâtiment, un édifice, mais plutôt une institution. Benvéniste fait remarquer que de ce mot dérivent, 1) *domicilium* c'est-à-dire « la maison en tant que résidence et non en tant que construction et 2) *dominus,* terme social. » C'est du *dominus* que la *domus* tire sa fonction : il est en effet le représentant de l'autorité sociale, morale et religieuse sur tous ceux qui l'habitent. *Domestique* ne signifie donc pas seulement ce qui se trouve à la maison, mais qui appartient à un *dominus,* c'est-à-dire, en fin de compte, à un maître (l'équivalent grec de *dominus* est *despotès*). En ce sens, un animal domestique est un animal qui a perdu sa férocité et sa fierté (cf. *fera* en latin) pour devenir l'esclave d'un maître, tel le chien au « col pelé » dans la fable *Le loup et le chien.* En ce sens, travailler comme une bête, c'est encore travailler comme un homme puisque ne travaille que l'animal asservi, c'est à dire l'animal plus bas que l'animal...
Voici du même coup, semble-t-il, la noble différence anthropologique dégradée. Le bel avantage que d'être un *tool-making animal* si c'est pour devenir esclave ! Des langues appartenant à des aires diverses mais aussi à des époques différentes confortent ce verdict. En grec moderne on dit aujourd'hui *douleuô* (prononcer doulévô) pour dire « je travaille » ; dans la langue classique, ce verbe signifiait être esclave *(doulos).* En russe *rabotat'* signifie travailler et *rabota* travail, mais *rab,* c'est esclave. En hébreu enfin, *'avodah* désigne le travail (encore en hébreu moderne d'ailleurs), mais *'eved* est l'esclave... Notre vieux mot de travail (XIIe siècle) n'est pas associé à l'idée d'esclavage, mais a le sens pénible que conserve son équivalent d'origine latine : travail ne dérive-t-il pas d'un mot *tripaliare* qui signifiait torturer, tourmenter avec un *tripalium* et l'expression « le travail de l'accouchement » a conservé cette liaison ancienne d'une activité et d'une douleur. Pourtant l'appel aux analyses sémantiques produit aussi des sens qui s'opposent aux premiers et rappellent la fonction exaltante du travail de *tool-maker :* un travailleur est aussi un ouvrier et ce terme renvoie à l'œuvre qu'ouvre dans la matière brute, ou déjà quelque peu ouvrée par un travail antérieur, l'ouvrier. Le mot n'a pas alors une signification sociale bien précise ni dans tous les contextes : Platon qui se montre très dur dans la *République* pour les *démiourgoï* (artisans) considérés socialement (ils sont symbolisés par les métaux ignobles : le fer et le bronze dans la réplique qu'il propose du mythe hésiodique des races, III, 415 a) n'hésite pas à recourir (dans un mythe

il est vrai) à l'image d'un Démiurge divin (*Timée* 28 sq) lorsqu'il s'agit de narrer de manière vraisemblable la genèse du monde. Ici point de peine : non que les Grecs aient ignoré celle-ci *(ponos)* mais parce que l'activité qui produit une œuvre *(ergazesthaï/ergon ; operare/opus)* ne se qualifie point par la dépense physique ou intellectuelle, mais par la production d'une forme ou par sa reproduction imitative. Celle-ci peut bien être pénible et donc être aussi labeur, l'essentiel reste ailleurs, dans l'effet produit qui en est et en reste indépendant. Vu du côté de l'effet (cf. *work* et l'allemand *Wirkung/Werk*), le travail matérialise une forme et son côté populaire, plébéien (*dèmos* dans *démiourgos*), donc socialement « inférieur » se trouve « racheté » par la vertu efficace de l'œuvre (*ergon* dans *démiourgos*). A l'ouvrier la peine, voire la servilité qui en fait un domestique, à l'œuvre la noblesse, la supériorité d'une effet, celui d'une forme réalisée.

D'une signification à l'autre, le travail se manifeste comme une activité contradictoire. Cette contradiction naît peut-être de simples points de vue : ne peut-on dire par exemple que la prise en charge de l'élément servile est le fait de l'esclave, révolté ou non, et de son maître conscient ou non ? La limitation de la notion à la dépense pénible est peut-être aussi une appréciation unilatérale, celle de celui qui peine ? Quant à la réalisation de la forme utile, c'est sans doute le consommateur ou le contemplateur qui y est sensible, tout en restant indifférent au labeur qu'elle matérialise, ainsi qu'au statut social de son ouvrier. Il n'empêche, même ramenés à des effets de perspective, ces points de vue divers posent le problème de leur unité, tout comme leur éventuelle historicité pose la question de leur nécessité. Les difficultés soulevées sont de cet ordre : le travail est-il nécessaire ? Le travail pénible est-il contingent ?

2. Il faut travailler : travail, loisirs, paresse.

Le travail est-il nécessaire ? La question parait absurde, bien qu'effectivement vivre sans travailler paraisse digne d'être souhaité. On se représente souvent en effet la vie d'Adam dans le jardin d'Eden (Eden = délices) comme enviable à cause de son caractère délectable : Adam ne travaillait pas, puisqu'il n'avait pas à se procurer une nourriture, jusque là exclusivement végétale, qu'il trouvait toute préparée en ce verger merveilleux. C'est en réalité faire bon marché de l'Ecriture qui déclare (*Genèse* II, 15) :

> « L'Éternel-Dieu prit Adam et le plaça dans le jardin d'Eden pour qu'il le cultive *(le-'avedah)* et qu'il le garde. »

Le travail n'est donc pas une malédiction, suite du péché du premier homme, la punition de la transgression sera la sueur versée pour acquérir le pain (*Ibidem* III, 19). Donc, selon le mythe biblique lui-même, le travail est coextensif à l'existence humaine, le travail, il est vrai, non le travail pénible.

Quittons le mythe pour l'utopie. Le genre littéraire inauguré par T. More (*Utopia* 1616) ne reprend pas la tradition de l'âge d'or (cf. par exemple le mythe du *Politique* de Platon, 272 a) : avec cette période point n'est besoin de travailler. Chez More ou Campanella (*La cité du soleil* 1643) tous travaillent. Il faudrait en effet être des dieux ou conduits par les dieux en personne pour ne pas travailler.

Le travail n'est donc pas une punition du ciel ou un supplément ajouté à la nature artificiellement, mais une nécessité que l'on peut diversement aménager (les utopies proposent des formules diverses à partir de la reconnaissance universelle du principe) mais non supprimer.

Un problème subsiste pourtant : pourquoi si le travail est nécessaire rêver à une vie sans travail ? En fait cette question repose sur des glissements sémantiques générateurs d'équivoques. N'oppose-t-on pas non pas le travail à son absence, mais bien plutôt le travail au loisir ? Les latins avaient pour exprimer cela un couple bien plus précis : ils qualifiaient d'*otium* le temps qu'ils ne consacraient pas au *negotium,* c'est- à-dire aux affaires principalement judiciaires et politiques ; il ne s'agissait donc pas d'oisiveté au sens d'une paresse inactive et socialement inutile. L'*otium* ou loisir est un temps de travail socialement ou personnellement utile qui s'oppose au *negotium* par son caractère de travail non contraint. C'est que le loisir n'est pas le jeu : celui-ci s'inscrit plutôt dans l'imaginaire et caractérise l'enfant (les jeux des adultes sont trop sérieux pour relever de l'imaginaire) ; celui-là au contraire est réel. Avoir des loisirs ce n'est pas ne rien faire, mais faire ce que l'on veut parce que l'on a le temps de le faire : qu'on ait ce temps « enfin » comme par exemple quand on prend sa « retraite », ou par statut social, à l'instar du rentier ou du capitaliste, vus par la caricature. Apparaît ici la reconnaissance de la réalité du fait : la nécessité du travail, accompagnée cette fois de la conscience qu'il change de nature selon qu'il est contraint ou exécuté à loisir.

Il faut travailler donc. Mais pourquoi ? La réponse apparaît dans la question. Pourtant, il faut le remarquer : le pourquoi s'entend en deux sens selon qu'on le rapporte à une fin ou à une cause efficiente. Pourquoi je nage ? Pour ne pas me noyer ? C'est une réponse, mais ce n'est pas la seule, et ce but ne définit nullement l'essence de la natation, à laquelle il reste étranger, par exemple, chez le nageur entraîné qui nage « pour le plaisir » faisant apparaître ainsi une autre fin. Je nage aussi en raison de la connaissance des mouvements qui me permettent de ne pas me noyer, voire d'évoluer avec plaisir dans l'élément liquide (cause efficiente). La maîtrise de ces mouvements paraît plus indispensable à la reconnaissance de la natation que l'identification des fins (le plaisir, le sauvetage de moi-même ou d'autrui). Ce qui vaut de cet exemple peut s'étendre au travail. Mieux vaut l'identifier dans son comment avant de s'enquérir de sa fin ou de ses fins. Qu'on travaille pour gagner sa vie ou pour le plaisir, c'est une chose, mais qui ne dit pas ce qu'est travailler.

3. Qu'est-ce que travailler?

Le problème n'est plus de description mais de définition. Il ne s'agit pas, d'autre part, de définir un objet quelconque, mais une liaison déterminée entre des « facteurs » ou des agents immobiles ou en mouvement et dont la spécificité est de produire une transformation. A cette liaison Marx a donné un nom : procès. Une note de la première traduction française du *Capital* par J. Roy « entièrement révisée par l'auteur » précise pour le lecteur le sens de ce terme introduit en France d'une manière timide sous sa forme latine de *processus :*

> « Le mot « procès », qui exprime un développement considéré dans l'ensemble de ses conditions réelles, appartient depuis longtemps à la langue scientifique de toute l'Europe ».
> (*Le Capital* GF p. 606)

L'introduction de cette notion permet de distinguer deux aspects du travail imbriqués l'un dans l'autre, selon des dispositifs, historiquement variables, il est vrai, qui les manifestent avec plus ou moins de netteté. Marx ne prétend pas en effet présenter une analyse du travail en soi ou en général, bien qu'il reconnaisse la nécessité de définir un concept en soi ou en général lorsqu'on veut saisir la réalité historique déterminée à laquelle il correspond : son but est de découvrir la loi d'un système de production déterminé par sa différence avec d'autres ; celui qu'il appelle « capitaliste » et qui n'est donc pas l'esclavagisme ou la féodalité, l'Angleterre lui en procurant une image particulièrement nette. Historiquement et de manière réelle, le travail se présente sous des formes déterminées, en particulier, par les rapports que nouent les travailleurs entre eux et les travailleurs avec les « non-travailleurs » : les rapports de l'esclave et de son maître *(despotès/dominus),* ceux du serf et de son seigneur, ne sont pas ceux du travailleur moderne avec son « patron », mieux, son employeur. Pourtant, tous ces travailleurs travaillent jusques et y compris le *« boss »* moderne. C'est pourquoi il faut construire abstraitement une définition qui s'applique à ces variations, de manière à pouvoir redécouvrir le concret historique que l'on veut atteindre : le travail tel qu'il existe dans des formes réelles, aujourd'hui, en 1867 (année de la parution du premier tome du *Capital*).
Qu'est-ce que le travail en général ?

> « Le travail est d'abord un procès entre l'homme et la nature, un procès où par son activité propre, l'homme médiatise, contrôle et règle ses échanges matériels avec la nature. Comme puissance naturelle, il fait personnellement face au matériau naturel. Il met en mouvement les forces naturelles propres à son corps, bras et jambes, tête et main, afin de s'approprier le matériau naturel sous une forme utilisable pour sa propre vie. En produisant par ce mouvement un effet sur la nature extérieure et en la changeant, il change en même temps sa propre nature. Il développe les potentialités qui sommeillent en elle et il soumet le jeu de leurs forces à son empire. »
> (*Das Kapital* (1867) Berlin 1962, T.I. p. 192 ; comparez GF p. 139).

Cette définition répond au pourquoi : le travail permet de s'approprier la nature sous une forme utilisable pour la vie. Travailler pour vivre c'est, à ce niveau, transformer, au sens littéral du terme, une nature, non directement inassimilable par un être naturel, qui ne peut vivre que d'elle, mais d'elle transformée : l'homme n'est pas un être non naturel, puisque le « procès » ne fait intervenir que des forces naturelles, mais il est dans sa nature et de changer la forme du matériau naturel et de transformer sa propre nature ce faisant. La généralité extrême des termes de cette première définition oblige à poursuivre la construction abstraite : pour dépasser les formes purement « instinctives et animales du travail », Marx dont le propos n'est pas de développer une théorie de l'évolution humaine, introduit une comparaison entre l'homme et l'animal de manière à faire apparaître le travail dans sa spécificité seulement humaine :

> « Une araignée effectue des opérations semblables à celles du tisserand, une abeille en remontre à maint architecte humain en construisant ses cellules de cire. Mais ce qui distingue de prime abord et avantage le plus mauvais des architectes par rapport à la meilleure des abeilles, c'est qu'il a construit les cellules dans sa tête avant de les construire dans la cire. »

Cette comparaison fait ressortir un élément essentiel, qualifiant la différence anthropologique : l'homme travaille pour vivre, mais le travail est rendu possible non seulement par la représentation de cette fin imposée par une nature non directement assimilable par lui, mais par la capacité de la représentation idéale du résultat avant sa réalisation. Il s'agit là d'une finalité autre que celle simplement extérieure comme celle du besoin d'habitation « cause finale » de la construction, car elle repose sur la capacité de produire des formes qui ne suivent pas seulement les contours du matériau naturel en le transformant, mais qui ajoutent quelque chose à la nature, parce qu'elles sont la réalisation d'une volonté conforme à un but spécifique, celui du constructeur. Par le travail ainsi précisé, l'homme substitue à la nature « objet » de ses premiers échanges un milieu qui lui appartient exclusivement : le milieu technique. Toujours abstraite la définition se rapproche encore du concret : elle a pour objet le procès de travail et non plus le travail :

> « Les moments simples du procès de travail sont : l'activité conforme à une fin, ou le travail lui-même, son objet, ses moyens ».
> (*ibid.* p. 193 ; GF p. 140)

Cette définition concerne surtout l'aspect technique du travail. L'essentiel est ici en effet moins le « travail lui-même » ou son « objet » que les moyens :

> « Le moyen de travail est une chose ou un complexe de choses que le travailleur interpose entre lui-même et l'objet de travail et qui lui servent comme conducteurs de son activité sur cet objet. »

Marx fait des moyens de travail les indices *(Anzeiger)* des conditions sociales du travail et les gradimètres *(Gradmesser)* du développement de la force de travail humaine. Il est donc possible de mesurer le progrès technique par le niveau du développement des moyens de travail et une histoire de la technique entendue comme une histoire des milieux techniques est donc possible. Mais attention, il ne faudrait pas la confondre avec une histoire du « progrès social » : celle-ci implique un développement « progressif » de l'humanité, donc une finalité de l'histoire dont il n'est pas question ici. Marx veut simplement dire que l'époque de la machine à vapeur (Newcomen et Watt) est une époque, c'est-à-dire marque le début d'un nouveau temps qu'elle « suspend », par rapport au passé : il n'entend nullement par là que la situation en devient meilleure ou pire pour le travailleur, voire pour l'humanité... Peut-il d'ailleurs en être autrement au niveau d'une histoire ou d'une évolution dont l'objet n'est pas réel, mais abstrait ? Après tout il s'agit seulement d'un moment isolé dans un procès de travail. Remarque importante qu'il faut garder en mémoire chaque fois que l'on est tenté de confondre progrès technologiques (c'est-à-dire développement des moyens de travail) et progrès « tout court », c'est-à-dire entendu de l'esprit humain (Condorcet), de l'Humanité (Comte), de l'Histoire (un certain Marx et ses successeurs). On ne gagne rien dans la confusion.
Cette analyse technique du procès de travail peut encore être affinée : on peut montrer que les résultats d'un procès de travail antérieur servent éventuellement d'objets de travail dans le procès qui suit en aval, etc. Curieusement toutefois, on ne peut pas dire grand chose du travailleur qui reste tout abstraitement l'homme engagé dans un procès avec la nature. Marx souligne le fait de manière piquante :

> « Nous n'avions donc pas besoin de présenter le travailleur ni sa relation avec d'autres travailleurs. L'homme et son travail d'un côté, la nature et ses matériaux de l'autre, voilà qui suffisait. Au goût du blé on ignore qui l'a cultivé ; pas davantage en ce procès de travail on ne voit les conditions sous lesquelles il se produit : sous le fouet brutal du surveillant des esclaves, le regard anxieux du capitaliste ? Est-ce Cincinnatus qui le mène, commandant à sa paire de bœufs, un sauvage qui tue une bête sauvage d'un coup de pierre ? »
> (*ibid.* p. 198-199 ; GF p. 144)

Comment effectuer le passage à la réalité et donc cette fois distinguer une production naturelle (celle du « sauvage » cité) d'une production esclavagiste, patriarcale, capitaliste, etc ?
La question n'est pas celle relativement simple du passage de l'abstrait (le concept de travail) au concret (tel ou tel travail). Il suffit de poursuivre la lecture de Marx pour s'en rendre compte et cette poursuite fait problème. En effet Marx réalise ses propos sur le procès de travail – abstrait puisque de tous les temps et de tous les lieux – en l'incarnant dans la « production de plus-value » (L.I., C.VII, § 2), caractéristique de la production capitaliste, objet de son maître-ouvrage. Par là le travail n'est pas seulement création d'utilités correspondant à la satisfaction de besoins sociaux, mais source de valeur et surtout de survaleur, c'est à dire d'une valeur créée en plus (la plus-value). Mais les sociétés très peu développées mises à part, toutes les sociétés produisent plus que la valeur mise en mouvement chaque année : la reproduction simple des conditions de la production est donc plus un accident que la règle ; il y a donc surtout reproduction élargie et avec celle-ci apparition de survaleur et de plus-value. Or Marx qui emprunte ce concept de plus-value aux économistes anglais (A. Smith et Ricardo) prétend qu'elle naît d'une appropriation sans équivalent par « l'exploiteur » : appropriation forcée dans le cas de l'esclavage ou de la corvée féodale, appropriation « libre » dans le cas du salariat moderne. A l'entendre, le salarié moderne depenserait une partie de son temps pour reproduire la valeur de sa force de travail (travail nécessaire) l'autre gratuitement (temps de surtravail) bien qu'il soit impossible de distinguer manifestement ces deux parties. Tel serait le propre du capitaliste, mieux du capitalisme : viser moins la production d'utilités sociales (biens et services) que l'appropriation d'une plus-value acquise par le détenteur des moyens de production sans compensation, et donc en un certain sens « volée », quoique son invisibilité rende le vol difficilement décelable. Aussi le capitaliste apparaît-il comme un exploiteur plus dissimulé que l'esclavagiste ou le féodal : ceux-ci se montraient tels, ne serait-ce qu'en exhibant leur force ; le capitaliste lie des liens contractuels (le salariat) avec son employé et ceux-ci cachent, en la consacrant juridiquement, une exploitation parfaitement indécelable.
Par là-même, l'analyse simplement technique du procès de travail se trouve transfigurée : on y rencontre des réalités indiscutables (l'esclavage n'est pas la corvée et le salarié n'est pas un esclave), mais le « concept » d'exploitation semble résulter de la combinaison rhétoriquement habile d'une réalité (la production de survaleur) et de sa traduction revendicative dans le langage de la protestation éthico-politique. On est passé du travailleur au couple exploiteur/exploité spécifié historiquement en capitaliste/ouvrier salarié, et, du même coup, est apparu comme solidaire de cette relation un problème éthico-politique qui paraît fort loin de l'objet de notre attente : la caractérisation plus concrète du procès de travail, défini jusque là sous son seul angle technique.
Marx il est vrai a sinon des excuses du moins des raisons. Pour lui on

ne saurait séparer le problème « simplement » technique et la question sociale qui est celle de la justice sociale : il confond, c'est à dire fusionne trois choses : deux réalités : d'une part la qualité technique dans le travail (les moyens de travail) et la société qui lui « correspond » ; d'autre part une exigence éthique : la justice. Cette confusion pousse très loin ses racines dans son système : elle permet en effet d'établir des relations de non-correspondance ou de correspondance entre les deux réalités mentionnées. Ainsi, le difficile problème posé par la fin de l'esclavage et l'apparition du servage est parfois compris comme celui de la non-correspondance[2] entre la réalité sociale (les esclaves) et l'apparition de nouveaux moyens techniques (le moulin à vent). D'autres fois, quand il est difficile de préciser la correspondance en fonction d'une contradiction entre les moyens techniques et la réalité sociale, Marx parle de subsomption formelle précédant la subsomption matérielle, voulant dire par là que les rapports juridiques (ils sont pour Marx de pure forme), précèdent les moyens techniques qui devraient leur correspondre. De fait, les structures capitalistes ne naissent pas de changements techniques qui les rendraient nécessaires en raison de la contradiction qu'ils entretiendraient avec la société contemporaine ; il faut se rendre à l'évidence, les révolutions bourgeoises anglaise (1640-1688) et française (1789) ont précédé l'apparition des systèmes techniques spécifiques de ces sociétés : le machinisme et la grande industrie. Que les changements techniques d'ailleurs aient rapport avec les changements sociaux, nul ne le conteste :

> « Si chaque instrument pouvait sur ordre ou par pressentiment accomplir son œuvre propre, à la manière, dit-on, des trépieds de Dédale qui, selon le poète se rendaient d'eux-mêmes *(automaton)* à l'assemblée des dieux, les navettes tissant d'elles-mêmes, les plectres grattant par eux-mêmes les cithares, les chefs d'artisans se passeraient de serviteurs et les maîtres d'esclaves ».
>
> (*Politique* I, C. 1, 1253 b 33)

2. « Loi » de correspondance énoncée par Marx dans sa *Préface* à la *Contribution à la critique de l'Économie politique* (1859) :
« A un certain stade de leur développement les forces productives matérielles de la société entrent en contradiction avec les rapports de production présents, ou (et ce n'est qu'une expression juridique) avec les rapports de propriété à l'intérieur desquels leur mouvement avait pris place jusque là. De formes de développement des forces productives, ces rapports se transforment en entraves qui les lient. Une époque de révolution sociale fait son entrée... On peut désigner à grands traits comme époques progressives de la formation économique de la société les modes de production asiatique, antique, féodal et moderne bourgeois. Les rapports de production bourgeois sont la dernière forme antagoniste du procès de production social, antagoniste non pas au sens de l'antagonisme individuel, mais de celui qui a sa source dans le sein des conditions de vie sociales des individus ; les forces productives qui se développent dans le sein de la société bourgeoise créent, il est vrai, en même temps les conditions matérielles de la résolution de cet antagonisme. Cette formation sociale conclut donc la préhistoire de la société humaine. » (*MEW*, Berlin 1964. T. 13, p. 9)

Par cette évocation à l'irréel, Aristote percevait déjà la liaison d'une technique et d'une société, sans d'ailleurs sombrer dans l'utopie d'une société automatique sans travail... Enfin, rien ne permet de dire que les changements sociaux, contemporains ou non de mutations techniques, manifestent une orientation dans le sens d'une plus ou moins grande justice sociale, car si l'on peut dire, ce n'est pas leur problème... Cela Marx ne pouvait le comprendre, car il faisait du capitalisme et de ses techniques spécifiques (le machinisme et la grande industrie) l'antichambre du socialisme, voire du communisme, nouveau système social appelé à donner à chacun selon ses besoins, tout en lui demandant selon ses capacités. Le rêve éthique obnubile l'analyse de la réalité et se substitue à elle, mais il suffit de l'écarter pour conserver l'essentiel.

4. Le métier, la manufacture et le machinisme : la tête et les mains.

Il s'agit de la transformation qui intervient au niveau de la technique à l'œuvre dans le procès de travail lorsqu'on passe de l'artisanat et de la manufacture au machinisme proprement dit. Jusqu'à ce dernier, le procès de travail unit un travailleur compétent et un ou des outils pour ouvrer la matière première de ce procès déterminé. La compétence du travailleur est mesurée par son savoir-faire : par exemple ce peut être un simple compagnon ou encore un « maître » dans le système de la corporation hérité du Moyen Age et qui se maintiendra en France jusqu'à la révolution. Théoriquement à ce stade, le travailleur est un homme du métier ou de métier. Quelques citations en préciseront le sens :

> « On donne ce nom à toute profession qui exige l'emploi des bras, et qui se borne à un certain nombre d'opérations mécaniques qui ont pour but un même ouvrage que l'ouvrier répète sans cesse. Je ne sais pourquoi on a attaché une idée vile à ce mot : c'est des *métiers* que nous tenons toutes les choses nécessaires à la vie ».
> (Diderot, *Encyclopédie* (1750-65) in O.C. , Paris 1973. T. XV, p. 337)

Et Rousseau qui veut que le premier livre donné à Émile soit *Robinson Crusoë,* écrit :

> « Souvenez-vous que ce n'est point un talent que je vous demande ; c'est un métier, un vrai métier, un art purement mécanique, où les mains travaillent plus que la tête, et qui ne mène point à la fortune, mais avec lequel on peut s'en passer. »
> (Rousseau *L'Émile,* L. III 1762, *O.C.,* Paris 1969, T. IV, p. 471. GF p. 254)

Au-delà de la « défense » des métiers par les deux philosophes on notera qu'ils définissent le travail comme manuel, Rousseau accentuant favorablement cet aspect par rapport à sa dimension cérébrale. C'est qu'en l'espèce, il s'agit (surtout chez Rousseau) de l'artisan qui exerce, libre, un métier « propre et utile » (*ibid.* p. 478) comme celui de menuisier. Ce dernier travaille des bras plus que de la tête mais exige adresse, industrie, élégance et goût dans l'exécution. Il produit une œuvre qui peut d'ailleurs devenir un chef d'œuvre. Même artisanal le métier est déjà menacé : on le sent chez Diderot remarquant l'identité de but qui contraint l'ouvrier à la répétition du même ouvrage ; l'artisan ne sait faire qu'un ouvrage, et le même Diderot se moquera du corporatisme, qui interdisait au médecin d'opérer tout comme au chirurgien de diagnostiquer... Rousseau lui aussi ne veut point pour Émile des métiers comme tisserands, faiseurs de bas, scieurs de pierre :

> « A quoi sert d'employer à ces métiers des hommes de sens? C'est une machine qui en mène une autre. »
> (*ibid.* p. 477 ; GF p. 261)

Une machine qui en mène une autre, car dans ces spécialités le métier ne requiert plus la tête, seules les mains travaillent ; le métier a chassé le métier :

> « On donne encore le nom de *métier* à la machine dont l'artisan se sert pour la fabrication de son ouvrage. »
> (Diderot art. cité, p. 337)

Le métier à bras, le métier à tisser, etc. ne cessent de faire reculer la partie cérébrale ou intellectuelle du travail de l'artisan, au profit de l'action purement manuellement machinale, au sens propre et nouveau du terme. Or ce processus s'accuse avec l'introduction d'une nouvelle méthode de travail : la manufacture organique ou sérielle (ce dernier qualificatif étant la traduction proposée par Roy du premier). Ici l'on retrouve l'analyse de Marx dans le *Capital.*

Il s'agit d'un stade ou d'une étape dans la division sociale du travail. Comme on le sait, un Robinson Crusoë, sachant tout faire, ou presque tout, de ses mains est une exception romanesque. Dans la réalité, il y a toujours une division sociale du travail qui répartit les tâches productives d'utilités (biens ou services) : elle peut être rudimentaire comme celle, sexuelle, des Bushmen du Kalahari (les femmes ont des tâches réservées, les hommes également), elle peut être plus développée et reposer sur le métier, quelques-uns (cinq pour la « cité des pourceaux » envisagée par Socrate dans la *République,* II-369 b-372 d), bien davantage en fonction du développement des besoins et des moyens de consommation qui leur correspondent. Une nouvelle étape est franchie dans la division du travail avec le rassemblement en un même lieu de travailleurs exécutant la même tâche ou encore professant le même métier, mais plus intéressante encore est la réunion de plusieurs métiers différents, dont la coopération est exigée pour la fabrication d'un produit déterminé. Un carrosse demande le travail d'un charron, d'un forgeron, d'un menuisier, d'un tapissier, etc. : en les réunissant on utilise leurs compétences particulières auxquelles on ne touche pas – il s'agit d'une manufacture hétérogène. Si maintenant l'on analyse un métier, on fait apparaître qu'il se « compose » d'opérations diverses en nombre fini. Il est possible de confier l'exécution de chaque opération à un seul travailleur dont elle devient la spécialité : au lieu de fabriquer une épingle (l'exemple est d'Adam Smith dans sa *Richesse des Nations* (1776) en opérations, le « spécialiste » exécute un mouvement partiel (couper le fil, former la pointe ou la tête, etc.), et l'épingle devient le produit non d'un travailleur isolé connaissant le métier, mais celle d'un travailleur collectif, la réunion de tous les spécialistes. Le gain de productivité est extraordinaire, d'où son succès. Ce type de manufacture est appelé sérielle ou organique : sérielle parce qu'il repose sur la décomposition du tout d'un métier en une série d'opérations dont chacune est confiée à un travailleur ; organique parce que l'ensemble des spécialistes constitue un tout, « le travailleur collectif », fonction de cet autre tout dispersé désormais, le métier. Car ce dernier reste la base de la manufacture : comme son nom l'indique elle repose sur le travail des mains. Bien entendu pourtant, il faut souligner une altération fondamentale et irréversible du métier avec l'apparition de la manufacture sérielle : le travailleur perd définitivement la possession du métier global, qui devient le fait du « travailleur collectif », mais celui-ci n'existe qu'idéalement. Toujours plus de mains, toujours moins de tête, car les mains, de plus en plus spécialisées, deviennent de moins en moins intelligentes.

Ce déficit du savoir technique à l'œuvre dans le métier est encore accusé par le passage au machinisme proprement dit. Contrairement à ce que l'on croit souvent le machinisme ne repose pas sur la seule machine : celle-ci comme le métier à tisser reste compatible avec un certain métier et elle repose, quant à son mouvement, sur la bonne volonté du travailleur qui la fait fonctionner. Le machinisme entendu strictement réunit trois facteurs : un moteur, une transmission du mouvement, une machine-outil. Cette dernière, véritable substitut de l'ancien artisan ouvre à sa place la matière première qui lui est soumise, mais de manière surmultipliée : même virtuose, le meilleur des hommes de métier n'a que deux mains et deux pieds ; tisserand, il ne lance qu'une navette et n'actionne que deux pédales. La machine-outil fait sauter cette barrière physiologique, tout comme la lunette de Galilée les limites de notre vision. Avec la machine à vapeur (Newcomen) un nouveau type de production de mouvement est découvert : continu et sans fatigue, là où le mouvement animal était discontinu et obéissait à des rythmes biologiques. Désormais une nouvelle combinaison est possible : elle assemble machines-outils et moteurs avec transmission et substitue au travailleur collectif de la manufacture organique ou sérielle, un « système de machines » objectif et indépendant. Le travailleur ne contrôle plus son travail, il devient en quelque sorte un simple appendice du système, chargé de surveiller le travail de la machine (c'est elle qui « travaille »), de l'entretenir, de l'approvisionner, etc. Une transformation radicale intervient donc ici. Le métier a donc totalement disparu, le savoir-faire s'est atomisé, le savoir tout court a pratiquement disparu : il faut de moins en moins de temps pour former un « spécialiste », ce qui permettra au XIXe de faire travailler les enfants. L'invention du travail à la chaîne ne fera que renforcer ce genre d'effets, quoique l'on constate toujours les manifestations d'un savoir-faire, en dépit de la spécialisation combinée avec le machinisme. Reste en effet « le coup de main », témoin de l'intelligence manuelle.

5. L'intérêt du travail : l'ennui problème social ou individuel ?

Le problème reste entier, la question du travail comme activité humaine combinant savoir et faire. L'irréversible révolution industrielle a certes séparé encore plus l'intelligence et les mains que les systèmes de production antérieurs, reposant tous sur le métier, mais, en même temps, par la multiplication des moyens de consommation et d'autre part l'élimination tendancielle de nombre d'opérations dangereuses ou pénibles, elle impose à la pensée une nouvelle distribution du rapport entre l'intelligence et les mains. Il y a plus, la nouvelle configuration sociale produite par la révolution industrielle et son développement contemporain fait apparaître que si le problème du travail est celui de l'intelligence dans le travail, puisqu'elle est toujours menacée par la parcellarisation ou la spécialisation, ce problème ne se pose pas seulement en termes d'opposition du travail manuel et du travail intellectuel. Certes il y a toujours un problème des cols bleus, mais qui pourrait nier celui des cols blancs ? Surtout dans des sociétés où, comme l'avait très bien vu Hegel, les rapports de travail tendent à s'universaliser (abolition des privilèges), la question du travail devient au-delà de son aspect social qui reste incontournable, celle de l'intérêt du travail, de l'intérêt au travail. On travaille pour vivre certes, et travailler c'est produire de l'utilité, mais ces deux fins sont insuffisantes à épuiser le problème : il y a en effet celui de l'intelligence dans le travail, d'une intelligence toujours menacée par l'ennui.
Le travail est pénible parce qu'il est dépense et donc effort, mais ce n'est pas là le plus important, surtout depuis les transformations techniques modernes et contemporaines. Le travail est ennuyeux, c'est tout autre chose. L'ennui ne naît pas de la paresse, il en est plutôt la cause. L'ennui caractérise la situation du travailleur qui trouve son occupation inintéressante. Et ici, il ne s'agit pas seulement de l'intérêt au sens mercantile du terme, encore que l'argent puisse être motivant en raison des satisfac-

tions symboliques qu'il permet de se procurer (en particulier la distinction sociale) ; il s'agit de l'intérêt du travail en lui-même. Travailler non seulement pour gagner sa vie, mais au fond travailler pour travailler, parce que c'est la fameuse différence anthropologique évoquée plus haut. L'exaltation du travail érigé au rang de vertu est suspecte, car elle est le fait d'idéologies diverses, qui assignent au travail une simple fonction d'utilité et donc le relativisent par rapport à une fin extérieure : travailler pour l'entreprise, pour la patrie, etc. ne rend pas le travail intéressant par lui-même, alors que c'est la question qui se pose.

On dira que cette question est un luxe et l'on aura pas tout à fait tort. On travaille parce qu'il faut travailler : l'utilité sociale l'impose et il n'y a pas à chercher plus loin. Cette attitude rassise ne saurait contenter la réflexion, qui n'est pas un luxe. Peut-être faudrait-il distinguer entre les travaux, en qualifiant les uns d'intéressants, les autres d'inintéressants ? On pourrait être tenté de le faire en rangeant dans les premiers les activités intellectuelles, dans les seconds tout ce qui est manuel. Cette formulation trouverait pour l'appuyer mainte autorité et au XIXe siècle, on s'est acharné à trouver les solutions de la division du travail en travail manuel et intellectuel, cherchant à les réconcilier, qui par l'éducation, qui par l'universalisation du travail manuel. Des expériences historiques récentes ont même été tentées en ce sens : mais qui dirait qu'un mois de travail manuel pour un universitaire, voire quelques années (cf. les pays socialistes ou la Révolution culturelle chinoise), ou encore un cours de philosophie aux prolétaires (cf. Auguste Comte) transformeraient l'intellectuel en manuel et réciproquement ? N'est-ce pas d'ailleurs pur préjugé social que de décréter inintéressant le travail manuel et seul intéressant le travail intellectuel, ou l'inverse ? Encore une fois, il ne s'agit que du travail, non d'un choix politique : le travailleur manuel qui s'ennuie au travail existe, mais il n'est pas le seul et il y a tous ceux qui ne s'ennuient point, sans exiger la présence à l'atelier d'un universitaire ou un cours de philosophie populaire ou positive le soir... L'intérêt, quoiqu'en aient dit certains philosophes du XIXe (en particulier Comte) n'est pas fonction de la qualité intellectuelle ou non du travail. La question n'est peut être pas sociale, mais seulement individuelle, ce qui expliquerait les difficultés à déterminer les causes de l'ennui en général.

Dans le travail en effet, le travailleur réalise individuellement sa différence spécifique. Mais cette dernière est générique alors que lui est un individu, quelle que soit la classe à laquelle il appartienne. Comme individu, son travail est le résultat ou d'une contrainte ou d'un choix, voire des deux, puisqu'on objecterait avec raison que le choix a lieu dans des conditions sociales qui précèdent l'existence de l'individu et en prédéterminent le cours. Il est exact que tout n'est pas possible, ce que l'on peut appeler l'inégalité des chances, cependant cette prédétermination n'est pas un destin qui voue à l'ennui, et l'on aurait tort de croire que tous les ouvriers, par exemple, s'ennuient parce qu'ils ne sont pas généraux, évêques ou académiciens. La raison de cette diversité de réactions tient peut-être au fait que le travail « choisi » peut être compris comme une profession, le métier comme une vocation (cf. l'allemand *Beruf*). Il s'agit là certes de quelque chose de très subjectif et certains pourraient même y voir les effets d'idéologies de la résignation, le petit mot de profession ou de vocation, avec ses connotations religieuses, devant pour cette « raison » être considéré comme suspect. Mais on peut aussi remarquer que ces idéologies prennent en charge des comportements réels qu'elles ne créent ni ne suscitent. Autrement dit, le travail peut être l'objet d'une vocation ou d'une profession, c'est-à-dire consenti. C'est peut-être là le secret de l'intérêt au travail, et l'on ne saurait lui ôter sa détermination d'individuel en le réduisant à une question sociale. Le travail c'est une chose, la justice en est une autre. On n'a rien à gagner à leur confusion. On ? en tous cas la réflexion.

TEXTE

Auguste Comte
Affinités des travailleurs manuels et du véritable esprit philosophique

« En examinant, sous un aspect plus intime et plus durable, cette inclinaison naturelle des intelligences populaires vers la saine philosophie, on reconnaît aisément qu'elle doit toujours résulter de la solidarité fondamentale qui, d'après nos explications antérieures, rattache directement le véritable esprit philosophique au bon sens universel, sa première source nécessaire. Non seulement, en effet, ce bon sens, si justement préconisé par Descartes et Bacon, doit aujourd'hui se trouver plus pur et plus énergique chez les classes inférieures, en vertu même de cet heureux défaut de culture scolastique qui les rend moins accessibles aux habitudes vagues ou sophistiquées. A cette différence passagère, que dissipera graduellement une meilleure éducation des classes lettrées, il en faut joindre une autre, nécessairement permanente, relative à l'influence mentale des diverses fonctions sociales propres aux deux ordres d'intelligences, d'après le caractère respectif de leurs travaux habituels.

Depuis que l'action réelle de l'humanité sur le monde extérieur a commencé, chez les modernes, à s'organiser spontanément, elle exige la combinaison continue de deux classes distinctes, très inégales en nombre, mais également indispensables : d'une part, les entrepreneurs proprement dits, toujours peu nombreux, qui, possédant les divers matériaux convenables, y compris l'argent et le crédit, dirigent l'ensemble de chaque opération, en assumant dès lors la principale responsabilité des résultats quelconques ; d'une autre part, les opérateurs directs, vivant d'un salaire périodique et formant l'immense majorité des travailleurs, qui exécutent, dans une sorte d'intention abstraite, chacun des actes élémentaires, sans se préoccuper spécialement de leur concours final. Ces derniers sont seuls immédiatement aux prises avec la nature, tandis que les premiers ont surtout affaire à la société.

Par une suite nécessaire de ces diversités fondamentales, l'efficacité spéculative que nous avons reconnue inhérente à la vie industrielle pour développer involontairement l'esprit positif doit ordinairement se faire mieux sentir chez les opérateurs que parmi les entrepreneurs ; car, leurs travaux propres offrent un caractère plus simple, un but plus nettement déterminé, des résultats plus prochains, et des conditions plus impérieuses. L'école positive y devra donc trouver naturellement un accès plus facile pour son enseignement universel, et une plus vive sympathie pour sa rénovation philosophique, quand elle pourra convenablement pénétrer dans ce vaste milieu social.

Elle y devra rencontrer, en même temps, des affinités morales non moins précieuses que ces harmonies mentales, d'après cette commune insouciance matérielle qui rapproche spontanément nos prolétaires de la véritable classe contemplative, du moins quand celle-ci aura pris enfin les moeurs correspondantes à sa destination sociale. Cette heureuse disposition, aussi favorable à l'ordre universel qu'à la vraie félicité personnelle, acquerra un jour beaucoup d'importance normale, d'après la systématisation des rapports généraux qui doivent exister entre ces deux éléments extrêmes de la société positive. Mais, dès ce moment, elle peut faciliter essentiellement leur union naissante, en suppléant au peu de loisir que les occupations journalières laissent à nos prolétaires pour leur instruction spéculaire. Si, en quelques cas exceptionnels d'extrême surcharge, cet obstacle continu semble, en effet, devoir empêcher tout essor mental, il est ordinairement compensé par ce caractère de sage imprévoyance qui, dans chaque intermittence naturelle des travaux obligés, rend à l'esprit une pleine disponibilité. Le vrai loisir ne doit manquer habituellement que dans la classe qui s'en croit spécialement douée ; car, à raison même de sa fortune et de sa position, elle reste communément préoccupée d'actives inquiétudes, qui ne comportent presque jamais un véritable calme, intellectuel et moral. Cet état doit être facile, au contraire, soit aux penseurs, soit aux opérateurs, d'après leur commun affranchissement spontané dans soucis relatifs à l'emploi des capitaux, et indépendamment de la régularité naturelle de leur vie journalière. »

(*Discours sur l'esprit positif* (1844) in *Traité philosophique d'astronomie populaire, Discours préliminaire,* 1844, pp. 86-88. in Oeuvres d'A. Comte, T. XI, Paris 1970)

10

LA SCIENCE ET LES SCIENCES

1. A la recherche de l'unité des sciences : l'arbre et l'encyclopédie. Descartes, Hegel, Comte.
2. Le problème de la science des sciences : la logique d'Aristote et ses limites.
3. Mathématique et logiques modernes : l'impossibilité de la science des sciences et la nécessité de la philosophie. Descartes et Leibniz.

1. A la recherche de l'unité des sciences : l'arbre et l'encyclopédie.

Les connaissances se sont si diversifiées qu'il semble vain d'en vouloir chercher l'unité. Nous sommes à l'âge des encyclopédies, mais quel que soit leur désir d'universalité, il n'en est plus pour prétendre organiser les différentes sciences à partir d'une unité commune génératrice d'un ordre rationnel. L'ordre alphabétique, c'est-à-dire un ordre conventionnel, semble devenir partout dominant en raison de son caractère pratique. Et pourtant combien plus séduisant serait un ordre rationnel systématisant toutes les connaissances et les disposant selon leurs fonctions réciproques, leurs objets spécifiques ou leurs liens de subordination et de domination. L'image de l'arbre doit-elle être abandonnée ? Non point celui de la connaissance du bien et du mal, occasion du péché d'Adam, mais cet arbre philosophique auquel Descartes comparait le savoir lorsqu'il écrivait :

> « Ainsi toute la philosophie est comme un arbre, dont les racines sont la métaphysique, le tronc est la physique, et les branches qui sortent de ce tronc sont toutes les autres sciences, qui se réduisent à trois principales, à savoir la médecine, la mécanique et la morale. »
>
> (*Lettre au traducteur des Principes de la Philosophie*, 1647)

A vrai dire le paradigme cartésien de l'arbre mérite d'être médité : il correspond plus à un programme qu'à une réalité. Si en effet métaphysique et physique, voire mécanique ont pu être achevées, ce n'est pas un simple manque de temps qui a interdit la constitution d'une morale et d'une médecine, mais plutôt des obstacles épistémologiques qui tempèrent le triomphalisme de cette page célèbre. Avec la morale et la médecine, la connaissance à affaire à l'union substantielle du corps et de l'âme, donc à un domaine constitutionnellement obscur et confus qui se prête mal ou pas du tout à une reconnaissance de type géométrique. Aussi faudra-t-il se contenter de réalisations beaucoup plus modestes que celles qu'on avait un peu imprudemment annoncées : par exemple le *Traité des Passions de l'âme* ou la *Correspondance* avec Élizabeth. On est donc bien loin de cette unité des connaissances affirmées en 1628 dans la première des *Règles pour la direction de l'esprit :*

> « Il faut bien se convaincre que toutes les sciences sont tellement liées ensemble, qu'il est plus facile de les apprendre toutes à la fois, que d'en isoler une des autres. »

Il est vrai, Descartes récusait sévèrement l'expérience « souvent trompeuse », pour lui préférer l'intuition et la déduction, la première donnant avec évidence les premiers principes, la seconde enchaînant par « un mouvement continu et ininterrompu de la pensée », les évidences intuitives : de quoi la mathématique lui paraissait donner l'exemple. Descartes ne prétendait qu'il fallait s'en tenir aux seules mathématiques, mais il les tenait pour modèle de la constitution de toute vérité. D'où ses difficultés dès qu'il rencontre ce qui est rebelle par nature à un traitement scientifique de ce genre : morale, médecine, politique, histoire, en somme beaucoup de choses.

En fin de compte l'arbre cartésien n'a peut-être qu'une branche et c'est ce qui condamne, semble-t-il, la tentative de réunir toutes les connaissances selon une unité qui ne soit ni celle de l'agrégation ni celle du tas, mais celle d'un organisme s'engendrant elle-même. Diderot et d'Alembert dans le *Discours préliminaire de l'Encyclopédie* (1759) reprendront eux aussi le paradigme de l'arbre des connaissances, placé non sous le signe de Descartes mais de F. Bacon ; ils proposeront un tableau systématique des connaissances humaines qu'ils justifient en ces termes :

> « Les êtres physiques agissent sur les sens. Les impressions de ces êtres en excitent les perceptions que de trois façons, selon ses facultés principales, la mémoire, la raison, l'imagination. Ou l'entendement fait un dénombrement pur et simple de ses perceptions par la mémoire ; ou il les examine, les compare et les digère par la raison ; ou il se plaît à les imiter et à les contrefaire par l'imagination. D'où résulte une distribution générale de la connaissance humaine qui paraît assez bien fondée, en histoire qui se rapporte à la mémoire, en philosophie qui émane de la raison, et en poésie qui nait de l'imagination ».
>
> (*Discours préliminaire, Appendice du prospectus : Explication détaillée du système des connaissances humaines.* Paris, 1965, p. 155)

Il y a pourtant loin de la coupe aux lèvres, et le lecteur de l'*Encyclopédie* chercherait en vain dans les 17 volumes de l'ouvrage l'ordre philosophique étalé sur les plages du tableau du prospectus. Les rubriques de la mémoire, de la raison et de l'imagination apparaissent impuissantes à ordonner un matériau dont la richesse défie tout classement, toute tabulation, qui restent en fin de compte extérieurs. Le tableau n'est pas plus heureux que l'arbre.

Faut-il renoncer à l'unité au nom de la diversité ? Le dictionnaire avec son ordre arbitraire doit-il tenir lieu d'encyclopédie raisonnée, faute d'une raison immanente aux matières et susceptible de leur conférer l'unité ? L'arbre cartésien a achoppé sur l'irréductibilité des sciences au modèle unique de La Science avec Sa méthode ; le tableau est resté extérieur aux matières qu'il prétendait définir : ce n'est qu'une table des matières. Ces échecs portent en eux-mêmes leurs remèdes : des difficultés cartésiennes, on peut sans doute tirer la leçon qu'il est inutile, voire dangereux, de ramener les sciences à l'unité d'une science exemplaire de toute scientificité (en l'espèce, la mathématique) ; du contraste entre la pauvreté du tableau et la richesse des matières de l'Encyclopédie, on tire la conclusion qu'il y a ici trop et là pas assez.

Peut-on remédier à cet excès ou à ce défaut ? Deux solutions ont été proposées, qui ont le mérite de poser le problème de l'unité des sciences

à l'intérieur d'une science, tout en respectant la diversité de celles-ci et aussi la spécificité de chacune, sans renoncer au projet d'une encyclopédie cette fois vraiment philosophique. Il s'agit de Hegel et d'Auguste Comte. Le premier propose en effet une *Encyclopédie des sciences philosophiques en abrégé* (1ère édition 1817), le second un *Cours de philosophie positive* (1830-1842). Héritiers tous deux de l'encyclopédisme du XVIIIe siècle (grand siècle des dictionnaires) et de la révolution française, ils se sont efforcés de retrouver ou tout simplement de trouver l'unité perdue d'un savoir dispersé entre les matières devenues disparates quoiqu'objets de sciences : Hegel dans la tradition de l'idéalisme allemand, Comte, ancien élève de l'École Polytechnique, sur la base d'une connaissance approfondie et des sciences exactes et de l'histoire.
Selon Hegel, la philosophie est un repenser, un penser après (jeu de mots sur *nach-denken*) qui prend son vol comme l'oiseau de Minerve, déesse tutélaire, à la tombée du jour : elle arrive donc, en quelque sorte, lorsque les sciences exactes et expérimentales sont déjà constituées en spécialités qui connaissent un développement indépendant. Seulement cette situation d'indépendance relative est ce qui les isole les unes par rapport aux autres ou ne les juxtapose que selon l'ordre extérieur d'un tableau. La tâche de la philosophie est donc de substituer à cette pluralité et à cette extériorité une unité intérieure et vivante :

> « L'encyclopédie philosophique se distingue d'une autre encyclopédie ordinaire en ce que cette dernière doit être en quelque sorte un *agrégat* de sciences prises d'une manière empirique et contingente, certaines d'entre elles n'ayant de sciences que le nom, mais n'étant d'ailleurs qu'une collection pure et simple de connaissances. »
> (*Encyclopédie*, § 16. Remarque)

A cette situation s'oppose le développement de l'encyclopédie philosophique. Il repose sur l'affirmation que le savoir est un et qu'il n'y a donc pas de frontières irréductibles d'une science à l'autre, pas plus au niveau de l'objet que sur le plan de la méthode. Là où Kant avait opposé les mathématiques, la physique, et la métaphysique en fonction de leurs objets (construction de concepts dans l'intuition ; nature, ensemble des phénomènes connus selon des lois ; usage des principes transcendants de la raison), là où le philosophe de Koenigsberg distinguait radicalement, justifiant telles connaissances (mathématiques et physique), en prohibant d'autres (la métaphysique dogmatique), Hegel réunit en montrant que connaître c'est toujours concevoir par concepts *(Begreifen/Begriff)* et que la différence d'un domaine à un autre est celle d'un développement du concept par rapport à un autre, celle d'un moment dans ce développement. Mathématiques, sciences de la nature, sciences de l'esprit ne sont pas étrangères les unes aux autres ; elles n'apparaissent telles que parce qu'on oublie l'essentiel en elles, le concept qui y est à l'œuvre, de manière parfois si diversifiée que l'on peut ne voir que sa différence et oublier son unité. La situation change tout à fait, et l'on devient attentif à cette unité, dès que, oubliant ou négligeant le détail, on s'arrête sur les généralités où le concept apparaît comme tel :

> « Comme *Encyclopédie* la science n'est pas présentée dans le développement exprès de sa particularisation, mais on doit la limiter aux débuts et aux concepts fondamentaux des sciences particulières. »
> (*ibid.* § 16)

La démarche peut surprendre mais elle a l'avantage de faire apparaître un nouveau dispositif unitaire qui comprend toute les disciplines autrement dispersées. Il y a désormais une science unique, cercle supérieur qui comprend sous lui les autres sciences, cercles particuliers, « cercle de cercles » donc selon l'expression du § 15 :

> « Le tout se présente donc comme un cercle de cercles dont chacun est un moment nécessaire, de telle sorte que le système de ses éléments spécifiques exprime l'Idée en totalité qui se manifeste aussi bien en chacun pris distributivement. »

A cette science unique correspond un objet unique, spécifié par une division qui a l'avantage de totaliser ses propres parties et de se supprimer comme division :

> « La science se divise en trois parties :
> 1. La logique, science de l'Idée en et pour soi,
> 2. La philosophie de la Nature comme science de l'Idée dans son être autre,
> 3. La philosophie de l'esprit en tant que de l'Idée qui revient de son être-autre à elle-même. »
> (*ibid.* § 18)

Logique, nature, esprit se trouvent engrenés les uns sur les autres selon un développement à partir de soi, puisque ce qui est autre parce qu'abstrait (logique) ou différent (la nature par rapport à l'esprit), ne l'est qu'en son apparaître momentané et unilatéral. La logique n'est point un système formel d'opérations étrangères à la réalité parce que celle-ci serait matérielle, et celle-la formelle : selon l'apparence, c'est vrai, selon le mouvement réel de cette science, la Logique est « la science de l'*Idée pure,* c'est-à-dire l'Idée dans l'élément abstrait de la *pensée* ». (§ 19)
La logique a donc un contenu et même un contenu absolu, l'Idée, et exposer la logique scientifiquement, ce sera développer ce contenu en faisant apparaître que les catégories abstraites (quantité, qualité), les instruments (on parle d'*organon* = instrument, chez les classiques) de la connaissance, loin d'être des outils médiateurs entre la connaissance et son objet sont cette connaissance même.
La prétendue abstraction et l'ustensilité de la logique sont déjà connaissance de la réalité absolue, bien que la logique le sache au terme du développement de l'Idée dans l'élément abstrait de la pensée. De même la nature n'est pas l'autre impénétrable de l'esprit, pas plus qu'elle n'est

le concret opposé à la sécheresse abstraite de l'Idée logique : le développement de l'*Encyclopédie* manifestera et la nécessité de cette apparence et la vérité de son abolition parvenant ainsi à une science absolue parce que science de l'absolu. L'*Encyclopédie* n'est pas un *Dictionnaire raisonné des Sciences, des arts et des métiers* (titre de l'ouvrage de Diderot et d'Alembert) mais le Savoir, c'est-à-dire la connaissance si achevée qu'elle ne laisse rien à l'extérieur.

Savoir et non pas simplement et plus modestement connaître, tel est l'objectif d'une encyclopédie qui soit digne de son nom : *paideia en kuklô,* la culture développée et se refermant sur elle-même dont le symbole pourrait être ce serpent Ouroboros qui se mord la queue et se totalise avidement. Mais peut-on savoir ? Le criticisme kantien a formellement condamné cette prétention, et Hegel, on l'a vu, relève le défi sur la base de l'héritage kantien.

Ce dernier n'est pas inconnu d'A. Comte (1798-1857), ancien secrétaire de Saint-Simon, qui se rencontre avec le philosophe allemand pour refuser et récuser la prétention de savoir. Mais cette convergence dans le résultat ne fait pas de Comte l'héritier direct de Kant, ou sa répétition modernisée. En effet, comme Hegel et les Encyclopédistes, Comte ne renonce pas au projet encyclopédique, il pense tout au contraire que sa situation historique (après la révolution française) lui permet d'assurer l'exécution définitive de ce projet. Définitive en deux sens : parce qu'achevée mais aussi parce que bien définie. Les échecs antérieurs tiennent en effet à l'inachèvement du « savoir » (« il manque une science au moins ») comme à la mauvaise définition du projet (ce savoir se veut absolu, ou encore, il est de juxtaposition). En ce sens les réalisations antérieures de l'unité des sciences dans une science ou une encyclopédie portent les stigmates de leur époque : elles sont le plus souvent métaphysiques, détermination qui est celle toute historique d'un état par lequel passent nécessairement toutes les connaissances et pratiques ; elles datent de l'époque de la crise qui culminera avec la révolution française, crise politique et scientifique qui, dissolvant l'ancien ordre théologique, lui substitue dans le domaine théorique le règne des « entités » ou concepts abstraits (par exemple, la Nature) dans le domaine politique la violence révolutionnaire et le triomphe de l'idée de droit. Ce jugement suppose qu'il en soit à présent autrement, donc que l'époque contemporaine de Comte possède des caractères permettant d'assurer un jugement définitif sur le passé et de garantir également ce même caractère définitif à la réalisation présente de l'encyclopédie scientifique.

Deux découvertes se combinent ici pour justifier cette prétention : celle de la loi des trois états et celle de la loi encyclopédique. La première explique que toutes nos connaissances, donc aussi les connaissances scientifiques passent de l'état théologique (domination de l'anthropomorphisme, qui peuple la réalité de volontés surnaturelles destinées à expliquer la production des phénomènes) à l'état positif (c'est-à-dire réel, par opposition à chimérique, utile par rapport à oiseux, certain, précis, non

négatif) ; entre cet état final et l'état primitif, il y a la phase critique négative, instable, mentionnée précédemment et connue sous le nom d'état métaphysique. Le passage qui marque la régression des projections subjectives au profit de l'objectivité est rendu possible par l'existence, dès le premier état, de noyaux de positivité qui empêchent la constitution de l'état théologique en un système fermé dont on ne comprendrait pas la dissolution ultérieure. L'époque contemporaine voit s'affirmer progressivement dans tous les domaines le triomphe de la positivité.
Deuxième loi, la loi encyclopédique. C'est en fait une classification des sciences qui se substitue aux classifications antérieures principalement marquées par l'esprit métaphysique. Principe :

> « Cet ordre [celui des phénomènes et des sciences correspondantes] est déterminé par le degré de simplicité, ou ce qui revient au même, par le degré de généralité des phénomènes, d'où résulte leur dépendance successive et, en conséquence, la facilité plus ou moins grande de leur étude. »
> (*Cours de philosophie positive*, 2e leçon).

En d'autres termes, plus les phénomènes sont simples, plus ils sont faciles à étudier (le facile, c'est ce que l'on peut faire). Ainsi la géométrie ou l'astronomie sont plus simples que la physique sociale ou sociologie, qui exige, en raison de son immense complexité, une pluralité de méthodes et favorise du même coup les erreurs dues à l'intrusion de points de vue subjectifs, étrangers à son objet. Cette échelle du simple au complexe, du facile au plus difficile permet de hiérarchiser les sciences dans l'ordre suivant : astronomie, physique, chimie, biologie, sociologie. On s'étonnera sans doute de ne point voir figurer en tête la mathématique et A. Comte lui-même souligne cette « lacune immense et capitale que j'ai laissée à dessein dans ma formule encyclopédique » à la fin de la 2e leçon du *Cours :* la raison de cette omission vient de la division des objets correspondants aux cinq sciences sus-nommées en physique inorganique et physique organique, où les mathématiques ne peuvent avoir de place ; en ce sens, la première science est l'astronomie et c'est sans doute la raison pour laquelle Comte professera aux prolétaires parisiens, en 1843, un cours d'astronomie et non de mathématique populaire... Il n'empêche, la mathématique doit être rétablie dans sa situation effective de « préliminaire indispensable à l'étude de tous les autres ordres de phénomènes », et la classification complétée comprendra donc six sciences :

> « En résultat définitif, la mathématique, l'astronomie, la physique, la chimie, la physiologie et la physique sociale : telle est la formule encyclopédique qui, parmi le très grand nombre de classifications que comportent les six sciences fondamentales, est seule logiquement conforme à la hiérarchie naturelle et invariable des phénomènes. »
> (*Cours,* 2e leçon, fin)

Cet ordre encyclopédique du simple au complexe est aussi bien un ordre historique, car les diverses disciplines se sont effectivement succédé chronologiquement selon la succession indiquée logiquement. Par là, la loi encyclopédique se combine avec la loi des trois états. Si l'on néglige cette combinaison, on peut être amené à introduire dans la classification des sciences des principes non positifs, par exemple métaphysiques : il en est ainsi de ceux qui veulent faire de la psychologie une science située entre la biologie et la physique sociale ou, plus exactement, qui voudraient voir couronner l'édifice classificatoire par la psychologie ; en fait, ils importent dans l'âge positif des entités d'un autre âge, définitivement aboli. La science qui termine la classification, dans l'ordre encyclopédique comme dans la succession historique, est la sociologie : elle a pour objet l'humanité concernée sur le double plan de l'ordre et du progrès, donc statiquement et dynamiquement, puisque « le progrès est le développement de l'ordre ». Ainsi, par le jeu des deux lois, une nouvelle figure de l'unité des sciences peut se constituer, réintégrant l'histoire et la pluralité des sciences sans les « digérer » dans le concept assimilateur d'un Savoir Absolu. En effet, A. Comte n'absorbe pas, comme Hegel, la philosophie dans le savoir, mais, nouvel Aristote (il est l'Aristote de l'âge positif), il prétend donner à la philosophie un rôle nouveau correspondant à son âge positif. Présentée sous forme de cours, donc comme objet d'enseignement, la philosophie est la science des généralités qui donne à son public « des clartés de tout ». Ce programme semble rappeler celui de Hegel : lui aussi, limitait l'encyclopédie aux débuts et aux concepts fondamentaux (cf. *supra*). En fait, il n'en est rien : A. Comte entend par généralités des généralités positives, ce qui interdit tout passage dialectique d'une science à une autre et oblige donc à reconnaître la spécificité de chaque ordre de phénomènes ; la leçon du cours ne sera donc pas une doctrine de l'absolu, mais au contraire un relativisme solidement établi sur la reconnaissance de la situation effective de l'Humanité. Effective et donc relative elle n'est pas faite pour connaître l'univers et doit se contenter du monde, de son monde ; aussi faudra-t-il rejeter comme inutiles des découvertes scientifiques qui excèdent ce cadre relatif. Ainsi l'astronome Le Verrier (1846) explique les perturbations de la planète Uranus par les passages troublants des planètes voisines Jupiter et Saturne, sans que cette explication lui paraisse suffisante pour rendre compte de l'ensemble de la perturbation ; aussi suppose-t-il l'existence d'une troisième planète, inconnue jusqu'ici, cause de l'effet perturbateur ; il en calcule mathématiquement masse, distance et magnitude et le moment d'apparition : Neptune sera, grâce aux prévisions de Le Verrier, observé pour la première fois à l'Observatoire de Berlin. Commentaire de Comte :

> « Quand on se borne au degré de précision qui convient à nos vrais besoins, on reconnaît ainsi que la plupart de nos astres intérieurs, trop petits ou trop lointains, doivent nous devenir finalement presque aussi indifférents que les étoiles elles-mêmes. Par ces réductions successives, l'astronomie normale ne joint essentiellement aux trois corps principaux que les cinq autres planètes connues de tout temps, comme visibles à l'œil nu, à rai-

son de leur grosseur ou de leur proximité, double titre d'influence terrestre. Sans cette sage restriction continue, les divagations planétaires reproduiraient bientôt les principaux inconvénients des divagations sidérales, suivant une tendance théorique trop sensible déjà chez nos avides recruteurs de planètes insignifiantes et même fictives. On n'a pas encore oublié le fol engouement qui saisit, il y a quelques années, non seulement le public, mais surtout l'ensemble des astronomes occidentaux, au sujet d'une prétendue découverte, qui si elle avait pu être réelle, n'aurait dû intéresser que les habitants d'Uranus. »
(*Système de Politique Positive*, Paris 1851, p. 511)

La philosophie positive est donc une leçon de sobriété fondée sur les sciences elles-mêmes avec lesquelles elle se confond sur le plan théorique : en lieu et place du savoir absolu, elle propose un savoir relatif, unissant sciences et histoire selon la double loi exposée ci-dessus. C'est d'ailleurs là sa limite : le dogmatisme du relatif et l'élimination du mode de production des phénomènes se conjuguent pour ruiner les prétentions métaphysiques mais aussi bien pour éliminer tout ce qui dépasse les limites arbitrairement tracées par le système. En ce sens la philosophie positive constitue seulement une nouvelle figure du problème de l'unité encyclopédique des sciences, non cette unité même.
Pour être une, cette unité doit être systématique, mais cette systématicité ne saurait être celle d'un système philosophique. Unité plutôt à construire ou à programmer qu'unité déjà faite et figée en une philosophie déterminée. Il en est peut-être ainsi parce qu'on l'a cherchée là où elle ne pouvait se trouver : dans une encyclopédie, c'est-à-dire dans une réalisation peut-être aussi imprudente qu'impudente : l'encyclopédie répond sans doute au désir de savoir, mais elle y répond par substitution, non réellement, ne serait-ce que du fait de la nature du désir de savoir. Il est de la nature du désir de renaître aussitôt satisfait, parce qu'en fait il ne l'est jamais en raison de son infinité qui le distingue du besoin : toujours plus et donc jamais d'équilibre et de repos. Quant au savoir, sa présence effective est celle, imaginaire, d'un simulacre trompeur qui dissimule une connaissance déterminée et donc finie ou déterminée, jamais absolue, mais il n'en est pas de réalisation effective, car elle serait contradictoire ou exigerait le dépassement de la condition humaine. Aucune encyclopédie ne sera donc complète ni ne pourra prétendre restituer l'unité des sciences, dont pourtant la connaissance ne saurait se passer. Les aventures des encyclopédies philosophiques auront eu au moins cet avantage : donner une leçon de modestie en rappelant que la connaissance humaine est au milieu, ni ignorance ni savoir.
Faut-il pour autant renoncer à rechercher cette unité introuvable sous la forme du tableau, de l'arbre ou du dictionnaire philosophique ? La multiplication des spécialités liée à l'échec de l'encyclopédisme (qui ne connaît le succès que sous la forme du dictionnaire) conduit-elle à l'abandon de la question ? Il faut répondre négativement et remarquer que le

bilan négatif précédent concerne négativement non pas la question, mais les réponses qui lui ont été faites. L'unité des sciences ne se fait ni dans la métaphysique ni dans les encyclopédies, mais peut-être sinon ailleurs du moins autrement. Au lieu de rechercher quelle figure peuvent bien former les sciences lorsqu'on prétend les totaliser et les systématiser, il faut sans doute s'interroger au préalable sur les modalités de cette figure. Sera-t-elle, elle aussi, scientifique ou d'une autre nature ? De fait, de Descartes à Comte, c'est-à-dire au moins chez tous ceux qui croient à l'unité de la science, cette dernière doit être mise en évidence dans une science : mathématique, dialectique, science des généralités, etc. On suppose donc par là-même implicitement ou explicitement que la science des sciences est non seulement possible, mais réelle, la science des sciences, c'est-à-dire celle dont l'objet est non point une spécialité distincte, mais les sciences elles-mêmes, l'homogénéité entre la science architectonique et ses subordonnées assurant du même coup le succès de l'entreprise. Serait-elle possible la science des sciences, quelle victoire : enroulée sur elle-même la science serait non point science du différent (= ses objets) mais de l'identique (elle-même), elle ne serait point science mais savoir ! N'est-ce pas là revenir en arrière au désir d'encyclopédie ? En fait ce dernier est le cas de figure moderne d'une problématique aussi vieille que la première science. Dictionnaire philosophique, tableau, etc. sont des dispositifs modernes d'une question qui ne l'est pas : à partir du moment où il y a science (s) se pose le problème de leur unité, et il y a eu un moment où il y a eu au moins une science, moment, faut-il s'en étonner, contemporain de la naissance de la philosophie. Donc il faut reprendre la question en lui retirant sa forme moderne : il ne s'agit plus de la figure du savoir (tableau, dictionnaire, arbre) mais du savoir lui-même comme science des sciences, possible, réelle, nécessaire ?

2. Le problème de la science des sciences : la logique d'Aristote et ses limites

La science des sciences est une question antique : elle suppose seulement la constitution d'au moins une science. On sait qu'il s'agit de la mathématique. Les Grecs eux-mêmes étaient très conscients de la signification de cet événement-avènement, comme instituant une nouveauté par rapport aux pratiques mésopotamiennes et égyptiennes de comptabilité et d'arpentage. Un texte de Proclus dans son commentaire sur Euclide en donne une interprétation :

> « Pythagore transforma en outre la philosophie *(tèn philosophian)* concernant la géométrie : il en fit la forme *(skèma)* de la culture *(païdeia)* d'un homme libre. Il considérait d'en haut ses principes et sans égard pour leur matière *(aülôs)*, il recherchait de manière intelligible *(noerôs)* les théorèmes ; il découvrait précisément les problèmes *(pragmateïa)* posés par les irrationnels ainsi que l'organisation *(sustasis)* des figures de l'univers. »
>
> (*Commentaire sur Euclide*, Prologue II, éd. Friedlein, 1876, p. 65)

Outre ses connotations d'ordre social (elles traduisent la séparation entre les arts serviles et les arts que l'on appellera libéraux), ce texte attire l'attention en soulignant la nouveauté de la géométrie comme science : avant Pythagore on s'en occupait par en bas, c'est-à-dire littéralement au ras de la terre, que l'on mesurait de manière sensible, en fonction de sa matière ; ne fallait-il pas recalculer les aires à répartir après les crues du Nil ? Désormais le regard toise d'en haut, mais on aurait tort d'y voir une marque sociale (un regard « de classe »...), car cette hauteur ne se définit plus par rapport à en bas : sinon Pythagore aurait considéré de haut le sensible et la matière, non les principes et les théorèmes. La rupture n'est donc pas sociologique, ou si peu, elle est épistémologique : on passe d'une technique tâtonnante, orientée sur l'utilité sociale, à une discipline théorique dont la fonction est de connaissance pure (l'intelligible, peu importe sa matière). C'est là toute la différence entre une « recette » technique et une procédure scientifique. On peut discuter à l'infini sur cet isolement du côté de l'intelligible de la science nouvellement constituée et y voir la marque d'un idéalisme, là n'est pas la question ; l'important réside dans la séparation qui pour la première fois fait surgir, du milieu des techniques, une discipline qu'on ne saurait y ramener. La géométrie pourra bien servir à l'arpentage, l'arithmétique au calcul de l'impôt, ceci ne saurait les définir. Indifférentes aux techniques et à l'utilité sociales, les mathématiques offrent une nouvelle figure de la vérité : intelligible et donc universelle et nécessaire. Toutes les autres pratiques prétendant à la connaissance devront désormais s'en accommoder pour le meilleur et le pire.

De fait désormais, la confrontation n'a plus lieu entre simples techniques, mais entre celles-ci et une science. D'où l'obligation de se transformer : abandonner le côté « utilitaire » pour prétendre au titre de science productrice de vérité nécessaire et universelle. Processus d'autant plus irrésistible que la technique est un savoir-faire (cf. le grec *technè*) qui contient à l'état contraint des éléments de science. Force est donc de prendre en charge la multiplicité potentielle des sciences à partir de l'exemple longtemps unique (jusqu'à Galilée ?) de la mathématique. On peut discuter ce point et remarquer qu'il est un peu primitif de constituer les sciences en « continents » découverts (faut-il dire inventés ?) successivement (1600, la physique ; la chimie en 1779, etc.), c'est en fait sinon du primitivisme, du moins du positivisme assuré (cf. *supra*) ; d'autre part et surtout, même si les « physiques » d'un Aristote ou d'un Démocrite ne sont pas vraies au sens galiléen du terme, donc datent d'avant la découverte du continent, elles sont scientifiques dans leur projet ou leur intentionnalité : produire des vérités et non pas de l'utilité. C'est dire que sitôt les mathématiques surgies, les sciences apparaissent au pluriel : elles pourront se rectifier par la suite, mais c'est une autre affaire. Qui pourrait dire sérieusement que Thucydide ne faisait pas de l'histoire scientifique et qu'il faudra attendre le XIXe avec X ou Y pour que le continent historique soit enfin retrouvé par un génial C. Colomb ? La biologie commence-t-elle avec le mot introduit par Lamarck (1744-1829) dans sa *Philosophie zoologique* (1802) comme si les *Parties des Animaux* du « vieil » Aristote tant chéri de Darwin étaient de la « non-biologie » ? Singulier exemplaire, producteur de pluralité, la mathématique et à sa suite les sciences posent le problème de leur unité au sein d'une science.

Bien que l'on puisse affirmer qu'une telle science existe, il s'agit d'un problème, car cette affirmation est seulement une solution parmi d'autres, non la solution. Innombrables en effet sont les difficultés posées par la science des sciences : spécificité de son objet, différence qu'elle entretient par rapport aux sciences, situation. Si son objet ce sont les sciences, elle n'a point d'objet propre et apparaît comme une doublure inutile ; mais si d'autre part, elle a un objet spécifique, quel est son rapport à ceux dont les sciences sont sciences ? Si la science des sciences est clef de voûte de l'édifice des autres sciences, faut-il commencer l'étude de celle-ci par elle et, de même qu'une voûte termine plutôt la cathédrale... qu'elle ne la commence, faut-il l'étudier après. La science suprême qu'impose le pluriel des autres sciences paraît donc plus problématique que réelle, pire elle semble produire plus d'embarras que de résultats heureux.

Moins pressés que nous par la rentabilité (il y avait pourtant les rhéteurs, poussés par l'eau de la clepsydre, si l'on en croit Platon, *Théétète,* 172 d), les philosophes grecs se sont immédiatement lancés avec une patience infinie dans les lacis de ce problème, moins pour le résoudre que pour en déterminer les contours. Platon et Aristote, en particulier, voient dans la philosophie la discipline dont l'une des tâches essentielles est de penser l'unité des sciences maintenant que celles-ci sont au pluriel. Pour eux la question de la science des sciences appartient moins au domaine des sciences qu'à la philosophie elle-même qui vit de cette distinction. Le cas est particulièrement net chez Platon qui couronne l'édifice des connaissances par une science suprême, la dialectique, (*République,* Livre VII) mais se garde bien de la figer en lui assignant un objet particulier, par exemple la « totalité » des sciences : il s'agit tout au plus de devenir « plus dialecticiens » et non pas dialecticiens (*Politique* 287 a) selon des périples (Platon aime les images de croisières : *plous*) toujours recommencés, interminables et qui n'évitent pas la trivialité des sujets (le pêcheur à la ligne, le tisserand, etc. du *Sophiste* et du *Politique*) ; les habiles pourront se gausser, comme la jolie servante thrace le faisait de Thalès (il regardait dans le ciel et tombait dans le puits), la science suprême ne s'apprend pas comme d'autres disciplines, elle requiert l'ascèse interminable de la philosophie.

Longtemps on a cru qu'il en fallait autrement avec Aristote :

> « Je vis le maître de ceux qui savent *(l'maestro di color che sanno)* prendre place au milieu de la famille des philosophes : tous le regardent, lui font honneur » disait Dante (1265-1321) dans la *Divine Comédie*, (*Enfer* IV - 131).

En fait, il faut être plus sensible à la structure essentiellement interrogative du propos aristotélicien : la métaphysique (expression apparue ultérieurement) n'est pas pour Aristote la science suprême qui couronne architectoniquement les autres sciences ; elle est philosophie première en ce qu'à la différence de la physique ou philosophie seconde, elle considère les premières causes et les premiers principes, mais cette considération (= *théôria*) n'est pas la possession immédiate de la science recherchée et l'on peut légitimement se demander si la quête de la philosophie première doit s'achever en le savoir de cette dernière. Bref, la philosophie première serait plutôt un s'étonner incessamment recommencé devant les causes et principes premiers, plutôt que l'exposition raisonnée de ceux-ci et de celles-là ; en tous cas on ne saurait la confondre avec une théologie, même s'il est arrivé à Aristote de commettre lui-même cette confusion ou ce glissement. Convergence entre le maître de l'Académie et son disciple du Lycée, qui assignent à la philosophie la tâche d'unifier les sciences, sans toutefois la transformer en un science. Est-il donc impossible de penser scientifiquement l'unité des sciences ?

La logique apparaît comme capable de procurer une réponse positive à cette question. Réponse d'autant plus intéressante qu'elle apparaît historiquement avec l'œuvre d'Aristote, le philosophe de la science suprême recherchée mais sans doute introuvable. Pour Aristote en effet, il n'y a de science que de l'universel (la sensation n'est donc pas science) et l'universel est obtenu par une abstraction qui l'extrait de l'individu sensible : l'homme dans Socrate et Callias. Mais la science proprement dite ne commence qu'avec le jugement, ou tout au moins avec un énoncé attribuant positivement ou négativement un attribut d'un sujet : Homme, Non-Homme ne sont pas science pas plus que *et caetera,* mais pas davantage « Dis-moi, Muse, l'homme aux mille tours » (*Odyssée,* I,1) car il s'agit d'un impératif et il faudrait en dire autant des prières et de l'optatif ; la science exige l'indicatif dans une proposition comprenant verbe et sujet (Socrate marche = Socrate est marchant ou Socrate est homme) et susceptible de vérité ou d'erreur. Ce commencement de science n'est pas la science : une proposition déclarative *(apophansis)* peut être scientifique mais pas nécessairement par elle-même, puisqu'elle n'est qu'un énoncé, non une démonstration. Cependant, comme point de départ elle permet déjà de saisir l'essentiel de la démarche aristotélicienne dans le domaine logique.

S'il n'est de science qu'à partir de la proposition déclarative, l'analyse de celle-ci doit permettre la mise en évidence des structures élémentaires de tout discours scientifique en général, tout de même que l'étude des agencements de ce type de propositions doit compléter définitivement, car de manière parfaitement définie, le discours scientifique complexe et achevé. Double tâche donc : résolution de l'énoncé élémentaire en ses éléments et étude de leurs liaisons, composition des énoncés déclaratifs en ensembles de figures correspondant à la totalité des combinaisons démonstratives possibles. Double tâche qui s'appuie sur la réduction des propositions à leur squelette grammatical et à la mise en évidence de la structure logique sous-jacente à la structure grammaticale ; l'indifférence au contenu, que l'on peut remplacer par des lettres, complète la méthode en introduisant un formalisme fécond, puisque la pensée ne s'intéresse plus qu'à la forme de l'énoncé. Logique et grammaire paraissent ici solidaires, voire si étroitement liées que l'on peut s'interroger sur la pertinence de leur distinction. Dès le XIXe siècle, on se demandait si ce parallélisme n'impliquait pas en fait l'identité du logique et du grammatical, avec cette conséquence grave : la logique serait moins la logique que celle de la langue grecque, dont Aristote aurait formalisé et universalisé certains aspects ; que se passerait-il si Aristote avait parlé le bantou ou une langue eskimo ? L'universalité logique n'est-elle que la transformation abusive d'un particularisme linguistique, quelque vaste que soit l'aire où la langue considérée est en usage ? La logique repose-t-elle sur la confusion entre catégories de langue et catégories de pensée ? Il y a certes un rapport entre les catégories aristotéliciennes (substance, quantité, qualité, relation, lieu, temps, position, possession, action, passion) et la grammaire grecque : la substance est sujet nominatif, la qualité peut correspondre à l'adjectif, l'action à « l'actif » comme la passion au « passif », mais cette correspondance est inessentielle au propos d'Aristote, qu'elle peut illustrer rétrospectivement, non point fonder. Peu importe, en effet, qu'une langue naturelle réalise ou non l'ensemble des structures logiques mises au jour par l'analyse. Il n'est pas de langue sans logique, mais la logique n'est pas la langue, car elle est l'étude des structures qui rendent possible la formation d'énoncés déclaratifs *(apophansis)* du moins dans la perspective aristotélicienne.

Une première distinction est essentielle : elle fait apparaître les catégories. Il faut en effet séparer ce qui se dit selon une liaison *(kata sumplokèn)* de ce qui ne se peut dire sans liaison, ainsi « l'homme court » est un énoncé selon une liaison, mais homme, bœuf, ou, court (= est courant) sont sans liaison.

D'autre part, il faut définir la prédication ou attribution : affirmer un prédicat d'un sujet suppose l'existence de fonctions générales, irréductibles les unes aux autres, par lesquelles ce rapport se trouve spécifié, indépendamment de son contenu empirique déterminé. Il s'agit de termes sans liaison, puisqu'ils n'appartiennent pas à une communauté de genre supérieur qui permettrait de les réunir et de les subordonner. On les appelle catégories parce que ce mot signifie attribut (dans la langue juridique *katègoreïn tini tinos* c'était imputer à quelqu'un un chef d'accusation) : les catégories se distinguent des autres attributs par leur extrême généralité (il n'y en a pas de plus générales) et leur caractère purement formel. Elles définissent toutes les manières possibles de former un énoncé signifiant, donc à l'exclusion du non-sens (= Non-homme), bien que par elles-mêmes, c'est-à-dire en dehors de toute liaison, elles ne puissent être susceptibles de vérité ou d'erreur, celle-ci commençant avec la liaison dans une proposition ou énoncé déclaratif, positif ou négatif. Si donc les catégories épuisent le champ d'une sémantique générale, seule l'interprétation des propositions permet de dégager une logique de la vérité et de l'erreur. Aussi Aristote réserve-t-il à un *Traité de l'Interprétation (Peri herméneïas)* spécial l'examen de ces énoncés apophantiques susceptibles de vérité et d'erreur, distincts, on le sait d'autres énoncés, objets de la *Rhétorique* ou de la *Poétique*. L'interprétation établit donc comme seuls capables de vérité et d'erreur les énoncés déclaratifs ou apophantiques : l'énoncé négatif est postérieur à l'énoncé affirmatif parce qu'il en est la privation ; entre les divers énoncés, peuvent, en fonction des quantificateurs employés dans l'attribution (attribution universelle, particulière, etc.), se nouer des liaisons de complémentarité (opposition de contrariété) ou d'exclusion (opposition de contradiction), leur distinction définissant des niveaux spécifiques de vérité. Par là se trouve entièrement décrit le champ du discours scientifique, en tant qu'il se compose de liaisons prédicatives dans des énoncés apophantiques.

L'analyse ne saurait s'arrêter là. Une science est faite de propositions déclaratives, d'affirmations et de négations, mais les unes et les autres ne sont pas science, elles n'en constituent que les éléments. Après tout, une proposition se limite à l'affirmation ou à la négation d'une liaison, c'est-à-dire à l'expression d'une essence (l'homme est un animal politique), d'une existence (le nez de Socrate est camus) non à la démonstration qu'il en est bien ainsi. La démonstration n'est point l'exhibition d'une preuve *(tekmèrion)* empirique ou non. Au niveau de la logique, on étudie les liaisons de termes dans les propositions et les assemblages de propositions, indépendamment de tout contenu intellectuel ou sensible. Donc la démonstration renvoie, sur le plan logique, non au rapport des propositions et de la réalité (problème de vérité matérielle) mais à la liaison des propositions entre elles dans le montage original si bien nommé syllogisme, c'est-à-dire un assemblage ou une réunion (c'est le sens de *syn*) de propositions aux fins de démonstration.

Un syllogisme comprend trois propositions ; les deux premières sont appelées prémisses (car elles précèdent), la dernière conclusion.

Autre précision : la première prémisse est appelée majeure, en raison de son extension plus grande que la seconde, appelée mineure. Si l'on symbolise par des cercles le mécanisme du syllogisme, on dira qu'un syllogisme consiste à emboîter les uns dans les autres des cercles de plus en plus

étroits, de manière à définir l'élément du cercle le plus petit comme compris sous la détermination du plus grand par l'intermédiaire du cercle moyen. Soit A le cercle mortels, et B, le cercle hommes (moins « vaste » : il exclut les animaux autres que l'homme) et Socrate ; démontrer que Socrate est mortel c'est établir l'appartenance de Socrate à A par l'intermédiaire de B. On dira :
« Tous les hommes sont mortels,
Or Socrate est homme,
Donc Socrate est mortel ».
La conclusion est assurée par le moyen terme qui définit l'appartenance de l'individu Socrate à l'espèce humaine en donnant son essence : Socrate est homme, ce qui veut dire autre chose que camus, caractère « accidentel ». Naturellement le syllogisme précédent n'épuise pas la théorie de la démonstration : les éléments quantificateurs (Tout, quelques, un, etc.) entrent en jeu pour donner une quantité aux prémisses et, par là même, d'autres syllogismes apparaissent ; la formalisation, c'est-à-dire la substitution de lettres dépourvues de signification à des contenus empiriques permet de dresser un tableau combinatoire des figures du syllogisme dont la diversité résulte, en particulier, de la quantité logique des propositions — les moyens mnémotechniques employés pour se les rappeler facilement feront l'objet de railleries, mais ce sont pourtant des sortes de machines logiques tout à fait extraordinaires. Avec la théorie du syllogisme s'achève la logique.
Catégories, énoncés apophantiques, syllogismes n'épuisent pourtant pas son champ. Et ici l'on ne veut pas dire que le syllogisme se pluralise, selon que l'on a affaire à des prémisses seulement probables ou vraies, en syllogisme dialectique et syllogisme scientifique. Il faudrait également, en effet, aborder le problème du rapport entre définition et démonstration qui est capital : se pose en effet la question, peut-on démontrer les définitions ? Mais il ne faut pas oublier l'enjeu de ce rappel de quelques notions concernant la logique aristotélicienne : non pas l'étudier pour elle-même, mais comme l'un des éléments d'une réponse à la question : peut-on penser scientifiquement l'unité de la science, sachant que cette unité n'est pas celle de la « plus haute science » recherchée mais peut-être introuvable ? Ceci revient à déborder le cadre technique de la résolution du discours scientifique en ses parties, *l'analytique* (Aristote appelle *Analytiques premiers et seconds* les traités consacrés à la résolution de la démonstration) pour se demander quelle est la fonction de la logique dans le système des sciences aristotélicien.
Une grande déception attend le lecteur de l'œuvre immense du philosophe : il « attendait » des syllogismes scientifiques dont l'enchaînement aurait lié, de manière nécessaire et universelle, les propositions concernant les différents niveaux de réalité, tant du point de vue théorique que pratique ; rien de tout cela, ou presque rien, dans le corpus aristotélicien. Partout en effet ou presque on rencontre l'interrogation sur le *logos* d'une réalité : comment se dit-elle ?, partout des dénouements d'apories *(dia-*

poreïn/euporeïn) aboutissent à la constitution heureuse de définitions, c'est le cas dans la *Physique* (ordre du théorique), dans l'*Éthique à Nicomaque* (ordre du pratique). Où sont passés les syllogismes, où cette fameuse logique ? Et dans ces conditions à quoi peut-elle bien servir ? Cette dernière question trouvera des réponses ironiques et négatives chez la plupart des philosophes classiques, voire chez les auteurs de comédies qui railleront la stérilité d'une science tout juste bonne à exposer ce que l'on sait déjà... :

> « Il faut remarquer que les dialecticiens ne peuvent former aucun syllogisme en règle qui aboutisse à une conclusion vraie, s'ils n'en ont pas eu d'abord la matière, c'est-à-dire s'ils n'ont pas auparavant connu la vérité même qu'ils déduisent dans leur syllogisme. D'où il ressort qu'eux-mêmes n'apprennent rien de nouveau d'une telle forme... »
> (Descartes, *Règles pour la direction de l'esprit,* 1628, Règle X.)

Absent des sciences, inutile à la recherche, etc. Qu'en pensait Aristote lui-même ? La question est moins absurde qu'il n'y paraît au premier abord. Il faut d'abord souligner qu'Aristote réserve à sa logique, qu'il appelle plutôt analytique (*Métaphysique,* III, 1005 b), une place spéciale : au lieu d'en faire une science à côté des autres sciences, donc par exemple dans l'ordre théorique à côté des philosophies première (= la future *Métaphysique*), seconde (= la *Physique*) et des mathématiques, il préfère la séparer de celles-ci, tout en reconnaissant qu'elle appartient aux compétences du philosophe :

> « Toutes les tentatives faites par certains pour dire la manière dont il faut recevoir la vérité, ont pour cause l'inculture *(apaïdeusia)* en matière d'« analytiques » : il faut procéder en les connaissant par avance et non point se livrer à enquêter sans les avoir appris. ».
> (*Métaphysique,* III, 1005 b2)

Analytique, puisqu'elle résout *(analueïn)* les *logoi* en leurs éléments, la « logique » n'est pas une science comme les autres. Celles-ci ont leur objet propre : ainsi la physique étudie la nature, les mathématiques ce qui est séparable par accident (le courbe par rapport au camus) etc., mais l'analytique a pour thème propre les formes du *logos,* ce dernier se trouvant à l'œuvre dans toutes les sciences puisqu'elles disent *(legousi)* leur objet qui n'est pas pour autant un *logos.* L'analytique a donc un objet propre, mais fort différent de tous les autres objets scientifiques. Elle introduit aux sciences, mais sans que cette fonction propédeutique en fasse une science comme les autres, quelle que soit sa place dans la classification ; aussi est-elle exclue de cette dernière. On est tenté avec les commentateurs du Philosophe de rappeler le nom que lui donne Alexandre d'Aphrodise (IIIe siècle après J.-C.) : *organon,* c'est-à-dire instrument.
Cette heureuse formule n'est pas entièrement satisfaisante, puisqu'elle justifie ceux qui s'en prendront à la stérilité du syllogisme et le condamneront à n'être qu'un instrument d'exposition inutile. D'autre part la for-

mule n'est point d'Aristote. Son *Analytique* établit les conditions les plus générales et les plus formelles de la constitution du discours scientifique, distingué d'autres discours comme ceux qu'étudient la *Rhétorique* et la *Poétique*...

Par suite, il ne faut lui demander que ce qu'elle peut donner : la définition des formes du raisonnement scientifique en général, ce qui n'implique pas du même coup que telle ou telle science particulière en raison de son objet soit une application de l'*Analytique*. Certaines sciences, en particulier les mathématiques « useront » beaucoup des procédures syllogistiques, d'autres peu ou prou, voire pas du tout (en particulier la *Physique*), mais cela ne change rien à la nature de l'analytique : elle n'est point la science des sciences chargée d'assurer leur unité, mais une analyse formelle des conditions de constitution du discours scientifique. Lui demander, comme le feront ceux qui l'accuseront de stérilité et proposeront, tel Bacon (1560-1625) un *Novum Organum,* d'être une méthode de recherche, c'est la transformer abusivement en un instrument, comme si elle n'était pas une science avec son objet propre. Autant, et on le fera, reprocher à la *Poétique* de ne pas faciliter l'inspiration, mais est-ce là son objet ? Seul un esprit poétiquement sec et donc à court de vers pourrait l'affirmer. Ni instrument, ni science des sciences, la *Logique ou Analytique* d'Aristote est la première description scientifique de toutes les procédures d'exposition scientifiques : modeste mais somme toute grandiose.

3. L'impossibilité de la science des sciences et la nécessité de la philosophie

Lorsqu'ils s'opposent à l'*Analytique* aristotélicienne, les modernes, et en particulier Descartes, le font au nom d'une autre discipline dont la fécondité vient de s'accroître brutalement, puisqu'elle apparaît désormais comme l'instrument heuristique par excellence : la mathématique. Il faudrait préciser et dire une certaine conception des mathématiques dont le caractère déterminé (fécondité, facilité) s'explique par l'opposition polémique à une « logique » réputée difficile et stérile. Pour Descartes, par exemple, sachant que :

> « nous parvenons à la connaissance par deux chemins, à savoir, par l'expérience ou par la déduction »
> (*Règles pour la direction de l'esprit,* II)

mais « que les expériences sont souvent trompeuses », il reste qu'il faut privilégier la déduction. Mais ce privilège ne signifie pas retour à la logique qualifiée de dialectique : les chaînes syllogistiques ne peuvent assurer, par la force de la forme, la vérité de leurs conclusions, car celle-ci dépend, en fin de compte, de celle des prémisses qui peut être douteuse : il suffit d'une « expérience peu comprise ou d'un jugement porté à la légère ou sans fondement ». Il en va autrement en arithmétique et en géométrie : la pureté et la simplicité de l'objet sont une garantie de facilité et de clarté, le seul danger d'erreur résidant dans l'inattention. En ce sens, ces deux sciences sont les modèles à imiter dès que l'on veut parvenir à la vérité. Ici l'important est le point de départ : pur et simple, c'est-à-dire dans la langue du XVIIe (cf. *haplôs* en grec, *simpliciter* en latin) absolu. Absolu est ce qui n'est pas relatif à autre chose, ou ce qui se suffit épistémologiquement, cette suffisance autorisant la connaissance à être sûre qu'il s'agit d'un point de départ, et d'une conséquence d'un principe incertain. A cette saisie, sans laquelle toute déduction resterait incertaine, Descartes donne le nom d'intuition :

> « Par *intuition* j'entends, non pas le témoignage changeant des sens ou le jugement trompeur d'une imagination qui compose mal son objet, mais la conception d'un esprit pur et attentif, conception si facile et si distincte qu'aucun doute ne reste sur ce que nous comprenons ; ou, ce qui est la même chose, la conception ferme d'un esprit pur et attentif, qui naît de la seule lumière de la raison et qui, étant plus simple, est par suite plus sûre que la déduction même... »
> (*Règles* III)

On aura remarqué la réserve finale qui subordonne la déduction à l'intuition : en cette dernière point de succession, ni de mouvement comme dans la première. La déduction est un moyen de connaissance

> « en tant que mouvement continu et ininterrompu de la pensée qui a une intuition claire de chaque chose ».

C'est une chaîne, ou un enchaînement, qui vaut par son premier maillon, ainsi que par chaque maillon saisi intuitivement. Par là, l'intuition impose un ordre dans la découverte et l'invention : seule, elle fournit les premiers principes, et, du même coup, la machine logique du syllogisme perd définitivement son efficacité toute formelle. Comme d'autre part, la science est une du point de vue de la méthode, il faut bien que ce que l'on trouve dans le paradigme mathématique soit étendu à toute science, d'où l'idée de mathématique universelle :

> « Et si l'on y réfléchit plus attentivement, on remarque enfin que seules toutes les choses où l'on étudie l'ordre et la mesure se rattachent à la mathématique, sans qu'il importe que cette mesure soit cherchée dans des nombres, des figures, des astres, des sons ou quelque autre objet ; on remarque ainsi qu'il doit y avoir quelque science générale expliquant tout ce qu'on peut chercher touchant l'ordre et la mesure sans applica-

tion à une matière particulière, et que cette science est appelée, non pas d'un nom étranger, mais d'un nom déjà ancien et reçu par l'usage, mathématique universelle, parce qu'elle renferme tout ce pourquoi les autres sciences sont dites des parties de la mathématique ».
(*Règles* IV)

La mathématique non comme une science spéciale mais comme science de tout, science du tout, se substitue à la logique : connaître et connaître mathématiquement ne font qu'un. La description des procédures mathématiques (intuition et déduction) remplace l'ancienne logique, elle devient l'organon, le nouvel instrument que Descartes préfère appeler méthode. Que cette dernière s'étende à tout ne doit pas étonner. Objet d'un *Discours* célèbre, la méthode se résume moins dans les quatre règles ou préceptes que l'on y trouve énoncés, que dans les « essais » (le mot est de Descartes) qui suivent cette sorte de manifeste : la *Géométrie,* la *Dioptrique* et les *Météores.* Ces traités, séparés du *Discours,* pour les commodités pédagogiques, sont en fait la méthode en action, ils démontrent sa généralité puisqu'on y trouve aussi bien de la mathématique pure (géométrie) que de la physique (optique)... Et il ne s'agit là que d'exemples, l'extension du champ d'application de la mathématique universelle étant théoriquement sans limites : la même méthode fonctionne en effet dans les *Méditations métaphysiques* (1641) où il s'agit de fonder toute entreprise scientifique, donc aussi bien dans le domaine philosophique. Cette universalité tient en fait moins aux deux opérations (intuition et déduction) définies ci-dessus qu'à la substitution de l'ordre des raisons à l'ordre des matières. Celui-ci (cf. la division des sciences chez Platon et Aristote) imposait la distinction des raisons, fonction de la diversité des matières ; l'ordre des raisons impose, au contraire, quelle que soit la matière, de procéder du facile au difficile, de l'évident au moins évident, du simple au composé, de ce qui est premier pour le sujet épistémologique à ce qui se peut en déduire, etc.
En un mot, l'ordre méthodique des raisons est celui qu'impose le sujet, que s'impose le sujet, lorsqu'il veut établir quelque vérité dans quelque domaine que ce soit. La solidité de cet ordre tient donc au caractère bien fondé ou non du sujet comme principe de la connaissance scientifique. Si l'ordre des raisons est celui de ma raison, n'y a-t-il pas risque que la science ne rencontre jamais l'objectivité et qu'elle soit seulement ma science ? Du même coup, l'exploration des capacités du sujet épistémologique, au lieu d'assurer les fondements de la science universelle non seulement recherchée mais trouvée, ne manquerait-elle pas son objectif ? La vérité d'une science appuyée sur la fameuse méthode ne sombre-t-elle pas dans une psychologie toujours incertaine ?
Il n'est aucune de ces questions à laquelle on ne puisse trouver une réponse cartésienne : il n'est donc pas question ici de réfuter Descartes, d'ailleurs on ne réfute jamais en philosophie, on peut seulement, en changeant de perspective, faire apparaître un aspect du problème « ignoré »

par un philosophe, en raison du point de vue qui ancrait son discours dans une situation donnée. Donc plutôt que de chercher les points « faibles » de la pensée cartésienne, mieux vaut changer de point de vue et, tout en conservant les acquis cartésiens de la science universelle découverts dans la mathématique, s'interroger sur leur compatibilité avec l'ancienne logique aristotélicienne, peut-être écartée à tort par l'auteur du *Discours de la méthode.* Il ne s'agit point de « revenir » à Aristote contre Descartes, mais d'insérer leurs pensers respectifs dans une caractérisation générale de tout discours scientifique qui les comprenne tous les deux, et devienne par conséquent la science universelle identifiée par Descartes, un peu rapidement, à une mathématique, réduite aux opérations de l'intuition et de la déduction.

Est en cause la règle d'évidence, donnée par Descartes pour le point de départ intuitif de toute proposition scientifique. La pensée ne court-elle point le risque permanent d'arrêter son mouvement de recherche et de prendre pour évident ce qui en fait est obscur ou confus. On peut considérer comme évidente l'idée de la plus grande vitesse qui soit : il suffit, semble-t-il d'en avoir l'intuition. Soit une roue qui tourne selon la vitesse indiquée :

> « Qui ne voit, dit Leibnitz, qu'un rayon de cette roue, une fois prolongé, tournera plus vite à l'extrémité de cette prolongation qu'un clou planté sur la circonférence de la roue même ? »

L'évidence intuitive vole en éclats puisqu'elle camoufle une contradiction interne. Celle-ci apparaît dès qu'on analyse l'idée au lieu de se contenter de la voir (l'intuition est de l'ordre du regard). Ce procédé fait apparaître l'idée comme idée d'une chose impossible, donc comme n'étant pas vraiment une idée, etc. Par là-même, avec l'analyse, revient au premier plan la discursivité éliminée par Descartes au profit de l'intuition et avec celle-ci la logique, si cette dernière implique le *logos* c'est-à-dire aussi bien, la raison, le discours que le calcul.

L'erreur cartésienne est aux yeux de Leibnitz (1646-1716) d'avoir rejeté, en quelque sorte le bébé avec l'eau du bain, en confondant les arguties de certains scolastiques avec la logique tout entière : celle-ci est un point de vue sur la raison tout autant que la mathématique, et loin de s'exclure, les deux disciplines s'appellent mutuellement, car elles sont complémentaires. Il ne faut pas opposer intuition et démonstration, mais démontrer les intuitions : ainsi les axiomes d'Euclide, qui apparaissent communément si évidents qu'on s'épargne la peine de les démontrer, doivent au contraire être soumis à cette procédure, ainsi on fera apparaître si l'on a vraiment affaire à des axiomes intuitifs par définition ou non. Il est même arrivé à Euclide en personne de se laisser abuser sur ce point :

> « Euclide a mis parmi les axiomes ce qui revient à dire que deux lignes ne se peuvent rencontrer qu'une seule fois. L'imagination prise de l'expérience des sens ne nous permet pas de nous figurer plus d'une rencontre de deux droites ; mais ce n'est pas ce sur quoi la science doit être fondée.

Et si quelqu'un croit que cette imagination donne la liaison des idées distinctes, il n'est pas assez instruit de la source des vérités, et quantité de propositions démontrables par d'autres antérieures passeraient chez lui pour immédiates... Ces sortes d'images ne sont qu'idées confuses et celui qui ne connaît la ligne droite que par ce moyen ne sera pas capable d'en démontrer. »

(*Nouveaux essais sur l'entendement humain*, 1704, L. IV, C. 12, § 4)

Il ne s'agit donc pas de voir, ni de se contenter de l'évident (dans évidence il y a *videre* = voir), il faut surtout démontrer et ceci se fait par le moyen de la forme, telle que la dérive, par ses règles, la logique. Les règles sont en effet le garde-fou contre l'imagination qui croit toujours voir alors qu'elle confond le plus souvent, car les règles définissent des procédures invariables d'opérations dont on ne peut faire sans danger l'économie. La logique ancienne se trouve réhabilitée, ainsi que toutes les formes de démonstration que l'on trouve à l'œuvre ailleurs qu'en mathématiques, par exemple dans les raisonnements juridiques : dans le droit et, surtout, dans l'exercice vivant du droit, la juridiction, on découvre des inclusions, des déductions, etc. Leibnitz peut tirer cette conclusion :

« Il y a des exemples assez considérables de démonstrations hors des mathématiques, et on peut dire qu'Aristote en a donné déjà dans ses *Premiers analytiques.* En effet, la logique est aussi susceptible de démonstrations que la géométrie, et l'on peut dire que la logique des géomètres, ou les manières d'argumenter qu'Euclide a expliquées et établies en partant des propositions, sont une extension ou promotion particulière de la logique générale ».

(*Nouveaux essais,* L. IV, C. 2, § 13)

La dernière formule a l'intérêt d'exprimer clairement ce que peut être une description scientifique de toutes les procédures à l'œuvre dans les disciplines scientifiques, quels que soient les domaines d'application : la mathématique cesse d'être la référence privilégiée sans pourtant perdre son privilège. Promotion, donc avancée, extension, donc élargissement de la « logique générale », elle donne une image ou une application de celle-ci, dans son domaine propre, sans interdire, bien au contraire, la recherche dans le domaine logique pur, qui devient autonome. Plus que jamais la confrontation des mathématiques et de la logique apparaît comme nécessaire à la constitution d'une théorie de la science : la logique n'est plus en effet l'organon ou instrument rejeté comme stérile, mais le domaine des fondements de la mathématique ; elle paraît tellement impliquée par celle-ci que leur séparation semble plutôt l'œuvre d'une abstraction pédagogique que la manifestation d'une différence d'objets.
Cette réintégration de la mathématique dans une logique générale a l'immense intérêt d'éliminer les difficultés soulevées par le sujet épistémologique auquel renvoyait implicitement l'évidence intuitive : s'il faut voir, il faut également quelqu'un pour voir, quelqu'un : une âme ? Une substance-

pensée ? Un cerveau ? Bref, un sujet substantiel, esprit ou matière. Ce ne sont pas tellement ses caractères substantiels qui font problème (s'ils en créent de ce genre, c'est d'un autre point de vue) que son aspect subjectif : si l'évident est tel pour un sujet, quel est le critère qui garantit ce regard contre l'imagination ; la différence n'est pas grande entre voir et se figurer. Il en va tout autrement désormais. En logique, point de sujet à prendre en charge mais seulement des principes primitifs (par exemple celui de non-contradiction), des opérations, etc., procédures anonymes qui sont indépendantes de la nature du sujet pensant. De la logique aux mathématiques et retour, c'est un trajet de la science à la science que rien ne vient perturber. Rien, c'est-à-dire en particulier l'habituelle perturbatrice : la philosophie dont on pourait enfin faire l'économie. Si, en effet, une science, la mathématique, peut « réfléchir » ses propres opérations et les décrire sans quitter son propre terrain, il n'est plus besoin d'une philosophie pour s'acquitter de cette tâche sous la forme de l'essai ou de la tentative : homogène à la mathématique, la logique mathématique devrait substituer au discours philosophique sur les fondements des mathématiques, une explicitation, elle-même mathématique, de ceux-ci. Pour la première fois une science prendra conscience d'elle-même sans sortir d'elle-même : finis les périls que fait courir au scientifique s'exprimant sur ses pratiques, le passage par le langage commun, voire philosophique. En fait, ici, l'on retrouve sous une forme, il est vrai renouvelée, la volonté de savoir, le désir de savoir : une science qui se refermerait sur elle-même et serait donc à elle-même son propre fondement, ne serait plus une science, mais savoir, car absolue — ne se délierait-elle pas (absoudre et absolu sont parents) de ces conditions d'existence qui impliquent la relativité ? On a pu croire un temps qu'avec la mise en évidence logico-mathématique des fondements de l'arithmétique, une connaissance scientifique allait enfin se constituer comme savoir. La démonstration de l'impossibilité de boucler l'arithmétique sur elle-même, c'est-à-dire de démontrer mathématiquement les fondements des mathématiques, a mis fin aux espoirs qu'entretenaient les succès de la logique mathématique et en particulier de l'axiomatique. Pourtant il ne s'agit pas là d'un véritable échec : la mathématique et la logique sortent toutes deux grandies de l'épreuve, car elles en tirent la leçon philosophique que le désir de savoir ne peut être rempli, même s'il hante toujours la conscience scientifique. Bouclée, fermée, une science serait effectivement savoir, mais il s'agit pas là d'une réalité, même programmatique : la volonté de savoir polarise la vie des sciences, mais comme l'horizon, le savoir est constitutionnellement hors d'atteinte, les sciences seront donc des connaissances toujours limitées parce que délimitées ; la science (celle qui engloberait réellement ou potentiellement, les autres sciences) appartient non à celles-ci, mais à la philosophie. Cette conclusion ne signifie nullement que la tâche de la philosophie soit de totaliser les sciences en la science : cette formulation n'est que l'une des expressions possibles du problème posé par la pluralité des sciences et non la seule. Comme l'étymologie l'indique assez, la philosophie

est amour de la sagesse, donc du savoir, mais l'amour n'est pas obligatoirement la possession, bien qu'il y ait un rapport. La philosophie explicite toutes les formes que peut prendre ce désir de savoir, y compris la prétention à le réaliser. En quoi elle se montre critique, et même critique de son propre dogmatisme, car la prétention de savoir appartient aussi bien à la philosphie que son contraire et complémentaire, la critique : exercée à l'encontre du dogmatisme extérieur (logé par exemple dans les sciences) mais au contraire par l'accomplissement de cette fonction contre elle-même, puisque le dogmatisme lui est consubtantiel, n'étant que le dépassement des limites de la connaissance et la prise d'un désir pour sa réalité.
Arbre des sciences, système, encyclopédies, etc. conservent donc leur intérêt : la mise en évidence de leur constitution, la critique de leur prétention à la totalisation sont une leçon de modestie philosophique et pour les scientifiques et pour les philosophes. Ils y apprennent l'impossibilité de ne pas désirer savoir comme celle de savoir. L'incapacité à être savant ne condamne point à l'ignorance, mais seulement à se contenter du milieu : « L'homme n'est ni ange ni bête », ce principe a ses vertus dans le domaine épistémologique.

11

L'HISTOIRE

Une science moins philosophique que la poésie ?

1. Le Tout et les Parties : histoire universelle et monographies.
2. Une science qui ne fait pas du passé table rase : fait et répétition.

Conclusion : Histoire et vérité.

TEXTE

Leibniz, *La pyramide des possibles* in *Théodicée III,* § 414-416.

Introduction: Une science moins philosophique que la poésie?

Les Grecs nous ont légué ce beau mot d'« histoire » que nous avons, il est vrai, quelque peu détourné de son sens primitif d'« enquête » : Hérodote (460-395 av. J.-C.) et Thucydide (480-425 av. J.-C.) confèrent à ce simple mot un sens technique qu'il conserve aujourd'hui. Pourtant, les Barbares, c'est-à-dire pour eux, les autres, n'ignoraient pas la chose, même s'ils lui donnaient d'autres noms : ainsi dans la Bible hébraïque nous trouvons non seulement des chroniques (*divrei ha yamim,* c'est le titre d'un livre de la Bible), mais également des récits historiques, qui ne sont pas seulement des généalogies ou des annales, mais bel et bien de l'histoire. Kant, dans une remarque curieuse, n'est pas d'accord puisqu'il écrit à propos de l'histoire grecque :

> « Seul un public érudit *(gelehrtes)* dont la durée a ignoré l'interruption depuis ses débuts jusqu'à nos jours, peut authentifier l'histoire ancienne. Au-delà, tout est *terra incognita* et l'histoire des peuples qui vécurent ignorés par lui ne peut commencer qu'à partir de l'époque où ils y entrèrent. C'est ce qui arriva au peuple juif à l'époque des Ptolémées, avec la traduction de la Bible en grec, sans laquelle on ne pourrait accorder que peu de crédit aux informations isolées qu'ils rapportent sur leur propre compte. A partir de ce moment (si ce commencement a été au préalable convenablement découvert), on peut remonter leurs contes. Et il en est ainsi de tous les autres peuples. La première page de Thucydide, dit Hume, est l'unique commencement de toute l'histoire vraie. »
>
> (« Idées pour une histoire universelle » (1784), in *Werke* Darmstadt 1975 T. IX p. 48, trad. fr. *La philosophie de l'histoire,* p. 77)

On peut s'étonner de voir qualifier les récits bibliques d'informations isolées : ne concernent-ils pas autant l'entourage du peuple hébreu que les illustres historiens hellènes, et le passage de la langue sacrée au grec transforme-t-il le contenu de ces récits ? La pointe est évidemment dans le public cultivé : elle sous-entend que les Hébreux, « isolés » qu'ils étaient, ne pouvaient, en dépit de l'idéal universel des Prophètes (cf. Isaïe), prétendre à la culture qui suppose l'universalité. Comme si grec et culture se conjuguaient nécessairement. Que les Grecs marquent une période, voilà qui est purement relatif aux Grecs et à ceux qui s'en veulent les descendants « sans interruption ». La référence à la première page de Thucydide accroît le malaise :

> « Thucydide l'Athénien a composé un ouvrage sur la guerre que se livrèrent Péloponnésiens et Athéniens ; il s'y était mis dès qu'elle commença et il croyait qu'elle serait importante et particulièrement mémorable par rapport aux guerres antérieures ; selon ses conjectures, les deux parties

en présence étaient au sommet pour tous leurs préparatifs ; à ce qu'il voyait, le reste des Grecs se joindrait à chacune des deux parties, que ce soit tout de suite pour les uns, ou qu'ils le projettent pour les autres. Ce fut le plus grand mouvement qui se produisit pour les Grecs et une partie des Barbares : il s'étendit pour ainsi dire à la majeure partie des hommes. Ce qui précéda et ce qui est encore plus ancien n'était pas susceptible d'une mise au jour claire en raison de l'immensité du temps, et selon les preuves auxquelles je finis par accorder créance après un long examen, je crois qu'il n'y eut là dedans rien de grand ni en matière de guerre ni pour le reste. »
(*Histoire de la guerre du Péloponnèse,* L.I, 1-2)

A quoi se mesure la grandeur, est-on tenté de demander, et la guerre du Péloponnèse, plus exactement les vingt ou trente ans qui font l'objet du livre de Thucydide méritent-ils de faire époque, c'est-à-dire de couper une période en suspendant (c'est le sens d'époque) le cours du temps ? Ne pourrait-on en dire autant des guerres médiques, objet de l'enquête d'Hérodote? Il faut certes se donner des repères, mais ceux-ci n'ont qu'une valeur relative, et l'histoire, tout autant que la physique moderne, ignore les absolus : pour elle, les repères chronologiques ont plus de valeur pratique de théorique. Mais ces historiens avaient leurs raisons : ils croyaient que leur enquête (Hérodote) ou leur composition (Thucydide) englobait le monde entier ou presque.
Lecteurs d'Hérodote et de Thucydide, les philosophes comme Aristote ou Platon n'ont pas su reconnaître dans ces travaux la fraîcheur et l'originalité d'une invention scientifique qu'ils auraient pu ranger à côté de celle qui faisait leur orgueil : la mathématique. Ouvrez la *République* de Platon et la classification des sciences (VI fin), rien ne concerne ou ne pourrait concerner l'histoire. Le mot d'ailleurs n'est employé par Platon que dans le sens précis d'enquête, par exemple lorsque Socrate exprime le désir merveilleux qu'il nourrissait, encore jeune, pour cette « science » *(sophia)* qu'on appelle « enquête relative à la nature » (*peri phuseos historian, Phédon* 96 a). L'*historia :* une simple histoire naturelle. Dire pourtant qu'elle est, au sens où nous l'entendons aujourd'hui et au sens des *historiai* d'Hérodote ou de Thucydide, absolument absente de l'œuvre de Platon, serait sans doute un abus de langage : le Livre VIII de la *République,* avec sa description du processus de décadence qui entraîne la cité d'un bon régime au pire, le Livre III des *Lois* et sa théorie comparatiste de la formation des constitutions, ont bien l'air d'être de l'histoire. En effet, ces textes s'appuient sur de l'histoire (le modèle perse, le modèle spartiate, athénien, etc.), mais moins pour appréhender l'histoire de la Perse, celle de Sparte ou celle d'Athènes, selon leurs implications réciproques ou leur isolement éventuel, que pour illustrer par manière d'exemples des considérations politiques dont la généralité renvoie à celle d'une forme intelligible. Le même problème hante Platon : celui de la cité juste, et l'histoire ne peut l'illustrer directement, puisque, par sa justice même, la cité

échappe au devenir et donc à ce que nous, prisonniers de la caverne, nous prenons pour la réalité ; cependant, il en existe tout de même comme des ombres, aux contours plus ou moins précis, dont l'étude peut permettre d'approcher la réalité intelligible qu'elles reproduisent imparfaitement. En ce sens, l'histoire est un réservoir de modèles et d'exemples pour qui veut étudier la politique, mais c'est celle-ci qui est la science : l'érosion propre à un devenir le rend inintelligible, car l'intelligence ne se sent chez elle qu'auprès de la stabilité de la Forme, intelligible, parce que soustraite à la dissolution historique.

Entre l'histoire-enquête *(l'historia)* et la science politique, il y a pourtant place pour un terme qui signifie aussi histoire et que la langue grecque a également transmis à la culture universelle : le mythe. Le mot *muthos* signifie en effet dans la langue classique (chez Homère, il voulait dire parole, discours...), fable, c'est-à-dire récit non historique, car mensonger ! C'est Platon lui-même qui donne le ton : dans sa *République* (I, 330 d) le vieux Céphale évoque les *muthoï* relatifs aux enfers ; ailleurs dans les *Lois* (I, 636 c) on trouve ceci :

> « Nous tous nous accusons ces Crétois dont nous parlons d'avoir composé *(logopoïèsantôn)* le conte *(muthon)* de Ganymède. »

Platon ne s'en tient pourtant pas là et l'on aurait tort de lier systématiquement le *muthos* et la tromperie, même si celle-ci est le danger permanent que l'amateur de contes fait courir à celui qui y prête foi. Apparenté à l'opinion, le mythe est susceptible et de vérité et d'erreur : il peut aussi bien tromper que se substituer à ce dont la science est impossible. Il n'y a pas en effet de science de ce qui devient et, pour cette raison, la physique n'est pas une science, jette Platon à la face des fabricants de physique ; pourtant on peut tenter une genèse de ce qui ne devient pas pour en expliquer de manière vraisemblable la structure intemporelle : il en est ainsi du monde qui n'a pas été créé ; le mythe de sa fabrication par un artisan divin (c'est le sujet du *Timée*) assure ce bénéfice de vraisemblance qui doit suffire au niveau épistémologique de la croyance, et il en est de même des nombreux mythes que Platon fabrique à loisir et dont la fonction n'est pas de tromper, mais bien de faire croire, là où l'on ne peut directement faire comprendre (cf. le mythe des « races » dans la *République* III, 414 a et sq, réplique du mythe d'Hésiode (*Travaux et Jours* 109). Le bon usage du mythe prendra-t-il le relais dans la montée vers cet intelligible, seul objet de la science, où l'historique apparaît comme exemple de la forme universelle ?

Une réponse positive devrait assurer à la poésie une situation intermédiaire entre l'*historia* et la science politique, puisque la poésie se nourrit de mythes, est mythe. Problème dont la nécessité s'imposait aux yeux des Grecs : la base de la culture n'était-elle pas poétique : Homère, récité par les rhapsodes, tel ce Ion dont parle encore Platon, ou encore la réactivation théâtrale des mythes dont la mise en scène constituait un devoir civique pour les plus riches (= liturgie) ? La poésie est en effet la mémoire de la cité grecque, c'est elle et non l'*historia* qui conserve le passé. Dangereuse concurrente puisqu'elle court par nature, comme le mythe, le risque d'abuser ceux qui l'écoutent, subjugués par son charme magnétique (*Ion* 553 d et sq.). D'où la nécessité de la critique de ces mythes et l'ostracisme d'Homère (banni de la cité juste par Platon); d'où également le rejet des mythes par Thucydide pour l'interprétation des temps anciens, c'est-à-dire antérieurs à la guerre du Péloponnèse. Il n'empêche, l'*historia* ne prend point le pas sur la poésie par rapport à la science suprême du politique. Aristote a éprouvé de manière remarquable cette espèce de peur grecque devant l'éphémère et le devenir, misérables objets de l'enquête : peur grecque ? Non, mais peur des philosophes grecs !

> « L'œuvre propre du poète n'est pas de dire ce qui est advenu *(ta ginomena)* mais les possibles qui adviendraient vraisemblablement ou nécessairement. L'enquêteur *(ho historikos)* et le poète ne diffèrent pas par le recours ou non aux rythmes ; il serait possible d'y recourir avec les œuvres d'Hérodote et ce n'en serait pas moins une enquête *(historia)* avec ou sans rythmes. Voici la différence : l'un dit ce qui est advenu, l'autre ce qui adviendrait. Aussi la poésie montre-t-elle plus de philosophie et plus de sérieux que l'enquête. La philosophie préfère dire l'universel, l'enquête le particulier. Universel : que tel ou tel genre d'homme dira ou fera tel ou tel genre de choses vraisemblablement ou nécessairement, tel est le but de la poésie lorsqu'elle impose des noms aux personnages particuliers : les actions et les passions d'Alcibiade. »
> (Aristote *Poétique* C.9. 1451a 36 - 1451b 11

Avec la poésie, même « historique », l'on a affaire au type, donc à de l'universel approché : moins Achille, pris individuellement, que sa colère, objet de l'Iliade. Certes cette colère n'est pas aussi universelle que celle qu'étudie le philosophe, lorsqu'il classe désirs et impulsions, qui sont de tout l'homme et non d'un tel, fut-il un héros, mais elle échappe à la pauvreté ontologique et épistémologique de l'ire d'un tel, tel jour à telle heure, misérable fait divers, objet d'une pauvre enquête. Si connaître c'est connaître l'universel, l'homme dans Socrate et non pas le fait qu'il soit camus ou blanc comme Callias, mais comme tous ses pareils mortels, l'histoire qui s'attache au particulier est bien frivole, elle qui se complaît dans le détail et le particulier, dans la nonscience en quelque sorte. Mieux valent le poète et ses mythes : ils sont en route vers la science. D'ailleurs si

> « l'ami des mythes est en quelque sorte philosophe *(ho philomuthos philosophos pôs estin)* »

suivant la *Métaphysique* (I, 2, 982 b18), n'est-ce pas parce que l'inverse est aussi un peu vrai ?
Grande est donc la surprise : le commencement de l'histoire vraie est dans la première page de Thucydide, répète Kant après Hume, découvrant à

Athènes le premier pas d'une science, qui n'en était pas une aux yeux des premiers usagers philosophiques de cette invention nouvelle. L'effet de paradoxe s'accroît encore si l'on s'avise que Kant est d'accord sur un point fondamental avec le vieil Aristote. Celui-ci rejetait l'histoire comme manquant de sérieux, en raison d'une carence d'universalité de son objet; osera-t-on dire qu'il aurait pu faire une exception en faveur de Thucydide, chez qui l'individu s'efface le plus souvent au profit de généralités, incarnées dans des discours qui renvoient à des collectifs (les Athéniens, les Corinthiens, les Méliens, etc. ; Athènes à travers l'oraison funèbre de Périclès). Kant n'est pas loin d'Aristote en ce sens qu'il aborde l'histoire philosophiquement, non comme une enquête portant sur le particulier, toujours contingent et donc inintéressant pour la science, mais comme la manifestation d'un universel qui se manifeste universellement. Pour lui en effet, au-delà des irrégularités et du chaos indéterminé que peut révéler un examen superficiel des actions humaines, se manifeste l'universalité d'un dessein caché de la nature, que l'on ne peut saisir qu'en envisageant l'histoire universellement, c'est-à-dire d'un « point de vue cosmopolitique » : une histoire particulière est aussi inintelligible que celle des Hébreux avant la traduction de la Bible en grec, (il en va autrement de l'histoire universelle, qui met en relation toutes les histoires particulières, comme c'est le cas avec la traduction des Septante, de manière à faire apparaître un objet invisible), sinon au philosophe qui la réfléchit dans sa totalité : l'histoire est le produit de la contrainte qu'exerce sur l'homme la nature en l'obligeant à réaliser une constitution civile parfaite. Restant sur le même terrain qu'Aristote, Kant ne ramène pas l'histoire à la philosophie ; c'est dans l'histoire même qu'il découvre une philosophie : envisagée de manière universelle, l'histoire révèle le dessein total de la nature, ce que la science de la nature elle-même ne saurait donner par elle-même. Condamnée au nom de l'universalité par la philosophie, l'histoire semble donc prendre sa revanche avec Kant, en assurant par son universalité spécifique une tâche qui dépasse, semble-t-il, son champ propre, en lui assignant une fonction médiatrice entre l'homme et la nature. Voilà qui impose une idée : la liaison organique de l'histoire et de la philosophie. Dis-moi quelle est ton histoire et je te dirai quelle est ta philosophie : voilà ce qu'on ne peut dire d'aucune autre science, du moins exacte, mais sans doute des sciences humaines, qui sont toutes des sciences historiques.

1. Le Tout et les Parties : histoire universelle et monographies

D'amour ou de raison, le mariage de la philosophie et de l'histoire est un fait : il est aussi naïf d'espérer la séparation ou le divorce d'avec la philosophie des sciences historiques ou des sciences de la matière. La science pure, c'est-à-dire la science purifiée de toute philosophie n'est qu'un souhait, celui de l'empirisme avoué ou caché. On peut bien accumuler comme la fourmi dont parle Bacon, le grain des faits et s'opposer ainsi au réseau *a priori* que tisse, en bonne araignée, l'idéalisme de l'idée préconçue qu'un tas de grains est un tas. La distribution hasardeuse, « stochastique » comme on dit, des grains dans le tas, est elle-même réticulée et un bon mathématicien en fournirait sans doute le diagramme et l'équation ; de plus : qu'est-ce qu'un tas ? A partir de combien de grains commence le tas, à partir de combien de crins ôtés à la queue d'un cheval, celle-ci cesse d'être une queue ? Le sorite (de *sôros* en grec = le tas) garde son efficace même s'il pousse la pensée dans l'absurdité. Il faut poursuivre la métaphore : rejetant le tas de faits en raison de sa structure de tas (ce n'est pas un système mais c'est un tout de juxtaposition[1]), l'attention se déplace du côté du grain. Mais le grain est lui-même une généralité, un universel abstrait qui n'est pas ce grain-ci, c'est-à-dire ce grain qui a une histoire : il appartient à un épi, phénotype unique d'un génotype, qui renvoie à tout le processus de domestication des céréales sauvages ; sa naissance et sa croissance sont aussi fibrillées que le tas lui-même, car il pose les mêmes problèmes épistémologiques que le tas. Le fait pur dont rêvent les empiristes lorsqu'ils prétendent séparer la science de la philosophie, est une abstraction, donc un choix honteux de lui-même et qui dissimule les raisons qui présidèrent à cette élimination et à ce privilège. Il faut s'y résigner – mais est-ce le mot juste – l'histoire ne peut être que philosophique, car il n'y a pas de fait pur ou, s'il y en a, c'est par choix philosophique.

L'historien a donc affaire à des réseaux ou des nœuds de fibres qu'il ne peut décrire ou dénouer qu'à la condition de définir au préalable les instruments de description ou d'analyse, ce qui ne peut se faire sans philosophie. Mais attention : sans philosophie ne veut pas dire sans philosophie de l'histoire. Ici se trouve la difficulté qui nourrit l'approche empiriste de l'histoire : des faits, rien que des faits. L'historien de métier sait

1. « Le Tout *(das Ganze)* est ainsi articulé *(gegliedert ; articulatio)* non entassé *(gehaüft ; coacervatio) ;* il peut, il est vrai, croître de l'intérieur *(per intus susceptionem)* non de l'extérieur *(per appositionem)* tel le corps d'un animal dont la croissance ne produit pas de membre supplémentaire, mais, sans altérer sa proportion, renforce et consolide chacun par rapport à son but. » (Kant, *Critique de la raison pure,* Darmstadt 1975 T. IV, p. 696)

mieux que personne (il va sur le terrain) qu'un fait répond à un choix, est une abstraction, un nœud, etc. : un acte notarié, un testament par exemple n'est pas la généralité « testament » en dépit du formalisme juridique, il est une tranche de vie parfaitement historicisée (tel lieu, telle date, telle classe, telle religion, etc.) où l'on peut lire, à condition de construire le chiffre qui le code, une mentalité et une attitude devant la mort (elle a son histoire elle aussi). Ce dont se méfie l'historien, et ce qui l'inclinerait à l'empirisme, c'est moins la philosophie, dont il ne saurait se passer, que la philosophie de l'histoire.

Interrogeons-nous sur cette espèce de fatalité qui pèse sur l'historien et semble l'entraîner malgré lui sur un terrain qu'il sait dangereux, inutile et incertain. Le premier obstacle épistémologique que l'on rencontre est celui du tout et des parties. Faut-il construire l'histoire à partir de monographies, donc d'histoires partielles, et donc faire de l'histoire une histoire d'histoires, ou adopter la démarche inverse, déterminant l'usage des monographies à partir d'une vision préalable du tout ? Difficulté redoublée par le fait que les parties du tout sont elles-mêmes des touts, mais plus petits. Mais il ne s'agit pas de répéter l'argument du sorite énoncé ci-dessus : on peut admettre hypothétiquement que les monographies sont des touts bien formés. En ce cas, il semble qu'il suffirait de procéder en bon dialecticien et non en dépeceur maladroit : la reconstitution du tout par un regard synoptique à partir des touts subordonnés doit être, en droit, possible, selon la « méthode » du *Phèdre.*

> « D'un regard synoptique *(sunorônta)* ramener à une forme *(idea)* unique ce qui est disséminé partout, afin que, définissant chaque terme, on révèle l'objet constant de l'enseignement...
> ...« L'autre manière de procéder, c'est d'être à même de découper les formes *(eidè)* une par une, en suivant les articulations naturelles sans entreprendre d'en briser une partie à la manière d'un vilain dépeceur. »
> (Platon, *Phèdre,* 265 d e)

Mais l'objet de l'histoire, ramené à un problème de tout et de parties, peut-il être assimilé à un ensemble organique ? Question de philosophe ? Non, question et réponse d'un historien déjà aux prises avec cette aporie : Polybe (210-126 avant notre ère) a raconté en grec l'histoire d'un « monde » enfin unifié par la conquête romaine (Afrique, Italie, Grèce, Asie) qu'il qualifie d'organique, ou très exactement, de semblable à un corps ou en forme de corps (*somatoeidès* de *soma* = corps, *eidos* = forme). A propos du problème du rapport détail/ensemble, il écrit :

> « De manière générale, à mon avis, ceux qui croient parvenir, grâce à l'enquête de détail (*kata méros* = partie par partie), à une vue synoptique *(sunopsesthaï)* convenable de la totalité *(ta hola)* éprouvent quelque chose d'approchant : ils sont comme des gens qui, au spectacle des parties éparses d'un corps autrefois animé et beau, croiraient voir de leurs propres yeux l'activité et la beauté du vivant en personne... Il est en effet possible de tirer de la partie une notion *(ennoïa)* du tout, mais impossible d'en obte-

nir la précision dans la science et le jugement. Aussi faut-il considérer comme parfaitement maigre l'apport de l'enquête de détail *(tèn kata méros historian)* à une expérience fiable du tout *(tèn tôn holôn empeirian kata pistin)*. La liaison et le rapprochement de tous les éléments entre eux, ajoutés à leurs ressemblances et différences seraient les seuls à permettre, après examen, que l'on retire de l'enquête à la fois l'utile et l'agréable. »
(Polybe, *Histoires* L.I. 4, 7-10, Belles Lettres.)

On ne sait qui Polybe visait dans cette condamnation répétée en d'autres parties de son œuvre, mais il s'en prend aux histoires partielles ou aux parties d'histoires (par exemple celles qui s'attardent sur les descriptions de sièges, de sites - XXIX,12, de personnages de second plan - VII, 2-7) au nom de la vision du tout et c'est celle-ci qui fait problème. Qu'est-ce que ce fameux tout que peut appréhender la fameuse vision synoptique ? Il faut remarquer d'abord qu'il est l'objet d'une appréhension synoptique et non pas panoptique, si l'on ose dire : voir le tout n'est pas tout voir, c'est donc aussi bien ne pas voir puisqu'il y a élimination de ce que l'on ne veut point voir (le « détail » négligeable, le détail, c'est-à-dire ce que l'on détache en le taillant...). Ainsi Polybe peut-il faire apparaître le rôle du meneur de jeu, d'un jeu qui est celui de l'ordre et du hasard, de l'ordre général et des hasards particuliers : celui de la *Tuchè* ou Fortune, qui unifie le tout, enfin organique, d'un monde jusque-là dispersé. Pourtant la Fortune, qui est un principe téléologique (*télos* = fin, but) d'intelligibilité du dessein historique, n'est pas le Tout lui-même : elle permet d'organiser la Totalité selon ses tours et ses détours à elle, mais l'histoire n'est pas une enquête sur la Fortune ; celle-ci autorise le choix entre l'essentiel et ce qui ne l'est pas au nom de la vie du Tout. Mais en quoi l'objet de l'enquête peut-il être considéré comme ayant configuration d'un organisme, c'est ce que la Fortune est incapable de rendre intelligible. Car le problème reste entier : pourquoi l'histoire mondiale ou universelle (Polybe croyait connaître le monde) aurait-elle la forme d'un tout organique ? Pourquoi ne serait-il pas un organisme constitué d'organismes eux-mêmes faits d'organismes ? Pourquoi la critique de la monographie, d'autre part, ne s'entendrait-elle pas également de la pan- ou de l'holographie : la première négligerait l'essentiel, mais la seconde le détail.

Dieu vit dans le détail, aimait-on à répéter chez les érudits allemands. Le détail, voilà l'ennemi : ne dépare-t-il pas les belles généralités que l'on peut avancer sur le Tout ? C'est toute la différence entre le roman historique et l'histoire scientifique. L'histoire n'est pas un roman vrai, car le roman peut se permettre d'errer : lui demander l'adéquation au réel, c'est lui assigner une tâche impossible. On peut apprendre beaucoup de choses sur le comportement d'un jeune artiste d'origine bourgeoise pendant les Cent-Jours, mais, nul ne l'ignore, *La Semaine Sainte* de Louis Aragon (1958) n'est pas tout-à-fait étrangère aux préoccupations de l'écrivain communiste au milieu des événements du 13 mai 1958 ; l'auteur le dit lui-même dans la préface de son livre :

« *La Semaine Sainte* n'est pas un roman historique, c'est un roman tout court. »

Peu importe dans ces conditions que la vie de Géricault soit déformée par la perspective romanesque : Aragon n'est pas un historien et l'histoire n'est pas un roman. Ne serait-ce qu'en raison du culte du détail. Manger, boire, aimer, parler, naître, mourir, être malade ou fou, lire, faire des enfants, tout cela mérite l'enquête de détail, la monographie, car ces « fonctions » communes ne s'accomplissent jamais en général, mais en particulier ; il n'y a peut-être de science que du général, mais l'histoire n'est vraiment science qu'à partir du moment où elle porte sinon sur l'individuel, du moins sur le particulier ressaisi à son niveau le plus « insignifiant. »

Lisez *Montaillou village occitan* d'E. Leroy-Ladurie : l'historien y restitue trente ans (de 1294 à 1324) de la vie d'un petit village de 250 âmes au pied des Pyrénées. Il n'est que de parcourir le livre pour saisir l'importance du détail : par rapport au schéma « acquis » d'une noblesse vivant de la rente foncière et en tirant un statut qui la met à part (ce qui peut être vrai ailleurs), *Montaillou* révèle l'existence de pauvres nobles qui sont loin d'être des aristocrates, bien que « nés », et il en va de même de bien d'autres généralités attribuées généreusement et même avec prodigalité au Tout « féodal » français. Force du détail : affiner sans cesse par l'écart qu'il institue, les grosses généralités, attributs d'un grand Tout dont les monographies révèlent à chaque fois les lacunes et les insuffisances. Revanche donc des parties sur le tout, qui apparaissent à leur tour comme des sortes de micro-touts, invitant à la modestie, lorsqu'on est tenté par la vision macrocosmique. Dieu connaît le Tout parce qu'il l'a créé, mais ce n'est point le dieu des historiens : celui-ci se complaît dans le détail, humain mais non trop humain.

Est-ce à dire qu'il faille renoncer à l'étude synoptique du tout pour ne considérer que les parties ? Ce serait jeter l'enfant avec l'eau du bain. Le Tout n'existe peut-être qu'idéalement mais il est impensable de s'en passer, car c'est lui qui permet au détail de prendre une valeur significative. L'idée d'histoire universelle par exemple n'est peut-être qu'une Idée, mais comme telle elle assigne à l'historien une visée qu'il ne remplira jamais totalement tout en ne cessant de la lui proposer. Ainsi *Montaillou* n'interdit pas de penser la France féodale de la fin du XIIIe siècle, pas davantage l'insertion de cette « France » dans l'Europe médiévale, etc. ; il permet de corriger ce que pouvait avoir d'excessif les extrapolations d'études particulières à l'ensemble de la France en les régionalisant (nous avons évoqué le problème de la noblesse). Idéalement, on peut penser une étude de la France médiévale qui intégrerait tous ces éléments différentiels révélés par les monographies et en tenterait l'esquisse synoptique. Il y a plus, la considération du Tout oblige à la construction de modèles dont la fonction de connaissance est indispensable : il n'existe peut-être pas de mode de production au sens strict de l'orthodoxie marxiste, mais le concept de mode de production en général ou ses spécifications permettent d'ordonner, en première approximation, des faits qui sans cela apparaîtraient comme hétérogènes (par exemple le rôle de l'économique défini par les « rapports sociaux de production »). La valeur polémique d'un modèle souligne les faiblesses d'autres modèles et favorise les bonnes questions : est-ce l'économique qui est déterminant ou la religion, lorsqu'il s'agit d'expliquer la naissance du christianisme, l'Islam ou les guerres de religion en France ? La qualité des réponses ne saurait venir ici des arrangements combinatoires de concepts abstraits en lesquels se complaisent certains, car les généralités qui conviennent à tout ne peuvent s'adapter à la réalité historique, sauf par hasard ou miracle. En revanche le choc des modèles sur le terrain de l'enquête est d'une fécondité extraordinaire : la réaction d'un Max Weber au matérialisme historique dans l'interprétation du rapport Capitalisme/Protestantisme permet d'affiner et le modèle du capitalisme et le modèle de la religion, ainsi que de conceptualiser de manière heureuse leurs interactions. Comme quoi la considération du tout approché par des modèles retentit sur le détail, et réciproquement, selon une dialectique toujours recommencée, comme il convient en présence d'une réalité réticulée.

Et comme le montre cet examen du rapport tout/parties, l'historien a vraiment besoin de philosophie, non de philosophie de l'histoire. Celle-ci intervient précisément au niveau de la qualification du tout, même s'il lui arrive parfois de se mêler du détail. Rien n'est plus tentant que de transformer les modèles, construits à l'occasion de la qualification du tout, en agents réels et rationnels du matériau historique. Parce qu'elle est universelle, l'idée d'histoire universelle induit spontanément des formules clés, ouvrant toutes les portes, qui séduisent d'autant plus qu'elles dispensent d'étudier le détail. Ainsi pourra-t-on lire dans l'histoire une geste écrite par le doigt providentiel de Dieu (Saint Augustin ou Bossuet). E. Kant, déjà rencontré, saisit dans la Révolution française dont il est le contemporain un signe dont une histoire prophétique tire la conclusion : le genre humain est en progrès constants (le *Conflit des facultés* 1798). On pourrait multiplier les formules en ajoutant à l'inventaire la célèbre formule du *Manifeste du Parti communiste* de Marx (1848) : « L'histoire de toute la société jusqu'ici est l'histoire des luttes de classes », en rappelant qu'au reste son auteur n'y voyait nullement sa découverte spécifique[2], et que par

2. Le 5 mars 1852, Marx présentait ainsi ses découvertes dans une lettre adressée en français à Joseph Weidemeyer :
« En ce qui me concerne, ce n'est pas à moi que revient le mérite d'avoir découvert ni l'existence des classes dans la société moderne, ni leur lutte entre elles. Longtemps avant moi, des historiens bourgeois avaient décrit le développement historique de cette lutte de classes et des économistes bourgeois en avaient exprimé l'anatomie économique. Ce que je fis de nouveau ce fut : 1. de démontrer que *l'existence des classes* n'est liée qu'à des *phases de développement historique déterminé par la production ;* 2. que la lutte des classes *conduit* nécessairement à la *dictature du prolétariat ;* 3. que cette dictature ne constitue que la transition à *l'abolition de toutes les classes et à une société sans classes...* » (K. Marx. *Études philosophiques,* Paris 1961, p. 151)

conséquent elle n'épuise point l'apport marxiste. La leçon à tirer de ce rappel est que toutes ces formules paraissent en prise sur la réalité, objet de l'enquête historique, et qu'elles ont toutes un effet de connaissance présent, rétrospectif ou prospectif : tout s'illumine soudain à leur lumière comme en une vision prophétique et ce n'est pas un hasard si les auteurs, en principe les plus sobres, s'abandonnent brusquement à des propos divinatoires que Platon eût attribué à une possession divine (*Phèdre* 244 b). N'est-ce pas le cas de Marx ? Non dans le *Manifeste,* car la rhétorique propre à ce genre littéraire oblige à s'écarter de la rigueur scientifique, mais dans le très sérieux *Capital,* à l'occasion de la description de la « tendance historique de l'accumulation capitaliste », on peut lire :

> « La centralisation des moyens de production et la socialisation du travail atteignent un point où elles sont incompatibles avec leur enveloppe capitaliste. Elle explose. L'heure de la propriété capitaliste sonne. Les expropriateurs sont expropriés. »
> (*Das Kapital,* Berlin, 1962, T.I., p. 791 ; GF pp. 566-567)

On remarque le présent de l'indicatif : bien que rien de réel n'étaye encore cette construction, le modèle fonctionne en démiurge et l'on passe du souhait que la lumière soit à l'existence de la lumière, ce qui n'est pas sans rappeler quelque chose... Mais qui nierait la force d'une telle vision dévoilant (en grec, cela s'appelle apocalypse) au présent l'avenir dont il est gros ? Et ce, d'autant plus, que Hegel fournit à cette vision un modèle conceptuel, ce qui l'eût sans doute un peu étonné, mais qui renforce encore par sa puissance logique l'image de la fin de la propriété privée :

> « Mais la production capitaliste engendre avec une nécessité digne d'un processus naturel sa propre négation. C'est la négation de la négation... »
> (*ibid.)*

Apocalypse now : il ne reste plus qu'à inventer un communisme primitif, c'est-à-dire l'absence de propriété, une dialectique de la suppression de la propriété collective originaire, et enfin d'anticiper la négation de la négation finale. Toute l'histoire y passe et même la préhistoire, puisque l'histoire des sociétés de classe n'est qu'une préhistoire aux yeux des analyses de l'orthodoxie. Qu'on est loin de l'exigence de rigueur, parfois gâtée par des abstractions excessives, à l'œuvre dans *Les Luttes de classes en France en 1848 ;* mais, en ce dernier cas, il s'agissait d'une enquête, ici est en question l'avenir du genre humain, et somme toute, il est sans doute plus facile d'être prophète qu'historien. La philosophie de l'histoire constitue donc, chez les meilleurs historiens, un obstacle épistémologique presque inévitable puisque l'historien ne peut pas se passer de modèle, ni davantage renoncer à la problématique de l'histoire universelle.

Cette dernière est problématique parce qu'elle est plutôt une idée possible de l'histoire que la réalité, voire la réalisation, de cette idée. En présence d'une histoire partielle, l'historien est obligé de s'interroger sur l'insertion de celle-ci dans l'autre, idéale, avec un grand H. Ce n'est pas toujours facile car l'histoire universelle, celle qui rassemblerait synoptiquement (cf. Polybe) le Tout des histoires partielles est plus un programme qu'une réalité : on peut bien sûr, s'en tirer par le rappel purement formaliste des simultanéités ailleurs, voire en tous lieux (en 1648 commence la Fronde, mais aussi les guerres des Cosaques contre les Polonais) ; mais ce rappel est inefficace, car les simultanéités apparaissent accidentelles : de la Fronde aux Cosaques, quel rapport ? Aucun, donc la mention est inutile. Il est pourtant des faits ou des existences qui contraignent à penser l'insertion dans une histoire universelle comme indispensable à l'intelligibilité d'une histoire partielle.

Mieux que la Révolution française, signe prophétique aux yeux de Kant[3], l'histoire des Juifs est un bon paradigme de cette problématique. En effet, dispersés et privés d'État, depuis la destruction du Second Temple, (70 après J.-C.) les Juifs sont mêlés à l'histoire universelle : on les trouve partout en chrétienté, en Islam, en Chine, en Inde, au Brésil nouvellement découvert. Partout, ils peuvent être intégrés aux histoires partielles : on mentionnera par exemple les persécutions antijuives de Louis IX (Saint Louis), la tolérance des Pays-Bas émancipés du joug catholique espagnol, on évoquera l'affaire Dreyfus ou les pogroms des Cent-noirs, etc, à l'intérieur d'une histoire de France, de Hollande ou de la Russie. Mais, d'un autre côté, on saisira l'insuffisance de ces apparitions : faut-il seulement des persécutions ou des émancipations pour qu'on en parle et l'histoire peut-elle les oublier « entre-temps » si l'on peut dire, comme si en ce qui les concerne elle n'était que d'occasion ? A vrai dire, une histoire partielle les concernant est possible : l'historien juif de langue grecque Flavius Josèphe (37-97 après J.-C.) l'avait bien compris en écrivant ses *Antiquités juives;* des chroniqueurs de la Renaissance, comme Joseph Hacohen dans sa *Vallée des pleurs* se sont essayé à créer une histoire

---

3. « *C'est une nécessité de rattacher pourtant à une expérience l'histoire prophétique du genre humain.* Nécessairement, dans le genre humain, il doit y avoir une expérience qui, comme événement, montre la propriété et le pouvoir qu'elle a d'être cause de sa progression vers le mieux et (puisque ceci doit être l'action d'un être doué de liberté) d'être son *promoteur ;* d'une cause donnée, on peut tirer en le prédisant, un événement à titre d'effet, si arrivent les circonstances qui y collaborent. Mais que ces dernières doivent nécessairement arriver une fois, voilà qu'on peut bien, comme avec le calcul des probabilités dans le jeu, prédire en général, sans déterminer si ce sera le cas dans ma vie, et si j'en aurai une expérience qui authentifie cette prédiction. Il faut donc nécessairement rechercher un événement qui montre absolument *(unbedingt)* l'existence d'une telle cause et l'activité *(den Akt)* de sa causalité dans le genre humain au regard du temps, faisant conclure au progrès vers le mieux comme à une conséquence incontournable : cette conclusion pourrait être étendue également à l'histoire du temps passé (le progrès est de toujours), mais de telle manière que cet événement ne doive point être considé comme cause de ce dernier, mais seulement comme indication *(hindeutend)* comme signe historique *(signum rememorativum, demonstrativum, prognosticon),* pouvant ainsi démontrer la *tendance* du genre humain considérée globalement *(im ganzen),* c'est-à-dire non pas dans les individus (auquel cas il faudrait un calcul et une énumération interminables), mais selon les divisions des peuples et États terrestres. » (E. Kant, *Le conflit des Facultés* (1794) Darmstadt 1965, T. IX, pp. 356-7 ; trad. franç. in *La Philosophie de l'histoire,* Paris, p. 121 et sq.)

juive, donc une histoire partielle. Mais antiques, modernes, voire contemporaines (S.W. Baron) ces histoires des Juifs invitent plus à réfléchir sur la consistance de leur objet qu'à adhérer aux réalisations qui sont proposées. L'ubiquité ou presque des agents historiques oblige leur historien à prendre en compte toutes les histoires partielles, en essayant de raccrocher l'histoire partielle qui est son objet spécifique. L'effet ainsi obtenu est moins d'éclairer l'histoire juive pour elle-même que de faire apparaître, par l'écart qu'elle impose, des points de vue nouveaux sur les histoires partielles, comme la nécessité idéale de faire appel à la catégorie d'histoire universelle. Seule, celle-ci, si elle était possible, permettrait de constituer un tissu suffisamment lâche pour que toutes les histoires partielles y aient leur place, mais aussi suffisamment serré pour que ces enchevêtrements ne soient point de juxtaposition hasardeuse, mais cause d'intelligibilité.

Tout/parties, universalité du tout qui comprend les parties, l'histoire, n'en déplaise à Aristote, apparaît comme l'une des disciplines les plus philosophiques, tant les catégories de la philosophie y jouent un rôle capital. L'étude du problème du temps historique n'atténuera certainement pas cette conclusion.

2. Une science qui ne fait pas du passé table rase : fait et répétition

Impossible d'éviter en effet le problème du temps historique. Totale, partielle, universelle, l'enquête porte nécessairement sur du passé ; rétrospective, elle ne peut se faire prospective qu'à ses risques et périls, en particulier ceux de l'histoire prophétique. Mais une fois rappelé le principe « il n'y a d'histoire que du passé », se pose le problème de la définition de ce qu'il peut y avoir dans le passé pour qu'il devienne objet de science.

Il ne suffit pas de répondre qu'il s'agit du passé en tant qu'il est intéressant. L'intérêt historique n'est pas nécéssairement l'intérêt de l'histoire comme science. En effet, le passé est l'objet d'investissements idéologiques, qui découpent en lui ce qui est nécessaire pour constituer une mémoire, indispensable à l'existence d'un groupe social, d'une classe, d'une nation ou d'un empire. Et mémoire n'est pas science, car elle conserve ou élimine en fonction d'intérêts étrangers à la préoccupation de la vérité, car le souci apologétique est évident. De même qu'un individu ne peut vivre qu'à la condition d'être en possession d'une représentation plus ou moins rationalisée de sa propre existence passée, faute de quoi des perturbations psychologiques se manifestent (« les hystériques souffrent de réminiscences », disaient Freud et Breuer), de même les groupes ont besoin d'une mémoire cohérente qui les justifie dans leurs fonctions présentes et leur permet de continuer. Bien évidemment ici l'on a plus affaire au mythe, déjà rencontré, qu'à l'histoire des dits groupes. Il en est ainsi des représentations tri-fonctionnelles retrouvées par Dumézil dans l'aire linguistique indo-européenne : le schéma des trois fonctions sociales (prêtres, guerriers, paysans) peut se comprendre aussi bien structuralement et synchroniquement, que diachroniquement et « historiquement » mais, en ce dernier cas, la mémoire est subordonnée à une structure qu'elle cache, en la présentant sous la forme d'un récit successif ; relues de cette manière, les enfances de Rome, narrées par Tite-Live, ou brièvement évoquées par Properce, cessent d'être simples légendes pour devenir des manifestations de la structure cachée derrière l'événement. Cependant, on ne manquera pas de s'interroger sur le statut des structures ainsi dévoilées. S'il n'est pas question de mettre en doute leur valeur épistémologique d'explication sociologique d'un état de choses propre à telle ou telle société – de la Scandinavie à l'Inde ancienne (en un mot, leur fonction justificatrice ou apologétique d'une situation sociale, qu'elles éternisent en l'inscrivant dans un ordre divin, et donc « éternel »), il faut pourtant se demander si cette simple fonction ne se ramène pas à la volonté d'éliminer tout ce que peut avoir de perturbant pour l'ordre social la réalité ou même la pensée d'un ordre différent. Le passé trifonctionnel, objet de regret et de souhait, ne correspond-t-il pas aussi bien au désir de conserver ce qui ne cesse de s'éroder et de disparaître sous les coups d'un devenir ou d'un temps rongeur, qui se moquent de la pérennité des structures ?

L'imaginaire d'un groupe appartient bien à l'histoire de ce groupe, mais ce qu'il dit de l'histoire, pour l'arrêter et l'immobiliser, en dit moins sur l'histoire que sur la position sociale de ce groupe : il est dominant et voudrait bien que sa domination ne connaisse pas de fin ; aussi place-t-il l'histoire dans les commencements, ceux qui mènent à la mise en place de la structure, mais celle-ci une fois apparue, à l'histoire de s'arrêter ou de n'apparaître qu'à titre de perturbatrice non invitée et malséante. Du point de vue de la mémoire historique, le passé est le gardien de la tradition ; la tradition c'est l'héritage, le modèle de la reproduction, qui ne peut être que répétition, dans le présent ou dans l'avenir, de ce qui eut lieu auparavant. Inutile de dire que ce passé-là peut être objet de science, mais n'est pas, dans sa remémoration mythique et imaginaire, déjà science.

Et pourtant, encore une fois, l'histoire est une science rétrospective et donc, comme telle, une discipline qui a rapport au passé. Une objection se présente aussitôt et qu'il faut lever : il ne suffit pas de distinguer mémoires idéologiques ou mythiques de la science du passé, il faut se demander comment une science du passé est possible. En effet, semble-t-il, la science n'est possible que là où il y a répétition et répétition du moins idéale de l'identique. La loi galiléenne du mouvement uniformément accéléré a d'abord été un événement unique lors de son « invention datée »; elle est devenue un fait scientifique à partir du moment où son itérabilité, affinée (on peut substituer un instrument de mesure du temps plus rigoureux au pouls qui permettait à Galilée de mesurer « t »), permet de la vérifier. Il n'y a de fait que là où il y a répétition, mais il n'y a répétition que de l'identique. Que si ce passé, entendu des phénomènes au sens kantien du terme, ou des idées propres à l'expérience de notre imagination habituée (Hume) changeait sans cesse, aucune science ne serait possible. Or, dans les sciences de la matière ou de la nature, on rencontre bien la répétition réglée, qui permet l'identification et la saisie d'un ordre du temps nécessaire pour assigner des rapports d'antériorité et de postériorité des phénomènes : la nature n'est pas un chaos où le cinabre serait tantôt lourd tantôt léger, mais

> « selon son acception empirique, la nature est la connexion selon l'existence des phénomènes conformément à des règles nécessaires, c'est-à-dire des lois. »
> (*Critique de la raison pure*, T. III, Darmstadt 1975, p. 246 ; GF p. 242)

Les sciences modernes ont certes modifié cette image un peu raide de la nature en introduisant beaucoup de probabilité dans la légalité rigide du système défini dans *l'Analytique des principes,* mais l'idée de répétition réglée reste la condition *sine qua non* de l'intelligibilité scientifique, le laboratoire étant le lieu par excellence de ces répétitions, parfois perturbées par un phénomène nouveau, vite ramené à l'ordre, parfois au prix d'une révolution théorique. Donc, même en ce dernier cas, où, semblait-il, la « vie » d'une particule par son caractère éphémère et hasardeux approchait l'événement historique, ce n'était que ressemblance, car la réitération expérimentale est sinon toujours possible, du moins toujours plus possible que celle d'un événement historique, tel que Bernard de Clairvaux prêchant la Croisade, ou les États Généraux de 1789... Faut-il en conclure que s'il n'y a de fait que répétable, la notion de fait historique, en raison de ses implications temporelles, n'est qu'un abus de mot fondé sur une homonymie illégitime ?

Avant de répondre, il faut se demander si le fait historique n'est pas lui aussi susceptible de répétition. Lorsqu'Aristote rejetait l'histoire au profit de la politique, il opposait des essences universelles intelligibles à des existences singulières d'une intelligibilité faible, tout juste objet d'enquête et de chroniques. Il est peut-être possible de découvrir dans le matériau historique lui-même des « traits » universels qui ne soient pourtant pas du non-historique. En un mot, il s'agit de trouver dans l'histoire des lois ,elles-mêmes historiques, et dont le caractère légal se manifeste par la répétition. On est souvent tenté d'interpréter l'œuvre de Machiavel comme n'étant qu'une réponse politique à la science politique de l'antiquité : un Aristote, un Platon surtout étaient trop hantés par la problématique du « meilleur gouvernement » pour fonder une science politique autonome ; en un certain sens, ils préféraient imaginer les choses que les connaître

effectivement, la force de Machiavel résidant au contraire dans l'élimination de toute considération axiologique dans la constitution de sa politique. Ce point de vue est exact, mais c'est seulement une conclusion qui repose sur un traitement nouveau du matériau historique dont Machiavel tire toutes les conséquences. Certes, avant lui, on avait remarqué le parallèle ou les répétitions des vies exemplaires des « grands hommes » : ainsi Plutarque, retraduit à l'époque de la Renaissance, est le modèle d'une littérature d'exemples. Machiavel transforme complètement cet usage littéraire en méthode d'investigation historique. Pour lui l'histoire est bien, selon la formule consacrée « maîtresse de vie », car en elle il n'y a que des répétitions : quelles que soient les époques (antique ou moderne) les mêmes causes produisent les mêmes effets, l'histoire est faite d'occasions qui prêtent à des choix heureux ou malheureux, selon les connaissances des agents historiques pour une moitié, fonction du jeu capricieux de la Fortune (emprunt à Polybe) pour l'autre. Une occasion est en effet un accident (occasion a la même racine qu'accident ou incident) qui tombe invariablement selon les mêmes paramètres, qu'il n'est pourtant pas toujours facile d'identifier dans la chaleur du moment, mais qui sont repérables dans le silence de la chambre. Aussi, pour Machiavel, écrire des *Discours sur Tite-Live,* c'est à propos d'une « occasion » romaine et antique, redécouvrir, dans le présent ou le passé récent, son homologue plus ou moins exact.
Ce qui change d'une époque à l'autre, c'est seulement le vêtement des acteurs historiques auquel se laissent prendre les lecteurs de l'histoire :

> « Comme si le ciel, le soleil, les éléments et les hommes eussent changé d'ordre, de force et de puissance, et fussent différents de ce qu'ils étaient autrefois ! »

Otez le vêtement, la « couleur locale » comme on dira plus tard, l'historique apparaît, un historique dont le caractère répétitif permet d'échapper, par sa connaissance, à la malédiction de l'histoire vécue comme un destin. Cette demi-maîtrise de l'histoire (en raison de la Fortune), ne l'est qu'à moitié sur le plan pratique : il s'agit de celui qui en tire les leçons, le Prince. Sur le plan théorique au contraire, la maîtrise est complète. Loin de faire obstacle à l'intelligibilité, l'occasion, fait historique répété sous des costumes et des coutumes différents, est transparente, théoriquement translucide. C'est que l'histoire est l'œuvre des hommes, collaborant, certes, avec une Fortune qui circule d'empire en empire, selon un cycle déjà manifeste chez Polybe, mais, en dépit de cette conjonction, toujours œuvre des hommes. Là résident le fondement et les difficultés de la pensée machiavélienne de la réduction de l'événement historique à la répétition. Oeuvre des hommes, le fait historique est transparent pour autant que l'anthropologie qui sous-tend son explication est également dépourvue d'obscurité. Or l'anthropologie machiavélienne se réduit le plus souvent à une psychologie accumulant des généralités « éternisées » dont on ne connaît pas les prémisses : il est question (c'est un topique depuis l'Antiquité) du désir des richesses et des honneurs, du désir de nouveauté, etc., qui peuvent être parfois tempérés ou mieux modulés en fonction d'une « sociologie » qui oppose les riches et les pauvres. Mais rien dans tout cela ne va au-delà de la simple constatation et l'on peut donner à ces attributs d'une nature humaine en général les sources les plus diverses. Mais cette connaissance est plus pragmatique que théorique. Spinoza en est très conscient lorsqu'il remarque :

> « De quels moyens le Prince, que conduit son seul désir *(libido)* de dominer, doit se servir, pour pouvoir établir et conserver son pouvoir, voilà ce que le très fin Machiavel a exposé d'abondance en dépit d'un manque d'évidence sur la fin poursuivie. »
> (*Traité politique*, V, § 7, Appuhn, GF IV p. 39)

Effectivement, la connaissance de la fin poursuivie exigerait la constitution d'une science de la nature humaine, telle qu'on la trouve par exemple dans l'*Éthique*. Faute de celle-ci, Machiavel pourrait être compté au nombre des Politiques ainsi définis encore par Spinoza :

> « Mais les Politiques, croit-on, tendent des pièges aux hommes plutôt qu'ils ne s'en préoccupent et ils sont, comme on les juge, plus rusés que sages. »
> (*ibid.* I 2, Appuhn p. 11)

Le pragmatisme de Machiavel repose sur une connaissance pratique nourrie d'intrigues et de réflexions sur l'histoire, mais dont le point aveugle reste la nature humaine, jamais interrogée quant à sa possibilité. Or c'est de sa consistance épistémologique que dépend la réduction de l'événement au fait répété...

Ici se trouve la partie faible de l'audacieux projet machiavélien : non point dans la recherche du répétitif jusques et y compris dans l'historique lui-même, mais dans la liaison de cette recherche à la thèse d'une nature humaine une et invariable. Cette dernière n'est en effet qu'un énoncé philosophique, une simple assertion, non le résultat d'une démonstration très improbable. Aussi, au lieu de la contester, en montrant par exemple que l'homme « passe » par une histoire qu'il modifie autant qu'elle le modifie, contestation que pourraient appuyer aussi bien des références au livre V du *De rerum natura* de Lucrèce qu'au *Second discours* de J.-J. Rousseau, etc, il vaut mieux reprendre la recherche de la répétition dans le passé comme condition de la constitution de l'histoire comme science. Les hommes peuvent bien ne pas être les mêmes, il peut pourtant y avoir de l'identique dans la diversité bigarrée des époques passées. Auquel cas, même si la répétition de l'événement passé en laboratoire apparaît comme un thème usé de la science-fiction ou de la bande dessinée (une machine à remonter le temps permet de revenir en arrière, pour rétablir dans son identité un passé menacé d'altération, par un savant fou ou méchant, ou les deux à la fois), l'itération peut devenir scientifique, si l'on veut bien considérer que le laboratoire n'est autre que le passé historique lui-même. En ce laboratoire, pas question de répéter le fait, mais

une possibilité nouvelle se fait jour : le comparatisme de faits semblables, qui sont plus ou moins la répétition d'un événement idéal, dont la valeur épistémologique est considérable.
De fait, le passé n'est point constitué d'événements tous singuliers et aussi peu dignes d'intérêt scientifique que la camosité du nez de Socrate[4]. Celle-ci était accidentelle et il est exact qu'il n'y a pas de science de l'accident, puisqu'il aurait toujours pu être autrement (il est contingent). Mais le passé comprend, outre l'accident (le nez de Socrate ou celui de Cléopâtre) des structures réitérées, quoique toujours quelque peu individualisées, une sorte de mélange d'identité et d'altérité, qui interdit l'identification brute, mais aussi la distinction brutale. Ainsi, en Occident, il y a eu un passage de l'économie fondée sur le prélèvement seigneurial et les rapports de solidarité appelés vasselage et servitude (rapports d'homme à homme), à l'économie libérale ou bourgeoise qui met en scène des sujets juridiquement égaux (abolition des privilèges, civils et ecclésiastiques). Ce passage s'est effectué de manières diverses, selon les époques et selon les pays. On peut constituer idéalement un invariant qui regroupe les diverses caractéristiques de ces processus (certains parlent de passage d'un mode de production à un autre (les marxistes), d'autre d'esprit (par exemple M. Weber), l'œuvre de l'historien consiste plutôt à faire apparaître dans chaque situation, aussi bien ce qui se répète que ce qui ne se répète pas : comparer les révolutions anglaise et française n'est pas un morceau de rhétorique, mais bel et bien une répétition de ces formes de passage, puisqu'elles se répètent, tout en introduisant un élément d'individualité qui les rend irréductibles ; il en irait de même des sociétés « hydrauliques » de l'Orient ancien, etc. Ainsi sans être acculé à un choix anthropologique, l'histoire peut très bien, elle aussi, procéder comme les sciences expérimentales : il lui suffit de construire les expériences individuelles en expérimentations de structures itératives, redécouvertes par un travail analogue à celui que la théorie scientifique effectue pour son compte dans les sciences de la matière. Le contraire eût été étonnant : il aurait signifié le refus de considérer l'histoire comme science, un point c'est tout.

---

4. Le nez de Socrate était camus comme celui de Théetète (Platon *Théetète* 143 e).
« Qui voudra connaître à plein la vanité de l'homme n'a qu'à considérer les causes et les effets de l'amour. La cause en est *un je ne sais quoi* (Corneille), et les effets en sont effroyables. Ce *je ne sais quoi*, si peu de chose qu'on ne peut le reconnaître, remue toute la terre, les princes, les armes, le monde entier. »
« Le nez de Cléopâtre : s'il eût été plus court, toute la face de la terre aurait été changée. » (Pascal, *Pensées*, Brunschvicg minor n° 162)

Conclusion : Histoire et Vérité

Peu à peu les obstacles se sont levés et l'histoire devient une science parmi les autres, sauf aux yeux des positivistes grincheux, ceux qui récusent la possibilité même d'une science du devenir puisque celui-ci est irrationnel. On l'a vu, dans le devenir du passé, il n'y aurait peut-être pas de rationnel, mais tout de même des raisons qui font apparaître des états répétitifs et donc des rationalités... mais, dira-t-on, même en accordant cette rationalité au fait historique qu'est la répétition individualisée dans le passé, l'histoire ne peut pourtant prétendre à la vérité des sciences de la matière. Celle-ci est indiscutable, car on peut la démontrer, l'autre pas ou beaucoup moins.

Sans pourtant distinguer entre connaissance historique (connaissance tirée de données, *cognitio ex datis*) et connaissance rationnelle (connaissance tirée de principes, *cognitio ex principis*) comme le fait Kant dans l'avant-dernier chapitre de la *Critique de la raison pure,* et ranger l'histoire dans la première catégorie, on peut déjà remarquer que l'histoire ne saurait obtenir la même exactitude que les mathématiques ou la physique : avec elle on a affaire au pratique et donc à une contingence délimitée. Le contraire d'un fait est un autre fait et le factuel est ce qui aurait pu être autrement que ce qui est. Mais cette contingence du factuel dans l'histoire n'échappe pourtant pas à la détermination : elle est manifestation d'un « choix » (qui choisit...?) et dans ce choix, il y a élection à l'intérieur d'un champ de possibilités bien déterminées. On peut certes imaginer un César ne franchissant pas le Rubicon ou un Antoine insensible aux charmes du nez pas trop court de la belle Cléopâtre, mais il s'agit-là de fictions forgées librement et si l'on ose dire en toute ignorance de cause. Un César « républicain » respectueux des lois, un Antoine glacé, une Cléopâtre laide peuvent amuser le goût poétique, ils n'ont pas d'existence historique, même pas comme possibles. Car ce qui donne du poids, ici, à de telles considérations, appelant à penser que l'histoire pourrait être toute différente, c'est la négligence du tout et de l'ensemble, et l'excès d'attention apporté à un détail. Le nez de Cléopâtre n'a de poids historique que dans une conjoncture où elle est reine et non gardeuse de dindons ; il faut également qu'Antoine soit un triumvir et non un bellâtre en permission libérable, il faut que le sort de Rome soit en partie entre leurs mains pour que ce jeu de l'amour devienne historique, etc. Le détail prend son sens de l'ensemble unique où il s'insère avec une détermination presque parfaite. A supposer que l'ensemble des possibles soit représenté par une pyramide dont la base s'évaserait à l'infini, la possibilité réelle, non celle du détail, mais celle de l'ensemble des possibles effectivement réalisés, serait figurée par le point sommet de la pyramide. Non qu'il y ait quelque part un « grand rouleau » où tout serait écrit d'avance, mais parce que l'historien doit faire comme si ce rouleau existait pour démêler

dans les réseaux de possibles la formule la plus déterminée réellement, c'est-à-dire la plus compatible avec l'ensemble.
Cette tâche ne contredit nullement aux exigences de l'exactitude idéale. Bien au contraire.
De fait, avec l'histoire, on a affaire à une connaissance rationnelle, donc à une connaissance fondée sur des principes. L'histoire comme science n'est pas faite de données, mais de l'investigation de ces données par des principes. Ceux-ci sont les mêmes que dans les autres disciplines et il n'y a sans doute pas lieu d'opposer l'histoire aux autres sciences en termes de disciplines compréhensives, distinctes de disciplines explicatives, les unes faisant apparaître un sens, les autres des causes. Certes, l'histoire peut se faire herméneutique et donc interprétation d'un sens, mais l'herméneutique n'est nullement exclusive, comme on a pu le croire un temps, de la recherche des causes. Le sens n'a de valeur compréhensive qu'à la condition qu'on en connaisse les causes, sinon il est un simple objet d'assertion, ou d'adhésion, de croyance. L'intérêt de la psychanalyse ne réside pas dans la simple découverte du sens des rêves par l'interprétation (*Die Traumdeutung,* 1900), chacun sait depuis « toujours » que les rêves ont un sens (cf. Joseph dans la Bible), mais dans la construction causale de ce sens qui devient différent : il ne signifie plus l'avenir comme dans les clés des songes, mais une réalisation de désir fort ancien étayée sur des restes diurnes récents ; son sens, rétrospectif, et non plus prospectif, tire sa force démonstrative du montage causal où il se coule, non de l'élimination de celui-ci. Et l'on pourrait en dire autant de la compréhension d'un texte sacré : il livre un sens, mais seule l'explication causale peut donner le sens de ce sens. Bref, les mêmes exigences se font jour et l'histoire est recherche de causalité comme les autres sciences, avec peut-être une difficulté épistémologique supplémentaire : il lui faut non seulement expliquer pour comprendre, mais expliquer la compréhension. Mais ceci n'est peut-être pas un supplément particulier : en physique, l'étude des appareils de mesure fait, elle aussi, partie de la physique qui ne se résume pas à l'investigation des faits par ces instruments. Pourquoi d'ailleurs en irait-il autrement dès lors qu'il s'agit de connaître ?

TEXTE

Leibnitz : *Essais de Théodicée* Troisième partie

414. « Théodore (le sacrificateur du temple de Jupiter à Dodone) fit le voyage d'Athènes : on lui ordonna de coucher dans le temple de la déesse. En songeant il se trouva transporté dans un pays inconnu. Il y avait là un palais d'un brillant inconcevable et d'une grandeur immense. La déesse Pallas parut à sa porte, environnée des rayons d'une majesté éblouissante, aussi belle et aussi grande qu'elle se montre d'ordinaire aux dieux.

Elle toucha le visage de Théodore d'un rameau d'olivier qu'elle tenait dans la main. Le voilà devenu capable de soutenir les divins éclats de la fille de Jupiter et de tout ce qu'elle lui devait montrer. Jupiter, qui vous aime, lui dit-elle, vous a recommandé à moi pour être instruit. Vous voyez ici le palais des destinées dont j'ai la garde. Il y a des représentations, non seulement de ce qui arrive, mais encore de tout ce qui est possible ; et Jupiter en ayant fait la revue avant le commencement du monde existant, a digéré les possibilités en mondes, et a fait le choix du meilleur de tous. Il vient quelquefois visiter ces lieux pour se donner le plaisir de récapituler les choses et de renouveler son propre choix, où il ne peut manquer de se complaire.

Je n'ai qu'à parler, et nous allons voir tout un monde que mon père pouvait produire, où se trouvera représenté tout ce qu'on en peut demander ; et, par ce moyen, on peut savoir encore ce qui arriverait, si telle ou telle possibilité devait exister. Et quand les conditions ne seront pas assez déterminées, il y aura autant qu'on voudra de tels mondes différents entre eux, qui répondront différemment à la même question en autant de manières qu'il est possible. Vous avez appris la géométrie quand vous étiez encore jeune, comme tous les Grecs bien élevés. Vous savez donc que, lorsque les conditions d'un point qu'on demande ne le déterminent pas assez et qu'il y en a une infinité, ils tombent tous dans ce que les géomètres appellent un lieu, et ce lieu au moins, qui est souvent une ligne, sera déterminé. Ainsi vous pouvez vous figurer une suite réglée de mondes qui contiendront tous et seuls le cas dont il s'agit, et en varieront les circonstances et les conséquences. Mais si vous posez un cas qui ne diffère du monde actuel que dans une seule chose définie et dans ses suites, un certain monde déterminé vous répondra : ces mondes sont tous ici, c'est-à-dire en idées. Je vous en montrerai où se trouvera, non pas tout à fait le même Sextus que vous avez vu, cela ne se peut, il porte toujours avec lui ce qu'il sera, mais des Sextus approchants, qui auront tout ce que vous connaissez déjà du véritable Sextus mais non pas tout ce qui est déjà

dans lui sans qu'on s'en aperçoive, ni, par conséquent, tout ce qui lui arrivera encore.
Vous trouverez dans un monde un Sextus content d'un état médiocre, des Sextus de toute espèce et d'une infinité de façons.
415. Là-dessus, la déesse mena Théodore dans un des appartements : quand il y fut, ce n'était plus un appartement, c'était un monde,... *solemque suum, sua sidera norat.*
Par l'ordre de Pallas on vit paraître Dodone avec le temple de Jupiter, et Sextus qui en sortait : on l'entendait dire qu'il obéirait au dieu. Le voilà qui va à une ville placée entre deux mers, semblable à Corinthe. Il y achète un petit jardin ; en le cultivant il trouve un trésor ; il devient un homme riche, aimé, considéré ; il meurt dans une grande vieillesse, chéri de toute la ville. Théodore vit toute sa vie comme d'un coup d'œil, et comme dans une représentation de théâtre. Il y avait un grand volume d'écriture dans cet appartement ; Théodore ne put s'empêcher de demander ce que cela voulait dire. C'est l'histoire de ce monde où nous sommes maintenant en visite, lui dit la déesse : c'est le livre de ses destinées. Vous avez vu un nombre sur le front de Sextus, cherchez dans ce livre l'endroit qu'il marque. Théodore le chercha, et y trouva l'histoire de Sextus plus ample que celle qu'il avait vue en abrégé. Mettez le doigt sur la ligne qu'il vous plaira, lui dit Pallas, et vous verrez représenté effectivement dans tout son détail ce que la ligne marque en gros. Il obéit, et il vit paraître toutes les particularités d'une partie de la vie de ce Sextus. On passa dans un autre appartement, et voilà un autre monde, un autre livre, un autre Sextus, qui, sortant du temple, et résolu d'obéir à Jupiter, va en Thrace. Il y épouse la fille du roi, qui n'avait point d'autres enfants, et lui succède. Il est adoré de ses sujets. On allait en d'autres chambres, on voyait toujours de nouvelles scènes.
416. Les appartements allaient en pyramide ; ils devenaient toujours plus beaux à mesure qu'on montait vers la pointe, et ils représentaient de plus beaux mondes. On vint enfin dans le suprême qui terminait la pyramide et qui était le plus beau de tous ; car la pyramide avait un commencement, mais on n'en voyait point la fin ; elle avait une pointe, mais point de base; elle allait croissant à l'infini. C'est, comme la déesse l'expliqua, parce qu'entre une infinité de mondes possibles, il y a le meilleur de tous, autrement Dieu ne se serait point déterminé à en créer aucun ; mais il n'y en a aucun qui n'en ait encore de moins parfaits au-dessus de lui : c'est pourquoi la pyramide descend à l'infini. Théodore entrant dans cet appartement suprême, se trouva ravi en extase ; il lui fallut le secours de la déesse; une goutte d'une liqueur divine mise sur la langue le remit. Il ne se sentait pas de joie. Nous sommes dans le vrai monde actuel, dit la déesse, et vous y êtes à la source du bonheur. Voilà ce que Jupiter vous y prépare, si vous continuez de le servir fidèlement. Voici Sextus tel qu'il est et tel qu'il sera actuellement. Il sort du temple tout en colère, il méprise le conseil des dieux. Vous le voyez allant à Rome, mettant tout en désordre, violant la femme de son ami. Le voilà chassé avec son père,

battu, malheureux. Si Jupiter avait pris ici un Sextus heureux à Corinthe, ou roi en Thrace, ce ne serait plus ce monde. Et cependant il ne pouvait manquer de choisir ce monde, qui surpasse en perfection tous les autres, qui fait la pointe de la pyramide : autrement Jupiter aurait renoncé à sa sagesse, il m'aurait bannie, moi qui suis sa fille. Vous voyez que mon père n'a point fait Sextus méchant ; il l'était de toute éternité, il l'était toujours librement : il n'a fait que lui accorder l'existence, que sa sagesse ne pouvait refuser au monde où il est compris : il l'a fait passer de la région des possibles à celle des êtres actuels. Le crime de Sextus sert à de grandes choses ; il en naîtra un grand empire qui donnera de grands exemples. Mais cela n'est rien au prix du total de ce monde, dont vous admirerez la beauté, lorsqu'après un heureux passage de cet état mortel à un autre meilleur, les dieux vous auront rendu capable de la connaître.

417. Dans ce moment Théodore s'éveille, il rend grâces à la déesse, il rend justice à Jupiter, et pénétré de ce qu'il a vu et entendu, il continue la fonction de grand sacrificateur avec tout le zèle d'un vrai serviteur de son Dieu, avec toute la joie dont un mortel est capable. Il me semble que cette continuation de la fiction peut éclaircir la difficulté à laquelle Valla n'a point voulu toucher. Si Apollon a bien représenté la science divine de vision (qui regarde les existences, j'espère que Pallas n'aura pas mal fait le personnage de ce qu'on appelle la science de simple intelligence (qui regarde tous les possibles), où il faut enfin chercher la source des choses. »

Index des noms propres

E

F

G

H

I

J

K

L

U

V

W

Z

Index des notions

D

E

F

G

H

I

J

K

L

M

N

O

P

R

S

T

U

V

Imprimé en France par Pollina, 85400 Luçon - n° 73850
Dépôt légal : janvier 1998 - N° d'éditeur : 0616-09